KB152990

자유주의와
공공정책

한국 하이에크 소사이어티 엮음

자유주의 시리즈 · 4

자유주의와 공공정책

한국 하이에크 소사이어티 편

평민사

차 례

서 문

현 정부는 '개혁'이라는 이름으로 많은 부문을 고치거나 바꾸고 있다. 또 이러한 추세는 앞으로도 당분간 지속될 것으로 전망된다. 개혁의 대상에는 사법부, 노사관계, 정치, 기업 소유와 지배구조, 그리고 시장 등 대부분의 분야가 포함되어 있다. 물론 잘못된 것들은 고치고 바꿔야 한다. 그러나 바꾸는 것이 모두 개혁은 아니다. '국리민복'을 위할 때만 개혁이 되며, 그러한 개혁의 성공 요건은 그 방향성에 있다.

자유주의와 자유시장경제를 연구하고 이의 정책화를 모색하는 학회인 한국 하이에크 소사이어티가 개최한 2004년 '제4회 자유주의 정책 심포지엄'에서는 현 정부가 개혁이라는 이름으로 전개하고 있는 경제정책 및 입법정책에 대한 방향성을 자유주의와 자유시장 원리에 입각하여 점검하였다. 연구논문 발표와 토론을 통하여 자유주의 및 자유시장 원리에 부합하는 대안을 제시하여 국리민복을 위한 개혁 방향을 제시하기 위한 것이다.

구체적으로는 현 정부 개혁정책의 문제점과 그에 대한 대안을 제시함으로써 정책을 입안하고 집행하는 정부 당국자들에게 잘못 만들어진 정책의 폐해를 경고하고, 그들의 주의를 환기시키고자 하였다. 잘못 만들어진 정책의 폐해는 클 뿐만 아니라 지속적이기 때문에 정책의 폐해를 경고하는 일은 무엇보다도 중요하다. 그리고 그러한 경고는 지속적이고 반복적으로 이루어질 때 그 효과가 나타날 수 있다. 왜냐하면 정부는 잘못된 정책의 폐해를 감추기 위해 기존 정책을 폐기하기보다는 이를 수정하거나 새로운 정책을 도입하여 폐해를 누적시키는 경향을 보이고 있기 때문이다.

또한 정부의 개혁정책 중에서 반시장적인 것들을 걸러내어 그 정책이 가져올 폐해를 정책 당국자들뿐만 아니라 국민에게 널리 알림으로써 정책의 궁극적 비용부담자인 국민의 경각심을 불러일으키고 이를 통해 정부가 친자유주의적이며 친시장적 정책을 입안하도록 촉구하고자 하였다.

첫 6편의 논문은 2004년도 제4회 자유주의 정책 심포지엄에서 발표한 논문이다. 그리고 나머지 3편의 논문은 학술발표대회에서 발표했던 또는 인터넷 매체에 수록했던 논문이다. 이 9편의 논문을 한데 묶어 『자유주의와 공공정책』이라는 제목으로 '자유주의 시리즈·4'를 발간한다. 아무쪼록 이 책이 지식인들의 공론의 장이 되어, 한국이 자유주의의 기치 아래 번영의 길로 들어서는 데 도움이 되기를 기대한다.

2004년 12월
한국 하이에크 소사이어티 회장

현 정부의 개혁정책과 자유주의적 대안

김영용

(전남대 교수)

Ⅰ. 머리말

한 사회를 떠받치는 사상과 지식체계에 따라 그 사회의 명암이
갈린다. 인간의 이성으로 세상을 설계하여 지상 낙원을 건설하려
했던 사회주의 국가들의 몰락과 홍콩을 비롯한 자유시장경제를
충실하게 실천했던 국가들의 번영이 이를 잘 보여주고 있다.

현재 한국의 상황을 위기라고 표현한다면 그것은 다름 아닌 '지
식의 위기'이다. 지식의 위기가 심화되면 그 결과는 돌이킬 수 없
는 국가의 몰락이다. 전쟁이나 천재지변으로 인한 피해는 단기적,
차별적, 그리고 치유가 가능하지만, 잘못된 사상과 지식으로 인한
피해는 장기적, 무차별적, 그리고 심하면 치유 불가능한 상태가
될 수도 있다. 그런 점에서 올바른 사상과 지식 위에서 사회를 운
용하는 일은 무엇보다도 중요하다. 그러나 개혁이라는 이름 아래
추진되고 있는 현 정부의 대표적인 정책인 국가보안법 폐지 및 형
법 보완, 과거사 규명, 언론개혁, 그리고 사립학교법 등의 4대 개
혁입법과 독점규제 및 공정거래에 관한 법률(공정거래법)은 사상

과 지식의 위기상황을 잘 보여주고 있다.

북한 문제 등을 둘러싼 한미 동맹관계의 약화, 북한 핵 문제의 이면에서 태동하고 있는 중국의 군사·경제적 도약과 일본의 재무장은 국제사회에서 한국의 '외톨이'화와 그로 인한 국가안보 문제를 심각하게 제기하고 있다. 그리고 이러한 상황의 많은 부분은 외부에서 제공된 것이 아니고 '자주와 민족공조'라는 이상을 앞세워 스스로 자초한 것이라는 점에서 문제의 심각성은 더해진다. 그뿐만 아니라 국정 우선순위가 뒤바뀐 수도 이전, 국가보안법 폐지, 그리고 친일규명 등으로 아까운 시간을 보내고 있을 뿐이다. 계속되고 있는 경기 침체의 와중에도 기업의 투자활동을 장려하기는 커녕 기업활동을 옥죄는 공정거래법 개정 등의 간섭정책으로 기업가 정신을 크게 훼손함은 물론 사유 재산권을 침해하고 있다. 또한 40여 년 동안 정해진 메뉴판에서 특정 메뉴를 선택하여 반복 시행하고 있는 교육정책은 정부 주도에 의한 획일화의 상징이며, 성매매 방지 특별법의 국회 통과는 현실성 없는 이상주의의 한 단면을 잘 보여주고 있다.

이 글에서는 현재 한국이 당면하고 있는 국가안보 문제, 경제 문제, 그리고 교육 문제 등을 자유주의적 관점에서 논의하고 그 대안을 제시한다. 물론 이러한 문제 제기와 대안 제시는 지금까지 자유주의와 시장경제를 신봉하는 학자들에 의해 모두 이루어진 것들이다.

Ⅱ. 본론

1. 국가안보 문제

현재 한국의 안보에 있어 가장 핵심적인 축인 한미 동맹관계가 상당한 정도 균열의 파열음을 내고 있다. 주한 미군 철수와 부시의 미국 대통령 후보 수락 연설에서 동맹국 명단에 한국이 누락된 사실 등이 이를 잘 보여주고 있다. 문제는 이러한 한미 동맹관계의 균열은 한국이 자초한 것이라는 점이다. 현재 우리의 경제력만으로는 자주 국방을 실현하기 어려우며, 설령 그렇다고 하더라도 집단 안보 체제를 구축하는 것이 국가안보는 물론 경제 성장에도 효과적인 방법이라는 점에 비추어 볼 때 주한 미군 철수에 따른 국방비 증가는 '자주'라는 매력을 사기에는 너무 큰 대가임이 분명하다.

한미 동맹관계의 균열이 외부의 국가안보 위협 요인이라면 국가보안법 철폐 및 형법 보완 움직임은 국가안보에 대한 내부적 위협을 표현하고 있다. 한국의 현대사에서 국가보안법이 자유민주주의를 지키는 데 중요한 역할을 했다는 사실은 부정할 수 없다. 물론 이 법이 정권 안보 차원에서 악용된 것도 사실이다. 지금부터라도 악용의 사례를 없애고 선용의 사례를 축적해 나가면서 국가안보를 위한 디딤돌로 삼으면 될 것이다.

일제 치하의 역사는 국가안보를 위한 과제가 무엇인지를 웅변으로 보여주고 있다. 즉, 왜 한국이 일제 치하에 놓이게 되었는지를 규명하고 이를 교훈 삼아 다시는 치욕의 역사를 되풀이하지 않기 위해 무엇을 어떻게 해야 하는가를 배우는 것이 중요하며, 바로 여기에 과거사 청산의 의미가 있다. 친일규명을 통해 역사를 바로 세우는 것도 중요하지만 일제가 패망한 지 60년이 지난 지금 역사 바로 세우기는 정부가 아닌 역사가들에게 맡기는 것이 바람직할 것이다.

2. 경제 문제

현 정부의 경제정책은 반(反)시장적이며 분배에 중점을 두고 있다. 그 이유는 방해받지 않은 시장의 육성이 아니라, 무엇을 의도하는지조차 불분명한 '시장개혁 로드맵', 아파트 분양가의 원가 연동제와 채권입찰제, 사립학교법 개정, 대규모 기업집단의 출자총액제한제도의 유지와 금융계열사 의결권 제한 확대, 그리고 금융거래정보요구권(계좌추적권)의 부활 등을 골자로 하는 공정거래법 개정안 등이 사유 재산권을 침해하는 반시장적임을 잘 나타내고 있기 때문이다.

또한 복지예산의 증액, 대규모 농업보조금, 노사 간 힘의 균형, 상속증여세 완전포괄주의, 동일노동 동일임금(비정규직 문제) 등은 분배에 주안점을 두겠다는 정책 기조를 반영하는 것들이다. 분배 우선적 정책은 2005년도 예산에서 사회복지부문이 차지하는 비중이 올해보다 14.4% 증가했다는 사실에서도 확인할 수 있다. 사회간접자본(SOC) 투자는 1.7% 증가에 그치고 산업 중소기업 지원에 쓰이는 예산은 오히려 올해보다 1.6% 감소했다. 이는 현 정부가 중장기적 성장잠재력 확보보다는 단기적 분배에 치중하고 있다는 것을 보여주고 있다.

그러나 성장과 분배는 동전의 양면으로서 분리 가능한 것이 아니며, 시장경제에서 사람들이 얻는 소득은 그들이 가진 자원의 양과 그것의 시장가격에 의해 결정된다. 자신의 능력이나 근면과는 상관없이 정부가 정한 방식에 의해 생산물을 분배받는다면 생산은 빠른 속도로 감소한다. 즉, 분배 방식이 생산을 결정한다는 간단한 사실을 간과하고 있는 것이다. 그 결과 모두가 잘살게 되는 것이 아니라 모두가 못살게 된다.

1) 주택 정책

(1) 아파트 분양가 규제 : 반시장적인 지식의 폐해는 아파트 건설 시장에서도 여실히 드러나고 있다. 정부와 여당이 전용 면적 25.7평 이하 국민주택 규모 공영아파트와 공공택지 내 민영아파트에 대한 원가연동제와 함께 공정별로 원가를 공개하기로 방침을 정한 것이 그것이다.

특정 시점에서 아파트 가격은 기존 아파트 시장에서 결정되고, 신규 아파트는 시간을 두고 이 가격에 따라 공급되기 때문에, 기존 아파트에 대한 수요가 증가하여 가격이 오르면 신규 아파트 공급이 늘어나 기존 아파트의 공급도 늘어나게 된다. 따라서 기존 아파트 가격은 다시 예전 수준으로 내려오게 된다. 그러나 분양가를 낮은 수준에 규제하면 신규 아파트의 공급은 수명이 다하여 다시 지어야 할 양 만큼도 늘어나지 않으므로 기존 아파트 가격은 예전보다 더 높은 수준에서 형성된다. 현재와 같이 이런 저런 이유로 수요가 계속 증가하는 마당에 분양가를 규제하면 가격은 더욱 올라간다. 즉, 분양가 자율화가 기존 아파트 가격 상승을 유도하는 것이 아니라 분양가 규제가 가격 상승을 유도하는 것이다.

현재 건축업체들이 특정지역에서 많은 이익을 얻고 있는 이유는 시장가격보다 낮은 감정가로 사들인 택지에 아파트를 지어 기존 아파트 가격으로 분양하기 때문이다. 따라서 택지 시장의 왜곡을 바로잡아 경쟁적으로 만들면 건축업체가 얻고 있는 택지 관련 이익은 택지 소유자에게 돌아가게 된다. 당장 택지 시장의 왜곡을 바로잡을 수 없다고 하더라도, 그것이 분양 원가를 공개해야 한다는 이유가 되지는 못한다. 분양 원가를 공개하고 분양가를 낮은 수준에 묶으면, 지금까지 건축업체가 얻고 있던 이익은 신규 아파트를 최초로 분양 받은 사람에게 돌아간다.

따라서 건축업체로부터 최초로 분양 받은 사람에게로 부(富)가 이전되는 결과가 나타날 뿐, 아파트 가격 하락과는 아무런 상관이 없다. 또한 신규 아파트를 분양 받으면 큰 이익을 얻을 수 있으므로 분양을 둘러싼 부정과 비리가 만연할 소지도 커진다. 서울 등 특정지역에서 얻은 이익금으로 다른 지역에 서민 아파트를 지어 왔던 주택공사 등이 그러한 사업을 계속할 수 있는 여지도 대폭 줄어들게 된다. 결국 원가 공개로 얻을 수 있는 것은 아무것도 없다. 원가 공개 대신 25.7평 이하의 중·소형 아파트에 대한 원가연동제와 25.7평을 초과하는 중·대형 아파트용 택지 개발이익 환수가 목적인 채권입찰제 역시 건설업체가 받을 수 있는 가격이 시장 가격 아래로 매겨지는 분양가 규제라는 점에서 아파트 가격 하락을 유도할 수는 없다.

아파트를 비롯한 주택 가격을 안정시키는 방법은 주택에 대한 수요 증가를 완화하는 동시에 토지 사용에 대한 규제를 완화 또는 철폐하는 등 주택 공급이 늘어나도록 시장 여건을 개선하는 길밖에 없다. 소득이 높아지면 사람들이 더 큰 집, 더 좋은 집에서 살고자 하는 것은 자연스러운 현상이다. 소형보다는 중·대형 아파트에 대한 수요가 더 늘어나는 이유다. 따라서 중·대형 아파트 건축을 제한하지 말고 그린벨트도 대폭 해제하여 택지 공급이 늘어날 수 있도록 해야 한다.

재산세를 인상하여 집값을 낮추는 것도 좋은 방법이 아니다. 세금을 인상하면 인상액을 연간 이자율로 나눈 만큼 집값이 떨어진다. 예를 들어 연간 이자율을 5%라고 가정했을 때 연간 재산세를 백만 원 인상하면 집값은 2천만원 떨어진다. 따라서 이제 재산세가 인상되기 전보다 2천만원 낮게 이 집을 살 수 있다. 그러나 2천만원에 대한 연간 5% 이자를 세금으로 내는 것과 같기 때문에 주거비용에는 아무런 변화가 없다. 결국 예전에는 주거비용으로서 면세되어야 할 금액의 일부를 세금으로 납부하는 것이다. 취득·등록세 인상도 마찬가지다. 인상액을 예상 거주기간으로 나눈 다음, 동일한 논리를 적용할 수 있기 때문이다.

2) 독점규제 및 공정거래법 개정

독점규제 및 공정거래에 관한 법률(공정거래법)은 계열기업 확장을 통한 대규모 기업집단의 '경제력 집중'을 막는 것이 목적이다. 현재 국회에 계류 중인 개정안의 주요내용은 대규모 기업집단 내 계열기업들 간의 출자총액제한을 현행대로 유지하고, 금융계열사가 보유하고 있는 계열기업의 주식 의결권 범위를 현행 30%에서 2008년까지 15%로 축소하며, 지난 2월에 이미 만료된 금융거래정보요구권(계좌추적권)을 부활하는 것이다. 재산권이 자신의 재산을 자신의 의사대로 처분하고 운용할 권리를 의미하는 것이라면, 이 세 가지 조항들은 모두 재산권을 침해하는 것들이다. 또한 인위적인 진입장벽이 없는 상태에서의 경제력 집중은 효율의 결과이므로 문제 삼을 일이 아니라는 점에서 기본 개념이 잘못 적용된 것이다.

(1) **출자총액제한** : 먼저 출자총액 제한제도는 대규모 기업집단

에 속하는 기업들 간의 상호출자를 금지하며 출자총액을 당해 기업 순자산의 25%로 제한하는 것이다. 계열기업을 통한 확장을 억제하여 경제력 집중을 완화하며, 소유를 분산하고 재무구조를 개선한다는 취지로 시행되고 있다. 그러나 다음과 같은 문제점이 있다.

첫째, 정부에 의한 인위적인 진입장벽이 없을 때 경쟁의 결과로 나타난 경제력 집중은 문제 삼을 일이 아니다. 한국을 비롯한 개발도상국의 대기업들이 계열기업을 통해 사업을 확장한 이유는 시장이 발달하지 못한 점을 극복하기 위한 것이다. 계열기업을 통한 다각화는 기업의 생존과 새로운 사업기회를 보장하는 주요한 수단이었다. 곧 다각화가 성공적인 경영전략이었다.

둘째, 계열기업 간 순환출자에 의해 가공자본이 형성되어 각 계열기업의 부채비율이 낮아지고, 금융기관이 대출심사에서 가공자본까지 포함한 부채비율을 고려한다면, 가공자본은 경제 전체의 자원배분을 왜곡하게 되는 것은 사실이다. 그러나 금융기관은 대출 대상 기업의 자본의 과다보다는 수익구조와 대출금 상환능력, 담보와 보증 그리고 현금흐름 등을 중요하게 검토한다. 더구나 계열기업 간 연결 재무제표 작성을 의무화하고 있는 요즘, 가공자본 형성에 따른 부채비율 축소를 통해 차입에서 얻을 수 있는 이득은 별로 없다.

셋째, 순환출자로 형성된 가공자본으로 인해 기업집단의 연쇄도산 가능성이 커질 것이라는 논리도 튼튼하지 못하다. 오히려 모든 사업을 한 기업 내로 내부화하는 것보다 법적으로 독립인 계열기업들이 나누어 수행하는 편이 도산 위험을 분산하는 효과를 지닐 수 있다.

넷째, 대규모 기업집단의 다각화 과정에서 기업집단의 내부자본시장이 중요한 역할을 했다. 즉, 내부에서 형성된 자본을 바탕으로 새로운 벤처캐피털 자본가로서 대자본 출자를 가능하게 한 것이다. 삼성전자의 반도체와 현대자동차가 대표적 사례다.

다섯째, 출자총액제한은 다른 주주들의 위임을 받아 지배주주가 기업을 경영함으로써 발생할 수 있는 대리인의 사익 추구 문제를 해결하는 수단이 아니라 '대리행위' 자체를 금지하는 것으로서 지배주주의 이익 침해는 물론 소액주주의 이익도 침해하는 결과를 유발할 수 있다.

여섯째, 출자총액제한에 걸려 최선이라고 판단하는 계열기업에 투자할 수 없게 되면 관련 기업들의 주식가격은 왜곡된다. 다시 말해 특정 기업이나 산업이 사용하고 있는 자본에 대한 시장정보(자본의 기회비용)를 왜곡함으로써 나라 경제 전체적으로 자본의 효율적 이용을 방해하게 된다. 또 최적 투자가 이루어지지 못함으로써 투자 승수가 낮아져 경제의 총생산도 감소한다. 마지막으로 우호 지분 확보가 어려운 대규모 기업집단의 경영권 유지가 심각하게 위협받을 수 있다. 국내 기업에 대한 역차별 때문이다. SK와 소버린 간의 경영권 쟁탈 사건이 이를 잘 보여주고 있다.

(2) **금융계열사 보유 주식의 의결권 제한** : 현행 공정거래법은 적대적 인수·합병 시도에 대한 방어 수단으로 사용하는 경우에 한해 계열사의 총 의결권 30% 범위 내에서 금융계열사의 의결권 행사를 허용하고 있다. 즉, 비금융계열사가 보유하는 지분의 합계가 30%에 미치지 못하는 부분에 대해서만 금융계열사 보유 지분의 의결권을 인정하고 있다. 그러나 의결권 제한은 한도도 문제지만 그 자체가 커다란 문제를 안고 있다.

첫째, 취득한 주식의 의결권을 제한하는 것은 주식회사의 본질에 배치된다. 지배주주는 소액주주와는 달리 주식시장에서 대량의 주식을 팔고 떠나기 어렵다. 많은 주식을 한꺼번에 처분하면 주식 가격이 크게 떨어지기 때문이다. 따라서 지배주주에게는 경영자가 자신에게 미칠 수 있는 피해(외부비경제)를 줄일 수 있는 경영참여의 길이 열려 있어야 하며, 이는 곧 의결권을 제한해서는 안된다는 논리적 기반이 된다.

둘째, 경영권은 기업에 대한 실질적인 재산권을 의미하므로 의결권을 제한함으로써 경영권 확보를 위태롭게 하는 것은 명백한 사유 재산권 침해이다.

셋째, 외국계 금융사는 공정거래법의 규제를 받지 않고 우리 기업들은 외국 자본에 의한 적대적 인수·합병에 노출되어 있는 마당에, 금융계열사의 우호 지분의 의결권을 제한하면 경영권 방어는 더욱 어려워진다. 물론 경영권 문제가 생긴 이유는 부채비율 200% 축소를 위한 유상증자와 출자총액제한 등으로 그룹의 지분이 낮아졌기 때문이다. 공정위는 경영권 위기 시 제한을 완화하겠다고 하지만 이는 국회 통과 사안이므로 시간 지체는 물론, 통과 시 국가신인도 하락 및 WTO 제소 가능성도 배제할 수 없다.

넷째, 금융계열사가 취득한 주식의 의결권을 제한하는 취지는 금융계열사가 고객의 돈으로 계열기업의 경영권을 행사하는 것을 막겠다는 것이다. 그러나 금융계열사는 고객의 돈으로 최대의 투자 수익을 올리는 것이 목적이므로 어디에 투자하든 그들의 투자 행위를 제한해야 할 이유가 없다. 또한 보험업법과 투신법 등 현행 금융업법은 금융계열사가 타 계열사의 주식을 취득하는 데 엄격한 규제를 하고 있으므로, 그러한 규제 하에서 취득한 주식의 의결권 제한은 이중 규제가 되는 것이다.

다섯째, 외국 자본은 경영권 확보가 아니더라도 1대 또는 2대주주 지위를 점한 다음, 경영 간섭을 통하여 단기적 이익을 극대화하는 것이 목적이다. 외국 자본의 국내 시장 참여로 국제화시대에 걸맞은 국내 자본의 효율성을 향상시키는 것은 바람직하지만, 자국 기업에 대한 역차별로 국부를 유출할 필요는 없다.

(3) **금융거래정보요구권(계좌추적권)** : 계좌추적권은 자산 2조원 이상의 대규모 기업집단의 부당내부거래 혐의가 발견될 때 법원의 영장 없이 금융기관에 금융거래정보의 제출을 요구할 수 있는 권한이다. 공정거래위원회(공정위)는 부당(?) 내부거래를 단속하기 위하여 계좌추적권을 가져야 한다고 주장하지만 특정한 내부거래가 부당하다고 규정하는 논리 자체에 문제가 있다.

첫째, 내부거래를 통해 특정 계열기업의 자금을 다른 계열기업에 부당하게 유출해 이해관계자들에게 손해를 입힌다는 것이다. 만일 그렇다면 유출기업의 소액주주는 물론 대주주도 손해를 본다. 따라서 경영자가 단기적인 손해를 감수하더라도 내부거래를 하는 것은 기업집단 전체의 이익을 증가시켜 장기적으로는 유출기업에도 이익이 된다는 경영판단에 따른 것이다. 이러한 경영판단이 사후적으로 틀릴 수도 있지만 그 결과에 대해 아무런 책임도 지지 않는 제3자가 개입해서는 안된다.

둘째, 계열기업 간 내부거래를 통해 다른 비계열기업을 배제함으로써 경쟁을 억제한다는 것이다. 그러나 이는 계열기업 간 내부거래 비용이 비계열기업과의 시장거래 비용보다 더 적게 든다는 것을 의미할 뿐, 경쟁 억제와는 무관하다. 더구나 국내외 경쟁이 심화되는 국제화시대에 내부거래가 진입장벽 구실을 하지는 못한다. 또한 법적·회계적으로 독립인 계열기업들이 자사의 명백한 손해를 무릅쓰고 타사의 이익을 도모하기는 어렵다.

셋째, 내부거래를 통한 다각화 경영이 기업집단 전체의 부실화를 초래한다는 것이다. 그러나 계열기업으로 구성된 기업집단이 내부거래로 부실화될 가능성이 있다면 그러한 가능성은 하나로 통합된 대기업의 경우에도 똑같이 적용된다. 양자의 경우 모두 내부거래를 단속할 이유가 되지 못한다.

넷째, 기업집단 내의 독점기업이 독점이윤을 다른 계열기업으로 옮겨 독점이윤에 대한 규제를 회피하는 수단으로 이용할 수 있다는 것이다. 그러나 독점의 궁극적인 원인은 정부에 의한 진입장벽이며 자유시장에서 단 하나의 기업이 존재한다면 이는 다른 기업보다 더 효율적이라는 것을 의미하므로 문제 삼을 일이 아니다.

다섯째, 내부거래를 규제해 독립경영 및 소유와 경영의 분리를 유도한다고 하지만 독립경영이 계열경영보다 더 효율적이고 전문경영인이 소유주보다 경영을 더 잘한다는 이론이나 실증은 없다. 그리고 소유와 경영의 분리 개념은 시장에서 진화한 것이 아니라 정치적인 이유로 생긴 여러 가지 법적 제약에 의해 형성된 것으로서 당연한 것이 아니다.

여섯째, 공정위의 정의에 의한 부당내부거래도 지속적으로 감소하고 있기 때문에 계좌추적권의 실효성도 의문이다. 마지막으로 계열기업 간 내부거래를 '부당'이라는 이름 아래 과징금을 물리는 나라는 한국밖에 없다는 사실도 공정위가 계좌추적권을 가져야 한다는 정당성을 약하게 만드는 이유이다.

이와 같이 현재 국회에 계류 중인 공정거래법 개정안은 해당 경제 주체들의 재산권을 제한하는 방향으로 만들어졌다는 점에서 우려하지 않을 수 없다. 자본주의와 사회주의를 구분하는 가장 핵심적인 요소가 사유 재산권의 유무와 보호 정도라고 한다면, 현 정부는 예전보다 더 사회주의적인 방향으로 나아가고 있는 것이다.

3) 리디노미네이션

리디노미네이션(화폐 액면 단위의 변경) 추진 계획 역시 국정 우선순위가 무엇인지 알기 어렵게 하는 대목이다. 우리나라 화폐 단위가 커피 한 잔을 사기 위해 100만 단위의 화폐를 건네야 하는 것도 아니므로 거래에 따른 불편이 큰 것도 아니며, 대미 달러 환율이 천분지 일로 낮아진다고 해서 없던 나라의 얼굴이 살아나는 것도 아니다. 그 숫자가 너무 커 다루기가 어려울 정도가 아니라면 환율은 양국의 화폐 가치를 적절히 반영하면 된다. 리디노미네이션으로 인플레이션 기대 심리를 잡겠다는 논리 역시 현 상황에서는 타당성이 없다. 또한 금융제도가 매우 발달된 요즈음 장롱 속에 숨어 있는 자금을 끌어내 산업자본화하겠다는 논리도 타당성이 없다. 리디노미네이션에 대한 논의의 초점이 무엇인지 이해하기 어렵다.

3. 성매매 금지 특별법

여성단체들이 주축이 되어 입법에 성공한 성매매 금지 특별법은, 요즈음 우리사회에서 대안 없는 이상주의가 그 위력을 발휘하고 있는 한 단면을 잘 표현해 주고 있다. 인간성의 실체를 무시한 어떠한 입법도 성공한 적이 없었다는 역사적 사실을 한 번만 돌아보았다면, 이와 같이 이상에 치우친 나머지 의도한 효과는 물론 더 나쁜 결과를 야기할 입법을 추진하지는 않았을 것이다. 미국에서 금주법은 술 한 잔 마시고 싶어 하는 선량한 시민들로 하여금 의도하지 않게 마피아 조직을 키우게 하였다.

매춘과 마약은 인간의 역사와 그 궤를 함께 해 왔다. 그만큼 근절하기가 어렵다는 사실의 반증이다. 따라서 인간의 내면에 성적 욕구가 엄연히 존재한다는 사실을 인정하고 성매매로 우리사회가 지불해야 하는 총체적인 비용을 최소화하는 방안을 모색해야 하는 것이다. 그 길은 결국 성 산업을 특정지역에 국한하여 양성화하는 것이다. 그래야만 청소년들이 이에 접근하는 것도 효과적으로 차단할 수 있다. 자유와 시장을 주장하는 사람들이 성 관련 산업의 양성화를 주장하는 것은 그들이 특별히 부도덕하기 때문이 아니다. 인간성에 내재된 없앨 수 없는 본능을 도덕적 잣대만으로는 해결할 수 없다는 사실을 잘 인식하고 있기 때문이다.

4. 교육 문제

지금까지 우리나라의 교육은 공공성과 형평성 이념에 입각한 정부에 의해 주도되어 왔다. 그러나 정부 주도의 획일적 교육은 결국 하향평준화와 교육 소비자들의 지적 능력을 크게 후퇴시킨 결과를 야기했을 뿐이다. 정부가 내세우는 지식 강국과는 한층 더 멀어지고 있는 것이다.

이러한 교육 현실은 결국 정부의 간섭과 통제가 교육시장에서 지식의 이용을 불가능하게 함으로써 나타난 것이다. 교육이라는 상품도 시장에서 소비자(학부모와 학생)와 생산자(학교) 사이의 자발적 교환을 통해 거래될 때 비로소 효율적으로 생산되고 유통될 수 있다. 즉, 우리의 자녀가 어떤 교육을 어디에서 어떻게 받아야 하는가는 자유로운 시장에서 가장 잘 알 수 있으며, 교육상품을 생산하는 학교도 자유로운 교육시장을 이용함으로써 누구를 대상으로 어떤 교육을 어떻게 시킬 것인가를 효과적으로 알 수 있다. 따라서 교육상품의 소비자와 생산자가 필요로 하는 지식은 교육시장에서 정부의 간섭과 통제가 사라질 때 가능할 것이고, 이를 위해서는 교육을 민영화해야 한다.

교육의 민영화라 함은 각급학교가 정부의 간섭을 받지 않고 자율적으로 운영됨을 의미한다. 그런 점에서 현재 추진 중인 사립학교법 개정안은 학교의 자율성을 더욱 제한하는 것이다. 개정안의 핵심 조항 중의 하나는 학교 구성원의 권한 강화를 위해 교사와 학부모가 참여하는 학교운영위원회가 이사 정수의 3분의 1 이상을 추천하는, 이른바 개방형 이사제를 도입한다는 것이다. 재단의 독단적인 학교 운영을 견제하고 사학의 비리를 막겠다는 것이다. 물론 비리 사학도 있는 것은 사실이다. 그러나 많은 사학들이 자신들의 건학 이념에 따라 학교 운영에 최선을 다하고 있는 것도 사실이다. 일부 비리 사학을 견제하기 위하여 재단의 재산권을 제한하는 것은 온당하지 못한 처사이다.

그리고 교육인적자원부가 천명하고 있는 이른바 3불(不) 원칙, 즉 고교등급제 불가, 본고사 불가 및 기여입학제 불가도 모두 각 경제 주체의 능력 차이를 인정하지 않고 수평적 평등을 강조하는 획일적 교육정책으로서 교육 경쟁력을 떨어뜨리는 근본이 되고 있음은 재론할 필요가 없을 것이다.

III. 결어 : 자유주의적 대안

한국은 지금 분명히 지식의 위기에 처해 있다. 그리고 대안 없는 이상주의에 경도되어 있다. 잘못된 사상과 지식에 기초한 정부의 외교정책과 경제정책은, 이미 국가안보의 핵심 축인 한미동맹의 균열 및 국가보안법 폐지 움직임에 따른 국가안보 위협과 장기화될 조짐을 보이고 있는 경제침체에서 여실히 드러나고 있다. 그럼에도 불구하고 현 집권층은 그러한 사상과 지식체계를 바탕으로 국정을 운영할 것임을 여러 차례 천명한 바 있으며, 앞으로도 그러한 정책에는 변화가 없을 것으로 보인다. 그런 만큼 향후 한국사회가 지불해야 할 비용은 만만치 않을 것으로 예상된다.

개인의 자유가 가장 확실하게 보장되었을 때 사람들의 삶이 가장 풍요로웠다는 것이 역사적 교훈이다. 따라서 작금의 한국 상황을 반전시키기 위해서는 개인의 자유를 신장시키는 자유주의와 시장경제에 관한 연구, 교육, 그리고 홍보에 많은 자원을 투입해야 한다. 이제까지 우리가 누렸던 자유는 상당부분 외부적 요인에 의해 주어진 것이었다. 이제는 스스로 자유를 확보하기 위한 비용을 지불하지 않으면 안된다. 자유와 시장을 신봉하는 학자를 비롯한 지식인들은 물론 기업가들도 이러한 활동에 적극적으로 참여해야 한다. 그리하여 정부로 하여금 행동하는 개인의 자유를 보장하도록 하고 시장이 옳은 지식을 선별하고 전파하도록 그 간섭과 통제를 멈추도록 해야 한다. 결국 '작은 정부'의 실천을 위해 모두가 참여하는 길뿐이다.

미국, 이탈리아, 한국에서 신뢰와 불신의 사회적 기원과 한국 정치개혁

김인영
(한림대 교수)

Ⅰ. 서론

현대 한국사회에서 일반적으로 논의되는 국가 지도자의 첫 번째 덕목은 "말(言)을 신뢰할 수 있는 사람"이다. 크게는 한국사회의 이념적 대결, 세대 간 분열, 이로 인한 전반적인 사회구성원 간의 불신과 갈등의 극복이 한국사회 개혁의 초점이 되고 있다. 작게는 정치지도자의 덕목으로 신뢰가 가장 중요하다는 지극히 상식적인 주장이 새삼 필요한 한국사회와 정치의 현실이며, 크게는 이러한 한국사회에 내재한 불신 극복에 대한 문제인식이 본 연구의 출발점이다.

현대 한국사회는 왜 신뢰가 필요한가, 신뢰란 우리 전통 사회에서 무엇이었나, 미국에서 고신뢰 사회는 어떻게 형성되었으며, 한국과 이탈리아 사회의 불신(또는 저신뢰 현상)은 그 기원을 어디에서 찾을 수 있는 것인가, 한국사회 불신의 극복을 위하여 어떠

김인영 · 25

한 방안이 제시되어야 하는가, 정치 불신은 어떻게 극복될 수 있는가라는 의문이 본 논문에서 규명하고자 하는 주제들이다. 즉 한국사회의 저신뢰는 어디서 기원하는가, 어떠한 역사적·사회적 기원을 가지고 있는가, 우리와 비슷한 가족주의적 연결망을 가진 이탈리아의 저신뢰와는 어떻게 다르고, 무엇이 유사하며, 미국사회의 전통적 고신뢰는 역사적으로 어떻게 형성된 것이며, 어떠한 이유로 그 변화를 가져오게 되었는가, 우리와는 신뢰 형성에 무엇이 차이가 있는가에 대한 의문에 대한 답을 제시하고, 사회 불신의 한 부분으로서 한국 정치의 불신은 어떻게 극복할 수 있는 것인가에 대한 시론적인 답을 제시하고자 한다.

이탈리아 남북의 저신뢰 형성에 대하여 퍼트남(Robert Putnam)이 이탈리아 남부 지역의 외세(外勢) 통치의 역사를 주목하며, 그 불신의 결과가 시칠리의 마피아로 결과하였다고 감베타(Diego Gambetta)는 *The Sicilian Mafia*(1993)에서 주장하고 있다.

미국 역사에서의 고신뢰 형성에 대하여는 이미 토크빌(Alexis de Tocqueville)이 *Democracy in America*에서 시민결사(civic associations) 때문으로 결론짓고 있다. 하지만 한국에서의 (저)신뢰 형성과는 무엇이 다른가?

본 논문에서는 빈곤(poverty)-무도덕적 가족주의(amoral familism)-저신뢰(불신)-후견제 정치(patron-client relations)라는 이탈리아 남부의 사회적 문제들의 연쇄반응(chain reaction)의 가설을 제시하고, 이러한 가설을 염두에 둔다면 한국사회 (저)신뢰의 원인으로 식민지 기원론도 가능하다, 또 한국 정치의 보스 중심 정치의 한 기원으로 가족주의에 기초한 저신뢰 정치 현상도 주목할 필요가 있다는 주장을 전개하고자 한다.

정리하면 이탈리아와 한국의 (저)신뢰의 기원에 대한 비교 역사사회학적인 접근이 가능한데, 불신의 기원에 대하여서라면 한국의 경우도 일제식민지 기원론이 적용 가능하다는 것이다. 케임브리지 대학의 호오선(Geoffrey Hawthorn)교수는 일제 통치가 한국사회에 악의적인 불신을 만들었다고 주장한다. 식민지 치하에서는 식민 세력과 주민 간에 누가 누구와 결탁했고 협력했는지를 모른다는 것이다. 또한 농민들의 도시 이주, 산업 노동자의 등장, 급속한 도시화 등의 사회적 변화가 사회적 긴장을 조성했고 결국은 1945년과 1950년 사회적 혼란으로 이어졌다는 주장이다. 이러한 혼란과 한국사회의 저신뢰(불신) 하에서 1961년 쿠데타에 의한 군부 통치는 피할 수 없는 선택이었다.

이러한 맥락에서 마피아가 없어지는 상황이란 더 크고, 더 나은 마피아의 등장이라고 주장하는 감베타의 논지를 이해할 수 있다. 한국에서 군부의 등장과 군부에 의한 권위주의 통치란 그 자체가 전국적인 수준의 폭력의 독점이고, 국민에 대한 보호권의 독점인데 지방 수준의 보호권의 독점을 용납하지 않을 것이라는 추론이 가능하다. 군부 통치의 등장과 항상 함께 했던 지방 조직폭력배의 소탕이나 불법무기 수거는 군(軍)으로의 폭력의 일원화 과정을 의미한다. 또한 군부 독재체제의 정보기구인 중앙정보부는 정보의 독점으로 사회에 퍼져 있는 불신을 정권 유지에 이용했다. 임박한 북한의 침공 위협을 지속적으로 이용하였고, 사회 내부의 많은 소문들만의 체제 전복자들에 대한 정보를 수집함으로써 역으로 정권을 유지하는 데 이용하였다고 호오선은 주장하고 있는 것이다 (Hawthorn 1988, 122-24). 이러한 호오선의 주장은 일제의 통치를 위한 사회 불신 조장과 해방 후의 혼란, 군부 통치와 기간의 불신 구조화를 연결시키는 의미는 있지만, 민주화 이후에도 계속된 한국사회의 불신의 만연이나 저신뢰를 설명하지 못하는 한계가 있다. 아울러 식민지 가설은 미국에 대입하여 볼 때 잠시나마 식민지를 경험한 미국에서는 왜 신뢰가 싹텄는가를 설명하지 못한다. 그러면 결국 이탈리아, 한국, 미국의 외세통치(식민지) 경험의 차이가 무엇이었기에 신뢰 형성에 차이가 나는가이다. 여기서 미국-이탈리아-한국의 비교 분석의 필요가 생기게 된다.

본 연구는 한국과 이탈리아의 (저)신뢰 형성에 대한 연구를 미국으로 확대하여 미국사회에 (고)신뢰가 형성된 원인을 고찰하고자 한다. 고신뢰 사회를 형성하게 된 원인과 저신뢰 사회를 형성하게 된 원인을 비교 연구하여, 궁극적으로 고신뢰 사회와 저신뢰 사회를 형성하는 경로의 차이를 가져오는 역사·사회·정치적 원인을 고찰하고자 함이다.

또한 본 연구는 고신뢰 사회를 유지하는 서구 선진국들을 우리의 현실적 이상향으로 간주하고 따라가려는 동기와는 거리가 있다는 것을 지적하고자 한다. 단지 국가 간 비교 연구를 자그마하게나마 완결하면서, 어떻게 우리의 연고주의를 긍정적인 방향으로 전환시킬 수 있을까, 파편화된 우리의 시민사회를 내실화 할 수 있고, 자발적 참여형 시민문화를 어떻게 키워나가 우리의 민주주의의 공고화에 기여할 수 있을까, 신뢰의 한국 정치를 만들어낼 수 있는 조건은 무엇인가를 고민하는 단초로 이용하고자 하는데 연구의 본 목적이 있다.

Ⅱ. 미국 (고)신뢰의 사회적 기원과 변화1)

1. 역사적 관점에서 본 미국사회와 신뢰

역사적으로 미국은 국가 형성(nation building)의 초기 단계에서
부터 풍부한 자발적 관계망과 공동체 의식을 갖추면서 개인의 이
익과 공동체의 이익이 다르지 않은 전통을 이어오고 있다. 개인의
이익을 우선하면서도 개인의 이익 추구가 타인의 이익을 침해하
지 않는 범위와 한계라는 준칙은 지켜져 왔고, 이는 곧 공동체의
이익 추구와 모순되지 않았다. 실제로 미국은 개인들을 분리시키
는 개인주의적 성향과 함께 결속체를 이루고 다양한 집단활동에
참여하고자 하는 강력한 공동체적 성향이 병존해 왔다고 할 수 있
다(Fukuyama 1995, 352). 이러한 높은 수준의 공동체적 연대성
(solidarity)의 연원은 미국이 형성되어 온 이민의 역사에서 쉽게
찾아볼 수 있다. 종교적 자유나 경제적 부의 성취라는 개인적인
이익 추구 때문에 신천지에 왔지만 많은 경우 개인의 이익 추구만
으로는 공동체가 존속할 수·없는 위기에 부딪쳤고, 이로 인하여
개인의 이익 추구는 전체 공동체의 이익과 다르지 않게 조정되었
다.

미국의 건국부터 시작된 이러한 타운 공동체(town community)
의식은 공동체 구성원의 상호의 이익을 근거로 존속하고 발전하
여 나갔고, 이러한 공동체 의식과 함께 공동체 구성원 간의 상호
신뢰는 높아졌던 것이다. 바버(Bernard Barber)가 지적한 신뢰를
발전시키는 세 가지의 중요한 기대(expectations), 즉 타인들도 자

---

1) 본 장의 내용은 김인영, 「미국의 사회변화와 신뢰」, 김인영 편, 『사회 신뢰/불
신의 표상과 대응 : 거시적 평가』, 서울 : 소화, 2004, 1-25를 재구성함.

신의 이해보다는 다른 사람들의 이해를 우선할 것이라는 기대, 사회질서 유지에 대한 기대, 타인이 유능한 역할을 할 것이라는 기대는 미국사회의 모습에서 그다지 벗어나지 않는다(Barber 1983). 로버트 퍼트남(Robert D. Putnam)은 이러한 미국사회의 높은 신뢰를 근거로 삼아, 미국의 민주주의가 가능했던 이유를 추적하였고, 결국 시민 상호 간의 신뢰와 자발적 결사 등에 기초한 시민사회 또는 공동체만이 효율적이고 민주적인 정부운영을 가능하게 한다고 지적하였다(Putnam 1993a).

그러나 문제는 퍼트남 자신이 주장하였듯이 지난 50여 년 동안 미국의 시민사회(civil society)를 형성하고 이끌어 온 자발적 연대(civic engagement)가 위기를 맞고 있음과 더불어 미국 인간의 신뢰의 근간이 되는 사회적 자본(social capital)이 최근에 들어 점차 쇠락(衰落)하고 있는 현상이다.2) 이러한 신뢰 수준의 하락과 사회

---

2) 여기서 문제가 되는 것은 신뢰(trust)와 사회적 자본(social capital)의 관계이다. 신뢰는 '불확실성에도 불구하고 타인을 믿는 것'이다. 사회적 자본이란 린(Lin)의 정의대로 "행위자가 자신이 속한 집단 즉 연결망 속에 있는 자원에 접근함으로서 얻을 수 있는 자산"(Lin 2001, 19; 유석춘 2002, 176)이다. 이러한 사회적 자본에 대한 연결망식 접근(network analysis)은 사회적 자본에 대한 초기의 논의를 주도한 미국사회학자 콜만(James Coleman)에 근거한다. 콜만에 의하면 "사회적 자본은 주어진 구조에 속하는 개인이나 집단으로 하여금 특정한 행위를 하도록 유도하고 촉진한다, 사회적 자본은 그것이 없으면 이룩하기 어려운 목적을 성취할 수 있도록 해 준다"(Coleman 1990, 302). 간단히 정의하면 사회적 자본은 주어진 구조 속의 개인으로 하여금 특정한 행위, 즉 상호 신뢰나 규율에의 준수 등을 하도록 하는 것이다.

따라서 퍼트남은 사회적 자본을 "협력행위를 촉진시켜 사회적 효율성을 향상시킬 수 있는 사회 조직의 속성(신뢰, 규범, 그리고 네트워크 등)"으로 정의한다(Putnam 1993a, 281). 아울러 사회적 자본을 "사유재(private good)의 성격을 지니는 전통적인 자본과는 달리, 신뢰(trust), 규범(norms), 네트워크(networks)와 같은 사회적 자본은 공공재(public good)라는 특성을 지닌다"고 하였다. 신뢰와 사회적 자본과의 관계에 대하여는 "신뢰는 사회적 자본의 가장 중요한 구성 요소이다"라고 설명한다. 이러한 측면에서 후쿠야마가 신뢰와 사회적 자본을 구분하지 않고 사용하는 이유이기도 하다(Fukuyama 1995). 하지만 많은 연구들이 신뢰를 사회적 자본을 만드는 촉진 요인으로 간주하기도 하면서도 반대로 신뢰를 사회적 자본이 만들어낸 결과물로 보기도 한다. 신뢰가 사회적 자본의 기원이냐 결과냐

라는 이러한 혼동은 개인의 심리적 상태를 가리키는 "신뢰"라는 미시적인 현상과 거시적이면서도 미시적인 측면의 사회적 자본의 특정을 간과하기 때문에 생겨난 것이다(Adler and Kwon 2000, 101; 유석춘 2002, 207). 이러한 문제에 대한 해결로서 유석춘이 "사회자본을 두 가지 차원으로 나누어 미시적인 사회자본은 '사람'을 대상으로 한 신뢰이고 거시적인 사회자본은 '제도'를 대상으로 한 신뢰라고 구분해 볼 수 있다"고 분석한 것은 매우 적절하다(유석춘 2002, 207).

퍼트남은 정치적인 측면에서 사회적 자본이 서구의 개인주의 지향의 정치문화를 공동체적인 관심(communitarian concerns)으로 바꾸는 기능을 하는 것으로 정의하며(Putnam 1993b), 애로우(Kenneth Arrow)의 분석을 인용하면서 경제적 측면에서의 신뢰의 중요성을 강조하고 있다. "모든 상거래에는 실질적으로 신뢰가 전제되어 있으며, 그런 경우 어떤 거래도 오래 지속된다. 대개의 경우 경제적 낙후는 상호 신뢰의 부족으로 설명될 수 있다고 주장할 수도 있다"고 인용한다(Arrow 1972, 357; Putnam 1993a, 286). 즉 학자들은 정치적 측면에서 신뢰가 민주주의 발전을 위한 시민적 참여(civic engagement)의 기초이며, 경제적으로는 시장에서 거래 비용(transaction cost)을 줄여 경제적 효율성을 보장하는 요소로 간주하는 것이다(Putnam 1993a; Williamson 1988; Fukuyama 1995; 김인영 2002).

신뢰의 정의와 신뢰의 전반적인 효과에 대하여 밝히는 연구는 다음과 같다. 퍼트남은 정치적 측면에서 신뢰가 민주주의 발전을 위한 시민적 참여의 기초(Putnam 1993)임을 밝혔다. 에반스는 신뢰가 국가와 시민사회의 시너지(synergy)를 위한 기본 조건으로서 중요한 역할을 하는 것으로 주장한 바 있다(Evans 1997). 크라머와 타일러는 경제적 측면에서 신뢰가 시장(market)에서의 거래를 원활하게 하고, 정부 및 기업 조직의 효율성을 높이는 것으로 지적하였다(Kramer and Tyler 1996). 클래그는 심지어 국민경제 전반의 발전을 도모할 수 있게 한다고까지 주장하였다(Clague 1997). 신뢰라는 용어를 세계적으로 유행시킨 후쿠야마는 *Trust; The Social Virtues and the Creation of Prosperity*라는 저서를 통하여 신뢰를 대기업 조직을 가능하게 하는 요인으로 주목하는 연구를 내기도 하였다(Fukuyama 1995). 뿐만 아니라 후쿠야마는 신뢰는 사회적으로 개인 간·조직 간의 불확실성을 낮추고 안정을 가져오는 중요한 역할을 수행한다고 한다. 왜냐하면 조직의 구성원들이 상대가 믿을 만하고 정직하게 행동할 것을 예상하게 된다면 상대를 의심할 때 치르는 비용을 지불하지 않아도 되기 때문이다. 즉 사회적 자본의 기초로서의 신뢰란 조직의 운용을 보다 효율적(efficient)이게 만드는 윤활유(lubricant)와 같은 것으로 후쿠야마는 설명한다(Fukuyama 1999, 16).

한국에서의 신뢰와 불신의 연구는 박찬웅과 이재혁이 집요하게 하고 있다. 박찬웅은 최근에 시장과 신뢰에 대한 주요한 논문을 발표한 바 있다(박찬웅 2000). 이재혁은 사적(私的) 신뢰(fede privata)는 높고 강하지만 공적(公的) 신뢰(fede pubblica)는 낮다고 지적하고(이재혁 1998), 울리히 벡(Ulrich Bech)의 위험사회 개념과 신뢰를 연결하여 연구한 경과도 발표하였다(이재혁 2000). 한국 전통 사회의 신뢰와 돌진형 근대화 과정의 연구는 한도현(1999)의 연구가 대표적이다. 김성국은 신뢰의 다차원적 의미를 밝히는 중요한 연구를 하였고, 국가와 시민사회를 동시에 혁신하여 실질적 민주주의를 가져오기 위하여는 불신의식이 필요함을 지적하고 있다(김성국 2000). 민주주의와 신뢰를 연구한 이는 임혁백이다(임혁백 1999).

적 자본의 훼손이 단순한 문제가 아닌 것은 나이(Joseph Nye)가 정확히 지적한 바와 같이 결국 미국사회제도의 쇠퇴와 미국의 (소프트) 파워를 약화시킬 수 있다는 점이다(Nye 1997, 192).

본 글에서는 고신뢰 사회(high-trust society)로 분류되는 미국사회에 신뢰가 형성되어온 역사적 조건들은 무엇이며, 고신뢰 사회에서 신뢰위기의 사회로 변화하고 있는 요인들은 무엇인가? 특히 현대 미국이 고신뢰 사회에서 신뢰의 저하를 겪는 역사적·정치적·사회적·경제적 원인은 무엇이며, 이들이 현재 어떠한 변화의 과정을 겪고 있는가, 그리고 신뢰 하락을 극복하는 방안은 무엇인가를 고찰할 예정이다. 미국이 고신뢰 사회를 형성하게 된 기원과 현재의 미국사회의 신뢰 위기의 이유, 그리고 신뢰 쇠퇴의 결과를 찾음으로써, 이러한 신뢰 저하 현상이 유럽이나 동아시아 사회, 특히 공적 기관에 대한 저신뢰 현상이라는 문제를 앉고 있는 한국사회에 주는 함의를 함께 고찰하고자 하였다.

2. 미국사회 신뢰의 역사적 변화

1) 고신뢰 · 저신뢰 · 미국사회

프란시스 후쿠야마(Francis Fukuyama)는 고신뢰 사회와 저신뢰 사회(low-trust society)를 구분함에 있어서 고신뢰 사회의 특징으로는 자발적 사교성, 즉 강한 공동체적 연대를 가지고 있다는 점, 저신뢰 사회의 특징으로는 중간 조직이 허약하다는 점, 가족 지향적이라는 점, 소규모 민간기업들이 경제의 핵을 구성하고 있다는 점을 들고 있다. 가족주의 사회라고 할 수 있는 중국, 한국, 이탈리아 남부의 경우 사회적 충성심보다도 가족의 결속을 중시하며, 혈연관계가 없는 사람들 간에 구축된 신뢰가 부족하고, 자발적 공동체에 취약성을 드러내고 있다. 가족은 도덕적 공동체가 존속할 수 있는 기반이기는 하나 엄밀한 의미의 공동체는 아니다. 왜냐하면 가족주의가 지나치면 이탈리아나 한국과 같이 서로 친족관계가 없는 사람들 간의 결속력을 약화시켜 친족관계 이외의 것에 기초한 집단적 생활양식의 출현을 막기 때문이다.

미국사회의 전통에서 가족은 여러 가지 면에서 중국이나 이탈리아의 가족보다 취약했다. 이렇게 오히려 개인주의적이라고 할 수 있는 미국의 경우 국가 형성의 초기 단계에서부터 개인주의적이지 않고 풍부한 자발적인 관계망과 공동체 구조를 갖추면서 개인은 자신의 편협한 이익보다는 공동체의 이익을 우선해 왔다. 실제로 미국은 이중적 문화유산을 물려받고 있었던 것이다. 개인들을 분리시키는 개인주의적 성향과 함께 결속체를 이루고 다양한 집단활동에 참여하고자 하는 강력한 경향이 병존해 왔다고 하겠다(Fukuyama 1995, 352).

이렇게 볼 때 미국은 강한 개인주의적 전통과 공동체를 지향하는 전통의 두 가지의 뚜렷한 전통을 상속받고 있다. 프랑스의 철학자 토크빌이 미국사회를 보고 감탄하였던 것은 1830년 이미 미국인들의 개인주의와 사회가 잘못되게 흘러가는 것을 막아주는 자발적인 소규모 사회 조직들의 존재였다. 즉 개인주의와 사회의 방임적 흐름을 균형 잡아주는 것은 이러한 종교와 관련된 도덕단체, 하찮은 또는 진지한 일을 다루는 단체, 일반적이거나 매우 제한적인 주제의 단체, 굉장히 규모가 크거나 매우 작은 형태의 다른 1,000여 개의 단체들이었다. 토크빌에게 미국인들은 단체를 만드는 탁월한 기술(art of association)을 가진 것으로 여겨졌다. 이러한 단체들에서 미국인들은 단순한 '접촉'(contacts)에 관심을 가졌던 것이 아니라 연결망(networks) 형성에 필수적인 '상호 의무'(mutual obligations)와 공동체적 연대성을 배우고 키워나감으로써 사회적 자본을 키웠던 것이다(Putnam 2000, 20).

사회적 자본이 제도의 유지에 중요한 이유는 다른 자본들과 달리 정부나 사회 기관들의 효율성을 높여주기 때문이다. 사회적 자본은 "가볍게 터치하는 식의 정부"(light touch government)가 더욱 효율성을 발휘하게 하는데, 예를 들어 이웃이 뒷받침하고 지원해 주는 경우 경찰은 더 많은 사건을 처리할 수 있고, 아동복지 담당기관은 업무의 효율성을 높일 수 있으며, 학부모들이 자원봉사자로 활동해 주는 경우 공립학교의 교육은 더욱 나아질 수 있기 때문이다. 이렇게 미국사회의 사회적 자본의 변화는 직접적으로 미국인들 간의 신뢰의 변화를 가져오고, 신뢰의 변화는 다시 미국 제도와 기관의 효율성에 영향을 미치게 된다. 하지만 미국은 과거부터 현재까지 비교적 상당히 높은 사회적 자본과 신뢰 수준을 유지하여 왔다.

여기서 미국이 가진 높은 수준의 공동체적 연대성이 주목받는 이유는 그것이 민족적·인종적으로 다양한 사회에 출현하고 발전했다는 점이다. 일본과 독일에서는 인종상으로 동질적인 민족이 주가 되고 소수민족이 주류문화에서 소외되었으며, 한국과 이탈리아와 같은 동질적 사회라는 특성이 신뢰가 전제가 되는 높은 수준의 자발적 사교성을 보장하지는 않기 때문이다.

아울러 주목해야 하는 부분은 개인적, 미시적, 사람에 대한 신뢰라고 할 수 있는 사적 신뢰(*fede privata*)와 사회적, 거시적, 제도에 대한 신뢰라고 할 수 있는 공적 신뢰(*fede pubblica*)의 구분에서 미국사회는 다른 동아시아 국가들의 사회에서보다도 공적 신뢰가 월등히 높다는 측면이다. 즉 동아시아의 국가들과 같이 집단 중심적인 정치문화를 가진 사회의 경우 '사람'에 대한 신뢰가 높은 반면, 미국과 같이 개인 중심적인 정치문화를 가진 사회에서는 '제도'에 대한 신뢰가 높을 것을 관찰할 수 있다(이재열 1998). 정확하게는 사회 내의 구성원들 간에 사적 신뢰만 지나치게 높거나 사회 내의 집단들이 배타적으로 파당화하는 경우에 공적 신뢰가 약화되는데 이러한 과다한 사적 신뢰의 축적이 초래하는 "고착화 효과"(lock-in effect)가 미국에서는 거의 나타나지 않는다는 것이다. 고착화 현상이란 공적 신뢰의 기반인 경쟁의 원리 그리고 공정한 게임의 룰에 위배되는 경향을 가중시켜 결국은 사회 전체의 비효율성을 초래하는 위험사회로 가는 것을 말함이다(이재혁 1998 : 김일태 1999, 6).

미국사회 시민들의 공적 신뢰가 높은 이유는 대개가 미국인들을 개인주의자로 평가하지만, 미국의 역사에는 시민사회의 역동성과 탄력성을 가져오는 강한 공동체적 구조가 이미 자리잡고 있었기 때문이라고 보여진다. 미국은 다른 유럽의 국가들과 비교하여, 또는 아시아의 일본과 비교하여도 다양한 시민단체들—교회, 직업단체, 자선단체, 학교, 병원 등—로 이루어진 매우 복합적인 관계망을 형성하고 있어 왔다. 이는 토크빌의 관찰이기도 하지만, 사회학자 막스 베버(Max Weber)의 관찰이기도 하다. 왜냐하면 베버 역시 "형태 없는 모래더미와 같은 개인이 아니라 엄격하게 배타적이면서도 자발적 연대로 가득 찬 복합체, 이것이 과거로부터 현재에 이르기까지 명백히 미국 민주주의에 속하는 특징이었다"고 미국사회가 가진 자발적 연대성을 주목하고 있기 때문이다(Fukuyama 1995, 83).

시민들의 자발적인 조직들은 시민사회 내에 신뢰에 근거한 관계들의 예로 간주된다. 왜냐하면 "가입하기"(joining)는 "신뢰하기"(trusting)를 전제로 하며, 둘은 시민적 참여의 과정에서 결정적이기 때문이다. 미국인들의 이러한 클럽 가입하기는 건국 초기부터 나타난 현상으로 1800년대 초반에 이미 등장하기 시작하여 남북전쟁 기간을 전후하여 많이 조직되었다(Putnam 2000, 383). 피티아의 기사들(the Knights of Pythia), 그랑제(the Grange), the Benevolent and Protective Order of Elks, the ancient Order of United Workmen, GAR(the Grand Army of the Republic)들은 모두 1864년에서 1868년 사이에 조직된 것이다. 이러한 초기의 조직들이 19세기 말과 20세기 초반의 대규모 시민 조직(civic associations)들의 기반이 되었다. 미국 역사학자들은 19세기 말에서 20세기 초반에 시민 조직들이 확대된 것을 강조한다. 자조(self-help)와 아마추어 정신(amateurism)을 강조한 소위 클럽운동(club movement)은 19세기 말에 전국을 휩쓸었으며, 수많은 클럽과 위원회 회합(meetings)의 혼돈을 초래하기도 하였다.

1870년대에서 1910년대까지 자발적인 시민 조직들의 숫자는 배가하였고, 각 지부가 만들어지고, 전국적인 조직으로 확대되었다(Putnam 2000, 384). 이러한 조직의 숫자의 증가는 인구증가를 앞지르는 것이었다. 그리하여 1인당 조직의 밀도(per capita density of associations)는 19세기 중반을 넘으면서 가파르게 상승하여 20세기에 들어서면서 정체되기 시작하였다. 대부분의 조직들은 그 성격이 형제애를 강조하거나, 종교관계, 인종관계, 노동관계, 전문가단체 모임, 순수한 시민단체와 관련된 것이었다.

1870-1900년까지 만들어진 시민 조직들의 활성화는 20세기 미국 시민사회의 기초가 되었다. 이러한 시민사회 조직의 열기는 20세기 초에 오면 종식되기는 하지만 오랜 기간 회원의 충원은 계속되었다. 사실 시민 조직들이 가장 활발하였던 19세기 말에서 20세

기 초반은 미국사에서 그다지 사회적 자본을 활성화 할 수 있는 기간은 아니었다. 도리어 사회적 자본의 부족을 초래할 수 있는 범죄율의 상승, 도시의 퇴폐화, 교육의 부실, 증가하는 빈부의 격차, 정치적 부패 등이 두드러진 시기였다. 하지만 오늘날 미국사회 공동체에 기초한 중요한 기구들이 대부분 이 당시의 척박한 환경 속에서 만들어지고 재정비된 것임은 주목해야 한다고 퍼트남은 강조하고 있다.

구체적으로 보면 미국사에서 금박시대(the Gilded Age)라고 불리는 1870년에서 1898년까지의 시기는 미국사회의 도덕성이 쇠퇴하고 공동체 의식이 파괴되는 시기였다. 적자생존이 사회의 주된 이념이었고, 시장의 비인간적인 관계가 가족의 유대, 우정, 소규모 도시의 결속을 대체하는 시기였다(Putnam 2000, 369). 또한 19세기 말은 오늘 날과 같이 미국사회가 계급, 인종으로 분열된 시기였다. 1870년에서 1890년 사이의 기간은 미국사회가 근대화되고, 산업화되며, 도시화되던 시기였다. 남북전쟁이라는 내전이 끝난 뒤의 미국사회는 토크빌이 방문하였던 1830년대와 그다지 다르지 않았다. 소규모 농장과 소규모 도시, 소규모 기업 등이 존속하였던 것이다.

그러나 20세기에 들어서면서 미국사회는 급속하게 도시화되고, 이민자들이 넘쳐나고, 대규모 사업체에 노동자들이 들끓기 시작하였다. 특히 이 시기에 기술변화는 가속도가 붙어 특허의 출원이 배가하고, 전국적으로 철도망이 증가하여 기존의 53,000마일의 네트워크가 193,000마일의 네트워크로 변화하였다. 이 시기에는 기업의 규모도 변화하여 대규모 기업이 등장하였다.

이 당시, 즉 1880년에서 1910년 사이에 만들어진 시민사회 조직들은 거의 1세기를 지속하였다. 아울러 이러한 자발적 사회 조직

들을 통하여 만들어진 신뢰는 미국의 민주주의와 풍요를 가져오
는 주요한 기초를 제공함과 동시에 사회적 자본으로서 작용하였
다.

2) 미국사회 사교성의 저하

문제는 지난 50년 동안 미국 시민사회를 형성했던 가정, 이웃집
단, 교회, 직장 등의 자발적 연대가 위기를 맞고 있다는 주장이다.
가족이 와해되면서 사교성이 현저하게 쇠퇴하고 있다고, 그리고
이러한 사교성의 쇠락이 가족의 와해로 유일하게 남아 있는 공동
체 존속의 기회가 사라지고 있다고 퍼트남은 지적한다. 퍼트남은
『혼자 볼링하기』(*Bowling Alone*)라는 책에서 미국에서 1960년대
이후에 나타나기 시작한 현상으로 젊은이들이 타인과의 '관계 맺
기'를 줄여 나감으로써 '함께 사는 사회'를 지향하는 공동체 의식
이 사라져 가고 있음을 문제점으로 지적하였다. 퍼트남은 단순히
젊은이들 사이에 타인과의 관계 맺기가 줄어들고 따라서 사회적
자본(social capital)이 감소하는 것을 걱정한 것이 아니라, 사회적
자본의 약화가 가져올 신뢰의 약화, 민주주의와 경제발전의 위기
를 염려했던 것이다(유석춘 2002, 26).

퍼트남은 미국에서 사교성의 현저한 쇠퇴의 증거를 1960년 이
래로 시민단체 회원의 가입율이 줄어든 사실을 자료로 제시하고
있다(Putnam 1995a). [표 1]은 1900년에서 1997년 사이의 32개 전
국 수준의 단체의 평균 회원 가입율을 보여주고 있다.

[표 1] 32개 전국 수준의 단체의 평균 회원 가입율, 1900-1997

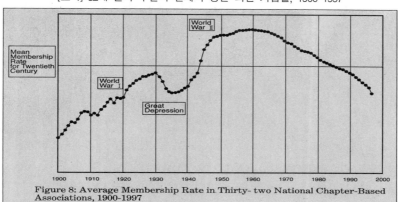

Figure 8: Average Membership Rate in Thirty- two National Chapter-Based Associations, 1900-1997

자료: Putnam 2000, Figure 8.

또 하나의 예로 [표 2]는 20세기 중반에 가장 보편적인 공동체 조직의 하나인 학부모-교사협의회(PTA: Parents Teachers Associations)의 성장과 쇠퇴를 보여준다.

[표 2] 학부모-교사협의회(PTA)의 성장과 쇠퇴, 1910-1997

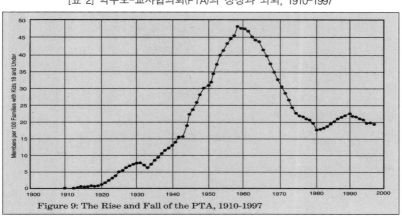

Figure 9: The Rise and Fall of the PTA, 1910-1997

자료: Putnam 2000, Figure 9.

또 퍼트남은 다른 일례로 1980년과 1993년 사이 미국의 볼링단체는 약 40% 줄어든 데 반하여 전체 볼링인구는 약 10% 증가한 데 관심을 가졌고, 이러한 현상을 "혼자 볼링하기"(bowling alone)이라고 상징적으로 표현하였다. 이외에도 미국 시민들의 소규모 단체를 결성하는 전통 깊은 주민 성향, 즉 지역사회 발전을 성공으로 이끌며 사회적 신뢰를 구축하는 시민 네트워크 만드는 사회적 자본을 측정하기 위하여 투표 참여자의 수, 교회신자의 수, 노동조합 가입자의 수, 자원봉사단체(예를 들어 Boy Scouts, Lions, Elks, Shriners, Jaycees, Masons, Red Cross 등)의 회원 수를 측정하여 사회적 자본의 감소를 증명하였다(Putnam 1995a). 1986년에서 1998년 사이에 교회 가기는 10% 줄어든 반면에, 박물관 가기는 10% 증가하였으며, 집에서 함께 즐기기(home entertaining)는 25% 감소했으나, 영화 보러 가기는 25% 상승하였다. 또한 클럽미팅에 참석하기는 1/3 줄어들었으나, 팝(pop/rock) 공연 가기는 1/3 증가하였다(Putnam 2000, 114). 즉 가족이나 클럽 회원들과 함께 하는 시간을 줄이는 대신, 혼자 하는 시간을 증가시켰다는 결론에 도달하게 된다. 따라서 이웃에 대하여 덜 알게 되고, 친구들과 덜 어울리게 되어, 공동체 의식이 희박해지고 이웃을 덜 신뢰하게 된다. 이타주의(altruism)나, 자발성(volunteering), 박애주의(philanthropy)가 줄어들어 사회적 자본이 희박해지는 것이다.

퍼트남은 또 다른 연구 결과에서 1945년 이전 출생자들은 1945년 이후 출생자들에 비해 타인을 더 신뢰하는 경향이 있다는 것을 밝혀냈다(Putnam 1995b). 더욱 정확한 태도의 변화는 미국인들에게 "대다수 국민"(most people)에 대하여 신뢰할 수 있느냐고 물어보았을 때, 1960년에는 58%이던 것이 1993년에는 37%로 떨어졌다는 것이다(Putnam 1995a; Fukuyama 1995, 399). 결국 토크빌이 충격을 받았던 미국의 장점, 즉 서로 상대를 이용하려는 충동을 억제하고, 서로 이웃으로 의식하는 정신이 줄어드는 결과를 초래하였다.

이렇게 미국의 사회적 자본이 쇠퇴하고 신뢰의 기반이 사라지는 원인은 무엇인가? 퍼트남은 사회적 자본의 쇠퇴 원인을 4개의 요인으로 설명한다. 첫째, 여성의 노동시장에의 진출에 따른 시간과 경제적 압력(the pressures of time and money), 둘째, 이동성의 증가(mobility and sprawl), 셋째, 기술의 발전과 대중매체의 증가(technology and mass media), 넷째, 시민참여에 대한 가치와 행위에 대한 세대 변화(generational changes)가 그것들이다. 시간에 쫓기고, 경제적으로 압박을 받아 소규모 단체에 참여할 여력이 적어졌으며, 사회적 이동이 증가함으로써 지역적 연대(local ties)가 약화되었고, 기술이 발전되고 대중매체가 증가함에 따라 사회적 고립의 습관을 키우게 되었으며, 신세대가 구세대의 자발적 연대의 미덕을 전수받지 않았다는 것이다.

그러면 퍼트남이 주장하는 미국의 사회적 자본의 쇠퇴를 가져온 4개의 요인을 자세히 살펴보도록 하자.

첫째, 여성의 노동시장에의 진출에 따른 시간과 경제적 압력이란 요인이다. 특히 여성의 경우 과거에는 집에 있으면서 시민적 참여와 사회적 연결망 형성을 주도하였지만 이것이 1960년대 말 이래로 급속히 변화한 것을 의미한다. 제1차 세계 대전을 계기로 미국의 여성들이 집에서 나와 직장으로 향하고, 이후로 사회의 노동력의 중요한 부분을 차지하게 되면서 여성들의 시민참여는 1970년대를 고비로 급속하게 줄어들었다. 여성 조직 단체의 수는 거의 반으로 줄어들게 되었다. 여성 혁명의 이면에는 이러한 사회적 자본의 잠식이라는 부정적인 측면이 존재하였다(Putnam 1995a,

74). 농장의 노동도 담당하였지만, 주로 가사와 자녀의 양육을 맡고 있으면서 시민참여의 근간을 이루었던 여성들이 노동의 양과는 관계없이 근무시간이라는 시간적 제약에 부딪치면서 시민적 참여의 횟수와 기회를 줄였던 것이다.

둘째, 이동성의 증가에 따른 시민적 참여 기회 자체의 감소라는 요인이다. 지역에 뿌리를 내리기 위해서는 집을 소유하고, 이웃과 네트워크를 형성하여 지역 사안에 관심을 가지고 참여하며, 이웃과 어울리며 신뢰를 쌓아 나가야 했다. 하지만 20세기에 들어서 자동차의 증가와 교외로의 도시의 확장, 선 벨트(Sun Belt) 지역으로의 이동 등으로 일반 미국인들의 사회적 뿌리내리기는 감소하였다. 물론 1965년 이후로 미국인들의 거주 안정도(residential stability)와 주택 보유율(home ownership)이 완만하게 증가하였지만, 여전히 1950년대보다 시민적 참여와 사회적 연결망은 낮아져 있다는 것이다.

셋째, 미국사회의 인구학적 변화 요인이다. 미국인들은 1960년대 이래 결혼율은 낮아지고, 이혼율은 높아지며, 과거보다 적은 수의 자녀를 가지고 있다. 이러한 미국사회 인구학적인 변화가 미국인들로 하여금 시민적 참여를 적게 만드는 것이라고 퍼트남은 주장한다. 즉 결혼한 중산층 부모들이 일반적으로 사회적으로 이혼한 부모나 편부모, 미혼자들보다도 더욱 참여적이라는 것이다. 가족의 파괴가 신뢰 형성에 영향을 미쳐 온 것을 의미한다.

넷째는 기술진보로 인한 여가 형태의 변화라는 요인이다. 가장 중요한 변화는 텔레비전의 등장으로 사람들은 더욱 개인화되어 갔고, TV 시청 시간이 증가함에 따라 사회활동 시간은 역으로 줄어들었다는 점이다. 즉 텔레비전의 등장으로 사회 공동체는 넓어졌지만, 공동체 의식은 더욱 협소해진 것이다.

3) 사회적 자본의 재창조

퍼트남은 최근 수십 년 동안 일어난 이러한 사교성의 저하를 어떻게 다시 회복하느냐의 문제를 신중하게 접근하고 있다. 퍼트남은 사회적 자본의 재창조 또는 회복이 쉽지는 않은 문제이나 결론적으로 미국의 시민사회의 자발적인 연대성, 사회적 자본, 신뢰의 회복이 가능하다고 보고 있다. 이러한 주장은 몇 가지 가능성과 근거로 제시되고 있다.

첫 번째로 미국이 전쟁이나 경제침체, 또는 재난 등의 국가적 위기에 처하게 되면 사회적 자본의 회복이 가능하다는 것이다. 퍼트남은 현재 9·11 테러 이후의 미국사회의 변화를 주목하고 있다. 현재로는 정확한 결론에 도달하지 않았지만, 미국인들이 교회에 가는 숫자나 모임의 숫자가 증가하기는 하였으나 일시적인 것인지 지속적인 것인지 더 많은 검토가 필요한 실정이다. 그리고 9·11의 위기가 미국사회의 시민적 결속감을 높인 것은 사실이나 어떠한 방식으로 사회적 자본의 재창조와 신뢰의 증가를 가져올지는 불확실하다.

두 번째로 사회적 자본의 회복을 위하여 퍼트남은 집단적이고 개인적인 노력을 강조하고 있다. 이러한 노력의 일환으로 자신이 직접 "사구아로 세미나"(Saguaro Seminar)를 운영하면서 시민사회 활동가들, 이론가들을 함께 모아 사회적 자본의 하락에 따른 방안을 모색하고 회복을 위한 사회 운동 방안을 모색하고 있다 (Putnam 2000, 403).

세 번째로 퍼트남이 추락한 사회적 자본의 회복과 신뢰관계의 회복을 낙관하는 것은 역사적으로 미국의 시민 사회단체들이 활발하게 만들어지고 자발적 연대성이 풍부하였던 시기의 사회적 변화가 시민사회의 연대성이 하락하던 지난 50년의 사회적 변화와 본질적으로 크게 다르지 않다는 분석이다. 사회적 변화를 개개 인과 사회가 어떻게 수용하여 극복 방안을 강구하느냐의 차이일 뿐이라는 것이다.

물론 사회적 변화는 거부하기 힘들지만 민주주의의 기반이 되는 사회적 자본을 어떻게 재창조(re-creating)하느냐를 검토하고 다음의 방안을 제시하고 있다.

다섯 가지 방안을 제시하는데 ①이웃과의 유대 강화를 통한 생활 공동체(community)의 형성, ②소속감이 충만한 정신적 공동체의 형성(faith-based community), ③인터넷의 활용을 통한 상호 접촉(electronic entertainment and communication), ④다양한 문화활동(cultural activities)의 활성화, ⑤공직에의 출마, 각종 위원회, 공공회의에의 참가를 통한 공공생활(public life)의 적극적 참여를 제시하고 있다(Putnam 2000, 402-414). 이들 방안들은 모두 신뢰에 근거한 공동체(faith-based communities)의 회복과 무관하지 않다. 인터넷의 등장과 급속한 발전이 한편으로는 신뢰에 근거한 공동체의 회복에 도움이 될 수도 있다. 물론 퍼트남은 1995년의 논문에서는 인터넷의 발전이 사회적 자본의 저하 또는 회복에 어떻게 작용할 것인가에 대하여 부정적인 평가를 견지하면서 연구가 필요하다는 주장을 하지만 2000년의 책에서는 다소 후퇴하여 두 가지 가능성을 모두 언급하고 있다. 인터넷의 보급이 디지털 격차(digital divide)를 초래하는 부정적인 영향을 전제로 하더라도 진정한 면대 면 공동체(face-to-face community)의 강화에 기여하도록 사용될 수도 있음을 강조하면서, 아울러 가짜 "가상 공동체"(counterfeit "virtual community")가 현재의 건전한 공동체조차도 대체할 가능성도 배제하지 않고 있다.

3. 앞으로의 과제 : 신뢰 회복을 위하여

이러한 퍼트남의 미국사회의 사회적 자본 저하와 이에 따른 신뢰 저하 주장은 많은 반향을 가져왔고, 논쟁도 불러일으켰다. 퍼트남 주장의 문제점은 크게 다음의 몇 가지로 구분할 수 있다.

1) 미국을 중심으로 한 사회적 자본의 저하 논쟁의 중심에는 사회적 자본이 무조건적으로 긍정적인 결과를 가져온다는 잘못된 믿음이 있다. 오클라호마 시(Oklahoma City)에 있는 연방빌딩을 폭파한 맥베이(Timothy McVeigh)와 그 친구들에게는 신뢰의 두 가지 연원인 호혜성의 규범(norms of reciprocity)과 시민참여의 네트워크(networks of civic engagement)가 존재하였다. 그래서 맥베이는 혼자 할 수 없는 일을 해냈다. 도시의 갱들, KKK단, 파워 엘리트(power elites)들도 자신들의 이익을 관철시키기 위하여 참여한 네트워크 내에 형성된 사회적 자본을 이용한다. 이렇게 사회적 자본이 반(反)사회적인 목적으로 사용될 수도 있으며, 때로는 유해하기까지도 하다. 사회적 자본의 저하뿐만 아니라 반사회적으로도 사용될 수 있는 사회적 자본의 형성을 막아야 한다. 사회적 자본이나 신뢰 논의를 주도하는 학자들의 공통적인 문제점은 지나치게 긍정적으로 사회적 자본이나 신뢰를 다룬다는 점이다. 또한 자발적 결사체(voluntary associations) 내에 형성된 사회적 자본 또는 신뢰를 동일하다고 일반화시킬 수 없다.

아울러 지나친 개인 신뢰가 도리어 사회적인 견제의 기능을 약화시킬 있다는 점이 간과된다. 즉 정부나 정치인에 대한 지나친 불신도 문제이지만 지나친 신뢰도 역시 사회적인 문제를 야기할 수 있다. 정부가 하는 모든 정책을 지나치게 신뢰할 경우 정부가 쉽게 국민을 속일 수도 있으며, 정확한 평가가 불가능해진다. 정치인에 대한 지나친 신뢰 역시 정치발전을 위하여 바람직하지 않다. 시민단체에 대한 지나친 신뢰 역시 바람직하지 않다. 행위에 대한 책임을 지지도 않고 물을 길도 없는 시민단체에 대한 지나친 신뢰는 정부 실패나 시장실패에 대한 대안이 될 수 없다. 즉 공공영역(public sphere), 시장영역(market), 시민사회 영역에 대한 적절한 신뢰와 불신이 겸해져야 견제와 비판이 가능할 것이다.

신뢰나 사회적 자본에 대한 계량화의 문제점도 제기될 수 있다. 물론 이러한 신뢰지수나 사회적 자본의 계량화의 문제를 극복하기 위하여 많은 노력들이 있어 왔지만, 결국 대부분이 여론 조사에 근거한 계량화일진대, 극복해야 할 계량화의 문제점은 계속 남는다.

2) 퍼트남의 미국사회 신뢰 저하 주장은 많은 논쟁을 가져 왔다. 미국사회를 고신뢰 사회로 만드는 풍부한 사회적 자본은 항구적으로 지속될 수는 없다는 것이다. 아울러 퍼트남이 20세기 후반 미국사회의 사회적 자본 저하의 증거로 제시하는 시민들의 자발적 사회집단에의 참여도의 저하도 논쟁의 대상이었다. 즉 퍼트남이 미국의 민주주의와 거버넌스의 문제의 원인을 저하하고 있는 사회적 신뢰의 저하와 사회적 연결망의 붕괴를 증거로 들고 있지만, 과장되었으며, 상반되는 주장이 가능한 반대의 증거들도 상당히 존재한다는 것이다. 예를 들면, 1968년에서 1997년 사이에 비영리기관(nonprofit organizations)의 숫자는 10,299에서 22,901로 두 배 이상 증가한 것으로, 인구 증가를 고려한다고 하더라도 지난 30여 년간 거의 2/3 정도 증가하였다(Putnam 2000, 49). 이에 대하여 퍼트남은 지난 25년간 자발적인 연합체의 숫자는 세 배 이상 늘었지만, 평균 회원의

수는 1/10 정도로 줄어들었다고 한다. 자발적 결사체의 숫자의 증가가 곧 참여(participation)의 증가를 의미하지는 않는다. 즉 결사체의 숫자는 늘었으나 회원 가입과 활동은 도리어 줄어들었고, 환경단체들과 같이 국가적인 차원의 활동만 존재하지, 지방에 있는 지부(local chapters)의 활동은 거의 이루어지지 않는다고 주장한다 (Putnam 2000, 52).

또한 코헨은 자발적 결사체 내부의 신뢰가 외부의 국외자에 대한 신뢰로 확산될 것을 당연히 간주하는 퍼트남의 견해에 대하여 의문을 제시한다. 소그룹에서 상호 이익을 위하여 기꺼이 행동하지만 이러한 자발성이 무리 없이 사회 전체의 공통 이익(common good)을 위하여 기꺼이 행동하도록 바뀔 수 있을지도 의심한다 (Cohen 1999, 220). 즉 특정한 결사체에 나타나는 신뢰가 사회 전체의 일반화된 신뢰로 변환되는 메커니즘을 상정하지도 전혀 설명하지도 않았다. 사실 면대 면 소그룹에서 나타나는 신뢰는 반복되는 상호 게임에 의한 전략적인 계산의 결과이기 때문이다. 반복되는 만남이 상정되지 않는 소그룹 밖의 사회 전체에 대한 신뢰로 쉽게 전환되기는 힘들다.

3) 미국사회 신뢰의 기초가 되는 자발적 공동체를 형성하게 된 원인 연구에서 퍼트남, 스카치폴 등 미국 시민사회와 사회적 신뢰를 연구하는 학자들은 미국사회에서 자발적 공동체가 언제 얼마나 증가하였는가는 밝히면서 공동체 증가의 원인은 명확히 설명하지 않고 있다.

4) 인터넷 가상 공동체가 현실 공동체를 대체하는 속도와 가상 공동체의 변화 가능성 연구가 배제되어 있다. 미국사회의 경우 사회

적 자본의 회복을 위하여 그리고 한국사회의 경우 인터넷의 활성화에 따른 가상 공동체의 기능과 변화가능성 연구는 두 사회의 변화 연구에 필수적이다. 또한 양국의 민주주의의 심화와 변화도 인터넷 가상 공동체의 변화와 밀접히 연관되어 있다.

위와 같은 문제점을 염두에 두고 하버드 대학교에 사구아로 세미나(Saguaro Seminar)를 창설하고 시민 사회단체활동가들을 중심으로 미국사회의 관계 맺기 전통을 다시 살리고 공동체 모임을 활성화하는 방안을 현장 중심으로 연구하였다. 그 결과를 『더 좋은 함께하기』(*Better Together*, 2003)라는 책으로 출간하였다.

4. 한국사회에 주는 함의

한국사회의 자발적 공동체의 증가와 시민 사회단체들의 활성화를 위하여 미국의 선례 원인 연구가 필요하다고 하더라도, 그러한 조건이 전혀 다른 생활양식을 가지고 있고, TV나 각종 통신기술이 다른 역사적 현실에 위치한 한국에 그대로 적용하기는 힘들다. 건국의 과정에서 여러 가지 역경을 겪으며 생존을 위하여 공동체를 유지할 수밖에 없었던 미국의 역사와 일제(日帝)라는 이민족의 분할통치를 겪으면서 민족이 서로 반목하게 조건 지워졌으며, 공식 통치기관에 대한 불신으로 시작된 국가건설 과정의 한국의 역사는 근본적으로 다른 신뢰형성의 과정을 겪을 수밖에 없었다.

특히 한국의 경우 공적 기관에 대한 불신이 높은 이유의 하나가 일제 식민지 기간 동안에는 중앙집중적 공적 기관이 근본적으로 한국민(韓國民)이 아니라 일본인(日本人)과 식민지 본국(本國)을 위한 기관이었다는 것, 그 이후의 정부 기관들도 당당한 공무원이나 권력자를 위한 정부였지 진정, 국민을 위한 정부라는 것이 각인(刻印)되지 않아서이다. 따라서 한국사회에서 공적 신뢰의 회복은 근본적으로 공적 기관의 공정성 회복이 우선이고, 그 다음 각 기관의 성공적인 정책수행이 수반되어야 한다. 정책이 성공적일 때 정부에 대한 신뢰는 높아진다. 또한 법 집행을 포함한 게임을 관리하는 심판자의 공정성 회복이 매우 중요하다(Cohen 1999, 240). 공정하고 강력한 사법부의 존재, 공정하고 성공적인 관료 조직의 존재는 곧 사회의 규범과 계약을 강제할 권위체의 존재라는 측면에서 사회적 신뢰 구축, 회복에 필수적이다. 공정하게 법을 집행하고 계약과 정의를 강제할 공권력이 제대로 기능하지 못하는 경우 이탈리아 남부나 공산당 붕괴 이후 발흥한 러시아 마피아처럼 사적 단체가 공적 기능을 수행하고 공적 신뢰가 추락하는 것이다.

결론은 한국사회 신뢰 회복은 사회적인 해결로서 퍼트남이 주장하는 자발적 사회 결사체와 시민참여의 회복도 중요하지만, 공정한 심판자의 존재라는 공적 부분(public sphere)이 제대로 기능을 하게 하는 것이 우선이라는 것이다. 한국사회 신뢰 회복의 문제 해결은 결국 사회적 해결도 중요하지만, 공적 영역의 문제에 대한 해결이라는 접근 역시 매우 중요하다고 하겠다.

한국사회의 특징이라고 할 수 있는 높은 사적 신뢰, 낮은 공적 신뢰 현상에 대하여 미국사회의 신뢰 저하 현상이 주는 시사점은 다양하다. 우선, '제도'를 대상으로 한 신뢰를 무조건적으로 높여야 한다고 강조하고 강요할 것이 아니다. 공정하고 엄격한 법 집행으로 공적 신뢰를 높이고 제도에 대한 신뢰를 함께 높이는 것이 시급하다는 것을 이미 위에서 지적한 바 있다. 뿐만 아니라 우리나라의 "사람"을 대상으로 한 신뢰의 표본인 동창회나 향우회를 건강한 열린 공동체로 변화시키는 방안을 모색하여야 할 것이다. 동창회나 향우회의 중요성에 관하여는 이미 유석춘이 문제를 제기하고 자세히 논의한 바 있다(유석춘 2002).3) 우리의 전통적 공동체 문화의 유산인 상호부조(相互扶助), 즉 경조사에 나타나는 상호적 부조는 공동체적인 인간관계를 바탕으로 한 '사회적 교환(social exchange)'이 분명할진대, 이러한 동창회나 향우회활동이 공익과는 무관하지 않다는 점을 지적하였다. 하지만 어떻게 이러한 사적 인간관계에 기초한 모임들을 공익에 부합한 조직으로 바꾸는 방안에 관하여는 심려를 기울이지 않았다. 본인이 판단하건대 이러한 사적 신뢰를 높이는 모임들을 구성원 내의 신뢰만을 높이는 활동에서 구성원 밖의 대상을 위한 열린 모임으로 승화시켜 공익에 기여케 하는 것이다. 예를 든다면 호남 00지역의 향우회가 모은 장학금으로 영남 xx지역의 결식아동을 위한 등록금과 생계비 지원을 위해 사용하고 모금운동을 펼친다든가, 또는 과거 명문 S고등학교 00기 동문회가 난치병 아이들을 위한 모금활동과 자원봉사를 위해 매달 모임을 갖는다든가 등이다.

코헨과 아라토가 생활 형태의 다양성과 자율성을 제공하는 가족이나 비공식집단, 자발적인 결사체를 시민사회의 영역 속에 포함시키는 것에서 볼 때 우리의 연고집단이 공익을 위한 시민사회 영역에서 제외될 필요는 없다(Cohen and Arato 1989). 미국의 동창회 모임들이 사회적 약자들을 위한 기부나 자신이 속한 공동체를 위한 봉사와 모금에 치중하고 있음은 좋은 예이다. 우리의 동창회나 향우회 등과 같은 연고집단도 자신들이 속한 지역을 넘어서서 필요한 지역에의 사회봉사에 치중하게 하여 열린 공동체로

---

3) 유석춘은 연고집단이 "흔히 생각하는 것만큼 폐쇄적이지 않다"며, "연고집단의 존재는 사회적 자본의 형성과 축적에 유리한 조건이 될 수 있"음을 강조한 바 있다(유석춘 2002, 162).

다시 태어나게 해야 할 것이다. 또한 이러한 연고집단들이 보다 전체 사회적인 주제의 환경 문제나 인권 문제, 빈곤 해소 문제 등에 관심을 가지도록 유도하는 것도 필요하다. 현실을 들여다보면 한국의 시민 사회단체들 가운데 상당수가 연고집단적 성격을 가지고 있는 유아기 상태에 있음은 주지의 사실이다. 시민 사회단체들이 실상은 몇몇의 명망가나 엘리트 중심의 운영을 하고 있으며, 실제적인 활동가들이 대학 선후배나 동아리 선후배, 지역 연고의 선후배라는 연줄로 연결되어 있으며, 때문에 연대가 비교적 수월하다는 것이다. 결론적으로 사적 이익의 추구라는 연고집단이든 공익의 추구라는 시민사회든 구성원을 시민으로서의 기본적인 자질을 길러주는 역할을 다하면 될 것이다.

III. 한국과 이탈리아 (저)신뢰의 사회적 기원4)

후쿠야마는 이탈리아의 경우 남부(the South)는 중국인들처럼 가족 이외의 사람들에 대한 불신(distrust)을 나타내고, 국가와 개인 사이의 중간 결사체(intermediate associations)의 힘(strength)이나 숫자(number)가 상대적으로 미약하다고 지적한다. 또한 이탈리아 남부는 중국과 같이 자발적인 사회적 친화(spontaneous sociability)가 결여되어 있다고 하였다. 이는 역사적으로 발전의 단계에 들어서기 전에 중앙집권적이고 전제적인 국가(centralized and arbitrary state)의 지배를 받았고, 이것이 중간집단을 의도적으로 제거하였으며, 결사체 생활을 통제하려고 했기 때문으로 가

---

4) 본 절의 내용은 김인영. 「한국과 이탈리아의 (저)신뢰 비교」. 김인영 편. 『한국 사회 신뢰와 불신의 구조』. 서울: 소화. 2002. 57-83을 재구성함.

정한다.

후쿠야마는 밴필드(Edward Banfield)의 연구를 원용하여 이탈리아 남부의 "몬테그라노"(Montegrano)에서의 상황을 예로 든다. 가족에 대한 개인의 애착이 몬테그라노의 도덕 규범을 설명하는 출발점이며, 성인이 가족과는 별개의 사익(私益)을 가질 수 없으며, 가족이라는 작은 집단의 외부에 위치하는 모든 사람들이 잠재적인 경쟁자이며, 잠재적인 적임을 몬테그라노 사람들은 보여주고 있는 것이다(Banfield 1958, 115-16; Fukuyama 1995, 141). 밴필드는 이 마을에 어떤 형태의 사회적 결사체도 존재하지 않음에 주목하였다. 사회생활이란 오직 중앙집권적인 권위인 교회와 국가에 의한 것이었다. 여기에 퍼트남은 이탈리아 전역에 존재하는 "시민 공동체"(civic community), 즉 혈연에 근거하지 않은 조직으로 자발적인 사회적 친화를 만들어내는 경향이 있는 집단의 수와 역할을 분석함으로서 밴필드의 연구 결과를 확인하고, 이탈리아의 저신뢰/불신의 정치적 결과로 나타나는 남북 이탈리아의 지방자치 발전의 차이를 설명하였다.

본 논문은 과거 근대화론자들이 비서구 사회의 특성을 이해하지 못하고 서구화를 최선의 대안으로 제시하는 우(愚)를 경계한다. 고신뢰 사회냐 저신뢰 사회냐를 결정하는 것은 기준의 문제일 수 있으며, 그 기준은 목적에 따라 다르게 설정될 수 있기 때문이다. 예를 들어 한국사회는 높은 사적(私的) 신뢰(la fede privata)를 보이면서도 공적으로 제도화된 규칙이나 규범의 정당성이 결여된 낮은 공적(公的) 신뢰(la fede pubblica)를 보이고 있다. 한국사회는 "개인적이고 사적인 신뢰를 공적인 영역으로 확대하고 제도화"하지 못하고 있는 상태라는 공통된 지적이다(이재열 1998, 79). 따라서 이탈리아나 한국과 같은 저신뢰 사회에서 독특하게 나타나는 현상이 역사적으로 어떠한 원인 때문에 나타난 것인지를 비교 역사적 시각(comparative historical points of view)에서 분석이 필요하다. 그리고 이탈리아와 한국에 나타나는 저신뢰의 근원과 미국사회가 고신뢰 사회로 정착하게 된 원인에 비추어 우리사회의 저신뢰(불신) 극복 노력은 어떠해야 하는가는 결론으로 검토할 것이다.

1. 이탈리아 남부 불신의 기원

우선 이탈리아 남부의 불신 형성의 역사에서 주목할 것은 남부를 지배한 왕조들이 이방인들로 1504년에서 1860년까지 교황통치령 남쪽의 이탈리아 전 지역이 스페인의 합스부르그가(Habsburgs)와 부르봉가(Bourbons)에 의해 통치되었다는 점이다. 남부에서는 스페인 왕조가 지배(Spanish domination)를 목적으로 불신을 이용하였는데 신민들에게 책임을 타인들에게 넘기도록 가르쳤던 것이다. 1724년 합스부르그가를 대체했던 부르봉 스페인은 1861년 이탈리아 통일까지 계속된 통치기간 동안 분할통치(divide and rule; *divide et impera*) 정책을 추진하고 나폴리인과 시칠리아인들 간의 불화를 조장하기 위하여 노력했다. 결국 시칠리아인들의 가슴에는 부르봉 통치와 나폴리 통치(the Neapolitan domination)가 차이가 없는 것으로 자리잡게 되었다(Gambetta 1988b, 161).

남부 이탈리아는 후진적 생활양식과 국왕의 착취가 다른 지역보다 혹독했으며 이로 인하여 나폴리와 시칠리아에서는 가장 큰 반란이 일어났고 외세에 대한 거부감과 함께 굶주림이 거세게 폭동을 선동해갔다. 예를 들어 1647년에 가까스로 목숨을 이어가던 나폴리 사람들은 당시로서는 최대의 반란을 일으켰다. 평민들

(*populo minuto*)과 시민들(*populo civile*-대부분 상인들과 법률가로 구성됨)이 가까스로 독립공화국을 세웠으나, 1648년 스페인 왕조는 무력으로 진압하고 재통치 하였다. 그러나 이 반란은 영지 귀족들에 대한 왕의 신뢰를 무너뜨렸고, 왕의 정책들이 결국은 누구의 장기적인 이득도 되지 않는다는 것을 인식시켰다. 왕의 정책들이란 대부분 신뢰와 신뢰를 유지하게 해 온 문화적 네트워크(cultural networks)를 파괴시키는 것이었다. 스페인 계승전쟁(the War of the Spanish Succession) 뒤, 1707년에 나폴리는 결국 오스트리아인(Austrians)들에게로 넘어가고, 1724년에는 다시 부르봉 통치 아래 독립왕국이 되었던 것이다(Pagden 1988, 128).

스페인의 통치로 남부, 즉 "메조죠르노"(*Mezzogiorno*)에서 통치자와 피치자 사이의 간격은 더 벌어졌고 후견-피후견의 정치제도가 자리잡았다(Putnam 1993, 215). 스페인은 종속과 착취의 수직적 관계를 유지하기 위하여 사회 내의 수평적 연대관계를 파괴하고 백성들 사이에 상호불신과 갈등을 체계적으로 조장하였다(Putnam 1993, 216). 파그덴(Anthony Pagden)은 불신이 의도적으로 조장되었고 개인적 이익을 위하여 이용되었음을 아울러 지적하고 있다. 자신의 영지로부터 멀리 떨어져 살고 있던 스페인 군주(princes)들은 영지를 유지하기 위하여 악의적인 기술들을 사용했는데, 왜냐하면 네덜란드에서의 경험으로 단순한 강압만으로는 통치를 유지하기 충분하지 않다는 것을 인지하였기 때문이다. 스페인이 사용했던 식민통치 전략은 분할통치(*divide et impera*)와 지역빈곤화(*depauperandum esse regionem*)였다. 스페인 왕들은 그 지역으로부터 부와 미덕을 빼앗고 대신에 무지, 악랄, 분열, 불행을 가져왔다고 도리아(Paolo Mattia Doria)는 설명한다. 스페인 카스틸리얀 왕(the Castilian crowns)들의 경우는 외국과 싸우는데 필요한 충분한 재정을 확보하는 것만이 관심사였으므로 상대적 빈곤과 정치적 순종 사이에 상쇄관계가 존재했다. 즉 카스틸리얀 왕이 요구하는 재정지원을 귀족들이 백성들을 쥐어짜서라도 가능하게 하는 한 충분한 숫자의 귀족들과 귀족들의 귀족생활 영유가 가능하도록 지원하였다(Pagden 1988, 132).

북부와 남부의 이질성 문제는 "선진"과 "후진", "근대"와 "전근대", "건전한 시민사회" 대 "후견제(*clientelismo*) 사회" 등 한 사회 내의 이중 구조화 문제로 귀착된다. 이에 대한 좋은 예를 제공하는 퍼트남은 자신의 저서 *Making Democracy Work*(1993)에서 중앙집권체제 하에 있어 왔던 이탈리아가 1970년에 단행한 지방자치제도 도입이 왜 중북부에서는 성공적으로 정착되는 반면에 시칠리아를 비롯한 남부 지방, 특히 이탈리아라는 장화의 발등(남부)에 해당하는 지방에서는 실패하고 있는가를 밝히고 있다. 남부인들이 지방자치에 실패하는 이유는 이웃을 비롯한 남들을 믿지 못하고, 지역주민이 힘을 합쳐 공동의 문제를 해결하려는 노력이 부재하기 때문이며, 특히 남부 지방에서는 자발적 결사체가 북부 지방에 비하여 그 수가 절반밖에 되지 않는 현상을 보이고 오히려 시칠리아 마피아로 대변되는 가족 중심의 수직적 협력체제가 사회에 뿌리내려 있더라는 것이다.

즉 중 북부의 시민들은 토크빌이 당시의 미국사람들을 지칭한 "타고난 참여자"의 모습을 보이고 있고, 남부인들은 "핵가족의 물질적·단기적 이익만을 극대화하고, 남들도 모두 그러리라는 가정"을 가지고 행동하는 에드워드 밴필드(Edward Banfield)의 "무도덕 가족주의자"(amoral familist)에 근접한 행동을 보인다는 것이다. 이미 밴필드는 남부 이탈리아 농촌 사회를 연구한 뒤 소규모 핵가족 중심의 사회적 결합력이 약한 문화를 발견하고 이를

The Moral Basis of a Backward Society(1958)에 구체화한 바 있다.

밴필드는 남부의 "무도덕적 가족주의"의 기원을 프레데릭 2세의 시칠리(Sicily), 나폴리(Naples), 노르만 왕국(Norman Kingdoms) 통치에서 찾는다. 남부의 왕정 통치는 독립의 요구를 진압하고 전제 군주제를 확립하였고, 광대한 권력 행사로 위계적 사회질서를 확립하였던 것이다. 전제 군주와 신민 사이에 중간집단이 개입할 여지는 없었고, 그나마 중간집단의 역할을 할 수 있었던 교회조차도 전제 군주제를 강화시키는 역할밖에 하지 못했다.

반면에 북부와 중부에서 교회는 남부에서와는 달리 많은 사회조직들 가운데 하나로서 길드, 지역결사체 등과 함께 결사체 생활의 일부였다. 이 시기 베니스(Venice), 제노바(Genova), 플로렌스(Florence; *Firenze*)와 같은 도시국가들은 상업의 번성과 함께 정치적 자치를 누리고 있었으며, 따라서 상업 행위나 경제적 번영역시 이들 시민들 간의 신뢰에 의해서 가능했다.

이렇게 퍼트남에 따르면 남부의 특징이란 "공공심의 결여(*incivisme*)"였다. 사회적 자본(social capital)과 일반적인 신뢰가 부족한 지역으로 거의 보편적으로 알려져 있는 남부 이탈리아에도 강한 사회적 규범이 존재하기는 한다. 남부에서의 규범과 공공생활은 수평적이기보다 수직적/위계적으로 조직되어 있다는 것이다. 따라서 "시민"이라는 평등 개념이 발전되지 못하고 공공업무는 명사(*i notabli*), 보스, 정치인들의 몫이고 자신들의 일이 아니라는 의식이다. 공공의 문제에 관심도, 심의도, 참여의 기회도 갖지 않는다. 정치적 참여라는 것도 위계 관계나 개인의 이익 때문에 이루어지는 것이며 사회단체나 문화단체에의 활동도 매우 저조하다(Putnam 1993, 173).

이탈리아의 북부와 비교해 볼 때 남부는 사회/문화단체의 개수도 적고 활동도 저조하며 중요시 하지도 않는다. 공동체의 중요한 가치인 연대성과 시민참여, 협력(協力)과 정직(正直)이 조성될 리가 없고 정부가 하는 일도 관심이 없다. 당연히 지역의 일에 만족할 리가 없고 불만과 불신이 조성되는 것이다. 퍼트남이 관찰하건대 북부의 기관들이 남부보다 더 나은 실적을 보이는 이유는 북부에는 신뢰(trust), 단결(solidarity), 인내(tolerance)를 가져오는 강한 시민문화(civic culture)가 존재하기 때문이라는 것이다.

퍼트남은 남부에서 특징적으로 나타나는 조직 범죄가 적어도 1천년 이상 남부 지역의 문화와 사회구조적 특징인 수평적 불신과 수직적 착취/종속의 결과라고 규정하고 있다(Putnam 1993, 234). 마피아는 가부장제에 기초하며 가족주의와 같이 구성원 내의 강력한 신뢰에 기반하고 있는 것이 특징이다. 마피아는 강력한 내부 신뢰뿐만 아니라 "로메르타"(l'omerta)라고 부르는 극도의 내적 행위 규범(internal code of behavior)을 그 특징으로 하고 있다. 마피아 단원(mafiosi)을 "영예의 사람"(men of honor)이라고 부르는 이유가 그것이다(Fukuyama 1999, 16). 하지만 이러한 규범은 마피아 단원이라는 범주 밖에서는 적용되지 않는다. 시칠리아 사회 밖에 대한 중요한 규범이란 "어떤 경우에든 가족 이외의 사람들을 속여서 이득을 챙겨라, 그렇지 않으면 그들이 너를 속일 것이기 때문이다."이었다. 이러한 규범이 사회적 협력을 도출할 수도 정부와 경제발전에 긍정적으로 작용할 수가 없다. 문제는 남부 이탈리아에서 이러한 조직 범죄 공동체들이 중간 사회 조직들이 상대적으로 미약하고 신뢰가 결여된 원자적 사회들에 공통적으로 나타난다는 것이고, 정치적 엘리트나 경제적 엘리트들의 부패와 조직 범죄가 긴밀히 연관되어 있다는 것이다.

주목할 것은 마피아가 조직, 발전되는 불신의 문화이다. 감베타 (Diego Gambetta)는 마피아와 후견제도(the system of patronage)를 불신의 대가(the price of distrust)라고 지적하면서, 특히 마피아의 경우 신뢰 부족에 대한 사회적 반응으로 설명하고 있다. 이탈리아 남부에 마피아가 존속할 수 있는 문화는 무도덕 가족주의 문화로 상대방의 불행에 대하여 눈을 감고 자신의 현상만을 유지하는 잘못된 개인주의라는 것이다. 즉 고질적인 불신의 존재 여부가 지중해 연안의 다른 지역에 마피아가 나타나지 않는 이유를 설명하는 중요한 요인이라는 주장이다(Gambetta 1993, 77).

스페인 합스부르그 가의 의도적인 분할통치정책의 결과로 사회질서의 기초가 되는 공적 신뢰(the public trust : *la fede pubblica*)가 파괴되었고, 사적 신뢰(*la fede privata*)만 남게 되었다. 이제 사람들은 높은 사회적 불의(injustice), 공격성(aggression), 비예측성 (unpredictability)으로부터 은신처를 가족과 가까운 친구들만의 사적 영역에서 찾게 되었던 것이다. 쉘링(Schelling)도 마피아가 공적이익(public interest)이 개인 간의 신뢰와 협력을 창조하기보다는 파괴하는 곳에서 발생되는 전형물이라고 하였다(Schelling 1984 : Gambetta 1988b, 159에서 재인용). 경제적으로는 봉건제로부터 자본주의로 이행하는 과정에서 보여진 사회 경제적 진공 상태에서 폭력 조직이 끼어들어 제도화되었다(김시홍 1999, 254). 정치적으로 본다면 공적영역의 보호에 대한 불신, 즉 공적 기구에 의한 제도화된 보호가 존재하지 않으므로, 수직적 위계에 따른 사적 충성과 보호의 교환이 이루어지는 현상이다(Gambetta 1993).

감베타는 마피아가 등장한 두 가지 이유를 지적한다. 첫째는 믿을 만하고 효과적인 법의 집행이나 정의가 존재하지 않는다는 것이다. 시칠리아 사람들이 적어도 16세기에는 정당함(fairness)이나 법의 보호를 믿지 않았다는 것이고 사람들은 자신들을 보호해 줄 기관이 필요했던 것이 마피아가 생겨나게 된 이유이다. 둘째 이유는 경제적인 의미를 가지는데 믿을 만한 중앙 조직 기관이 존재하지 않는다는 것이 마피아가 등장하게된 충분조건은 되지 않는다는 측면에서 생각할 수 있다. 이러한 감베타가 제시한 마피아의 등장의 조건이 구소련(현 러시아) 지역에도 역시 갖추어져 있다고 하겠다(Gambetta 1993, 252). 아울러 전체주의 사회에 내재한 공포, 의심, 편협함을 경험한 구소련 블록(former Soviet Bloc)의 국가들은 서방 국가들보다 국민의 신뢰가 상대적으로 낮았다. 집권 공산당들이 전통적인 가치를 만들어내는 제도들을 파괴하였고, 가족을 해체시켰으며, 책임감이나 존경심, 자율 등의 가치들을 저하시켰다. 공산당이 무너진 이후 사회는 이러한 규범들을 새로운 가치로 대체하는데 실패하였고, 공산당의 보호를 대신할 새로운 보호에 기관에 대한 국민적 요구와 폭력을 행사할 능력이 있는 집단이 결부된 것이 러시아 마피아이다. 해산된 적군(the Red Army) 소속 군인들, 건장한 구소련 당원들, 공산 치하의 시장에서 사적 정의(private justice)를 실천하는데 명성을 쌓은 인종집단들이 러시아 마피아의 구성원이 된 것이다(Gambetta 1993, 253).

2. 한국의 저신뢰 형성

한국사회에 퍼져 있는 불신(不信), 불의(不義), 부정(不淨) 등의 근원은 어디인가? 우리사회의 위기는 사회통합을 유지할 수 있는 공적 신뢰가 결여된 채, 전통적 가치에 근거한 사적 신뢰의 과잉 및 그것의 남용으로 초래되었다. 현재 한국사회의 불신에 대하여 사회 구성원 모두가 1차적인 책임이 있는 것은 분명하지만, 한국 사회에 신뢰가 형성되는 것을 저해한 근원은 있을 것이다.

그것은 한국 근대화 과정의 왜곡이다. 그러면 한국의 전통 사회에서 신(信)이란 무엇을 의미했는가? 조선조 사회에서 신(信)이란 인(仁)·의(義)·예(禮)·지(智)·신(信)이라는 주자학의 전통 아래 "정권의 정당성 즉 아래로부터의 신임"을 의미했다. 이는 아래로부터의 동의의 획득으로 위로부터의 동의, 즉 천명(天命)과의 결합이었다고 한다. "백성으로부터 신(信)을 받지 못하는 정치는 백성을 속이는 것이고(罔民), 그물망을 쳐서 백성을 수탈하는 것(網民)"으로 "조령모개(朝令暮改)식의 법령, 편의주의(便宜主義)적 법령, 정실주의(情實主義)적 정책"이 망민(罔民)의 전형이라고 하고 있다(한도현 1999, 7).

이러한 전통적인 조선의 신뢰구조가 강압과 수탈에 기반을 둔 식민지 통치로 훼손되었다. 일본제국주의의 식민지로 전락한 한국은 이민족의 식민통치를 받는 과정에서 전통적 공동체가 파괴되고, 한국인들 간의 유대와 결속, 협동, 신뢰가 의도적으로 파괴되었다. 공동체의 파괴를 통해 일제는 상부상조하는 신뢰적 분위기가 충만했던 관계들을 제거해 버렸으며, 친일 동조세력을 이용한 분할통치(divide and rule) 방식을 통해 식민지 주민들 간의 이간질과 상호 간 불신, 대립을 조장하였다는 것은 역사적 사실이다. 특히 선별적 포섭(cooptation) 정책은 조선인들 사이의 시민적인 사적 신뢰를 와해시키고 총독부와 개별 조선인들 간의 수직적 연대관계로 환원시켰다. 조선에서 일본의 식민정책이 조선인들 간의 관계는 와해시키고 조선총독부와 일부 특혜 조선인들 간의 관계로 재설정하는 것에 주안을 두었다고 하겠다(이재혁 1998, 331). 무엇보다 중요한 것은 식민지 하에서 "공적(公的)제도"란 것이 일본제국주의를 의미하였기 때문에 한국인들이 가족, 친족 중심의 신뢰구조를 강화할 수밖에 없었다는 점이다. 일본 식민통치 지도자는 불신의 대상이었고, 법·제도·교육 등도 지배하고 있는 제국주의 일본인을 위한 것이었으므로 신뢰의 대상이 될 수는 없었다(한도현 1999, 8). 한마디로 일제 식민지 기간 동안 한국인들에게 공적 신뢰가 형성될 수 있는 여지가 없었다.

해방 이후 신뢰를 바탕으로 한 민주주의적 헌정질서를 수립하고 경제적으로 발전할 수 있는 기회가 있었으나 해방 이후의 정치·경제·사회적 혼란, 남북한 간의 전쟁, 장기 독재정권의 수립, 거듭되는 군사 쿠데타에 의한 군부정권의 수립은 제대로 사회적 신뢰를 형성시키는 기회를 갖지 못하게 작용하였다. 여기서 주목하는 것은 쿠데타로 집권한 군부정권이 시민적 연대 형성에 커다란 장애로 작용하였고, 군대문화의 연장에서 수직적이고 위계(位階)적 사회질서를 보편화하였다는 점이다. 또한 공적 신뢰를 제공해야 할 정부가 군사 쿠데타라는 공적 신뢰의 붕괴를 통하여 정권을 수립하였다는 원죄가 한국사회의 공적 신뢰 형성을 저해하였다고 할 수 있다.

군부 정권 아래서 압축·돌진형 근대화를 이루어내는 동안 성장제일주의 이데올로기는 목적을 위해 수단을 정당화하는 공적 기구들과 행태들을 합리화시키고 국민들의 대정부 신뢰, 공적제도에 대한 신뢰, 법에 대한 신뢰를 무너뜨렸다고 보여진다. 경제적 효율성이 우선 시 되는 상황에서 절차적 합리성에 대한 신뢰는 훼손되고, 특혜와 정경유착으로 이루어낸 재벌의 성장 과정을 지켜본 국민들은 사회 전체의 부의 축적에 대한 불신을 키울 수밖에 없었다. 대기업이나 경제적 부를 가진 이들의 부(富)의 축적 과정에 대한 불신은 한국사회를 국가에 의한 강제적 조치에 의한 부의 재분배나 재산권에 대한 침해를 정당하게 받아들이는 평등주의 문화로 발전하게 되었던 것이다. 이러한 상황에서 부의 축적의 정당성을 확보하지 못한 재산가나 대기업은 정치권의 비호에 의한 재산권의 보장 내지는 재산권의 확대를 추구하게 되었고, 이는 결국 정경유착을 결과하였다고 보여진다. 정치세력에 의존한 보호와 마피아에 의존한 재산권의 보호나 경제활동의 보호가 크게 다르다고 보여지지 않는다.

3. 한국과 이탈리아 저신뢰의 역사적 원인 비교

우리사회에서 밴필드가 정의하고 있는 "무도덕적 가족주의" 또는 몰가족주의적인 성향을 부인할 수 있는 사람은 드물다. 우리 한국사회에서 보이는 특유의 가족 중심의 결속력과 외부인에 대한 배타성은 연고주의, 지역주의, 재벌운영, 정당운영, "우리가 남이가"라는 발언 등에서 보듯이 사회에 뿌리내리고 있다. 자기 가족과 자기 가문만을 중시하는 가운데 다른 가족에 대하여는 배려보다는 경쟁의식과 배타적 가족의식을 나타낸다. 또한 가족주의에서는 가족집단 내에서 적용하는 규범과 집단 밖에서 적용하는 규범이 다르게 적용되는 문제도 가진다. 일단 자기 가족 성원이 되면 무엇이든 다 너그럽게 봐주면서 배타적 가족의식을 키우게 되는 것이다. 가족의 규범이 공동체, 나아가 사회 전체로 확산되지 않고 배타성을 띠게 된다는 의미이다. 더욱 심각한 것은 집안과 문벌이 국가와 사회보다 우선 시 되고, 어느 한 지도자가 정권을 잡게 되면 그와 혈연, 지연, 학연으로 맺어진 사람들이 지배세력이 되어 그 집단 밖의 인재나 비판을 거부하는 현상이 발생한다는 것이다(국민호 1998, 6). 이것이 지역감정과 연고주의의 근원이 되고, 보편적인 사회정의를 실현할 수 없게 만드는 요인이 되며, 자신이 속한 가족집단이나·연고집단을 불신하는 결과를 산출했다.

한국사회의 "조폭 신드롬"도 이러한 우리의 무도덕적 가족주의로 설명할 수 있다. 조직 폭력에 대한 우리 국민들의 이중적인 태도는 우리사회에 내재한 집단의식의 발로이기 때문이다. 근대화에 따라 법과 질서를 파괴하는 집단으로서의 조직폭력은 없어져야 할 사회악이라는 태도와 개인보다도 집단과 조직의 이익을 우선시 하고 위계를 중시하는 그들의 문화를 심적(心的)으로 받아들이는 우리의 태도는 무도덕적 가족주의 문화를 반영하기 때문이다. 법에 대한 신뢰의 상실로 폭력의 수단을 가지거나 폭력에 의한 공포를 힘으로 가진 집단에 의존하게 되고, 법과 원칙보다는 이들을 무시한 "힘의 논리"에 의존하게 되는 것이다(MacIntyre 2002 : 김호기 2002). 우리사회의 "힘의 논리"에 대한 용인은 군사 쿠데타의 경험 때문이기도 하다. 의리라는 명목 하에 조직의 보스를 위하여 충성을 바치는 조폭의 문화와 국가에 대한 충성이라는 명목 하에 쿠데타의 주역에게 충성을 바치는 문화와 다르다고 하기는 힘들다.

한국사회의 경우, 근대 국가체제의 도입과 경제 성장에도 불구하고 혈연과 지연 중심의 소규모 집단이 활발하고 대규모 자발적인 집단을 제대로 만들어내지 못하고 있는 현실이다. 이미 형성된 대규모 집단도 실제 운영은 집단 내의 혈연(血緣)과 지연(地緣) 중심의 소규모 핵심 그룹이 맡고 있다(Fukuyama 1995, 150). 가족(혈연) 중심의 조직운영은 기업, 언론, 학교, 종교단체에까지 사회적 반발에도 불구하고 많은 부분에서 나타나고 있다.

물론 가족은 인류의 가장 기초적이며 자연적 조직이면서 자신을 보호할 수 있는 공공(公共)의 조직이나 제도가 몰락하였을 경우 최후의 보루로서 기댈 수 있는 곳이기 때문이다. 신뢰할 수 있는 기본 사회 조직이 붕괴하였을 경우 인간이 기댈 수 있는 곳은 가족이라는 점에서, 그리고 경제적 측면에서 본다면 가족은 낯선 인간들이 서로를 믿고 계약을 체결하며 조직에서 함께 일하는 사회적 신뢰를 창출하는 기본이 된다. 이러한 측면에서 이탈리아와 한국은 과도한 가족유대와 혈연에 기반을 둔다는 점에서 상당한 문화적 유사성을 공유한다. 하지만 이탈리아가 가족에 기초하여 소기업 중심으로 발전하였다면, 한국은 가족 중심의 대기업이 발전하는 상이점이 발견된다. 또 다른 유사점으로 가족과 국가를 연결하는 자발적인 중간 조직이 이탈리아 남부와 한국에 공통적으로 미발달되었다는 점이다. 자발적 중간 조직의 결여와 범죄 조직에서 이탈리아와 한국은 유사성을 지니고 있는데 이는 그 기원이 식민지 통치라는 것을 부인하기도 어렵다.

하지만 이탈리아 남부 사회의 불신의 문제를 노르만 왕조의 권위주의적 국가 전통에 기인하는 것으로 설명할 때 중세의 역사적 경험이 19세기 후반이나 20세기 후반의 현실에 얼마나 영향을 미치느냐는 문제가 있다. 어떤 사회의 문제가 발견되었을 때 모든 문제의 근원을 식민지 역사적 경험이나 외부의 문제로 원인을 돌리는 것은 이론적으로 손쉬운 작업이다. 또 하나의 문제는 문화 결정론적 사고이다. 신뢰가 모든 덕의 근원이며 불신이 모든 사회 병리의 근원이라고 단정 짓는 것도 바람직하지 않다. 조심스러운 가정과 결론의 도출이 필요하다고 하겠다.

남부의 농민들이 핵가족의 단기적 이익에 집착함으로써 보다 공동체적인 사회적 유대를 발전시키지 못하였고 정치 경제에서 후진성을 보이는 원인이 되었다고 주장할 수도 있으나 후진성이

"무도덕적 가족주의"의 결과가 아니라 원인이 될 수도 있다는 점을 간과하고 있다(Filippucci 1997, 54 : 강옥초 2000, 86에서 재인용). 하지만 거의 모든 상업적 거래는 신뢰의 요소를 담고 있으므로 결국 경제 성장이나 후진성의 이면에는 (공적) 신뢰의 존재 여부가 개입되어 있다는 측면에서 본다면 남부 이탈리아의 빈곤이 몰도덕적 가족주의를 탄생시켰다기보다는 그 역의 정리(定理)가 설득력이 있다.

IV. 한국 정치 · 사회의 신뢰 회복을 위하여

1. 한국사회의 과제

우리사회에는 정치와 정치인에 대한 불신, 정부에 대한 불신, 공교육에 대한 불신, 법 집행에 불신 등 사회 전체에 불신이 자리잡고 있다. 불신이 만연해 있다는 것은 그동안 사회운용에서 법과 원칙이 지켜지지 않았고, 일관되지 않았으며, 부패가 만연해 있다는 것을 의미한다. 우리사회에 원래 신뢰가 존재하지 않았는가? 우리나라에는 사적(私的) 신뢰(*fede privata*)는 높고 강하지만 공적(公的) 신뢰(fede pubblica)는 낮다고 한다(이재혁 1998, 313). 실례로 공적인 기구 안에서도 사적 연결망을 통한 사적 신뢰 확인이 일반화되어 있음을 볼 수 있다. 공적 기구마다에 동향 모임, 동창회 모임 등의 사적 모임이 번창하는 것은 사적 신뢰가 공적 신뢰보다 훨씬 높다는 반증이다.

그러면 어떻게 공적 신뢰를 높일 수 있을 것인가? 토크빌을 비롯한 많은 학자들은 시민공동체(civic community) 또는 시민단체(civic associations)라고 부르는 사회적 결사체의 활성화를 지적한다. 연령과 직업에 관계없이 형성되는 시민단체, 종교단체, 도덕단체, 합창단, 취미클럽 등은 참여하는 사람들로 하여금 협력의 기술과 집단사업에 대한 공동책임의식을 키우게 된다는 것이다. 단체에 참여하여 규율을 지키고 구성원에 대한 신뢰를 키우게 된다. 이러한 조그마한 공적 신뢰집단들이 성공하게 된다면 동창회, 향우회 등을 중심으로 하는 사적 신뢰집단이 약화되게 될 것이다.

그러면 개인과 국가 차원에서 한국사회의 신뢰 회복은 어떻게 가능하겠는가? 첫째, 불신은 쉽게 확산되지만 무너진 신뢰는 쉽게 복구되지 않는다. '기본이 바로 서는 사회', '게임의 룰이 공정한 사회'를 만드는 방법으로 불신을 전제로 하여 확립된 철저한 법의 제도화, 즉 법치주의(法治主義)가 우선될 필요가 있다. 기업의 경영성과를 투명하게 평가할 수 있는 회계 기준의 강화, 경영자의 책임을 물을 수 있는 주주총회의 정상화, 무능하고 자신의 공약에 어긋나는 활동을 하는 정치인을 제약할 수 있는 소환제도나 의정평가의 강화, 사법·검찰·경찰·은행의 독립성 확보 등이 우선되어야 한다. 사회적으로는 이재열이 지적한 대로 "전통적 유대나 신뢰관계를 넘어서는 사회적 협력과 합의를 가능케 하는 제도적 기반"도 함께 추진해야 한다(이재열 1998b, 88).

이러한 점에서 우리의 과제는 서구 사회의 과제와 다르다. 서구의 민주주의와 자본주의가 철저한 불신의 제도화에서 탄생하였고 그 도덕적 공백을 사회적 신뢰로 메우는 것이 과제인 반면에, 우리는 사적인 신뢰를 넘어서는 정당성 있는 공적제도를 창출하는 과제가 우선인 것이다(이재열 1998b, 88). 이 때문에 우리의 가족 중심의 문화적 전통과 관습에 대한 비판적 접근이 필요하다. 남부 이탈리아의 문제가 사회적 자본으로서의 신뢰 부족이고 그 근원이 "무도덕적 가족주의"(또는 "몰가치적 가족주의")라고 앞에서 지적하였는데, 우리도 수평적 관계보다는 수직적 관계를 중시하는 권위주의적 문화라던가, 혈연, 지연, 학연을 매개로 하는 연고주의에 대한 과감한 개선이 필요하다. 이는 능력에 관계없이 자신의 패거리라면 무조건 등용하고 과도하게 신뢰하여 공적 이익을 해치는 것을 없애야 한다. 이것이 한국사회 신뢰 회복을 위한 방안의 둘째이다.

둘째, 신뢰의 구성 요소라고 할 수 있는 원칙성(原則性)과 일관성(一貫性), 투명성(透明性)을 확보해야 한다. 원칙이 지켜지고, 일관되며, 거짓 없이 투명할 때 우리는 인간과 제도를 믿게 된다. 정부는 시장경제 원칙을 천명했으면 시장경제 원칙에 충실하고, 정부는 작은 정부를 표방했으면 작은 정부를 만들어야 할 것이다. 정부가 정책을 약속했으면 중대한 상황의 변화가 발생하지 않은 이상 지키도록 노력은 했어야 했다. 수많은 비리사건들에 대해서도 검찰은 투명하게 진실을 밝혀야 하고, 대북 정책을 수행하면서 북한에게 약속한 것이 있다면, 그것도 국민에게 투명하게 밝혀야 할 것이다. 투명하지 않으면 불신을 키우게 되고 정책은 국민의 신뢰받을 수 없다.

마지막으로, 우리사회의 불신을 신뢰로 바꾸기 위하여 꼭 필요한 것은 약속을 지키게 하는 사회적 시스템의 확보이다. 약속을 지키는 사람이 대접을 받고 약속을 어기는 행위가 처벌을 받게 되는 제도의 확보가 필요하다. 이것은 다름 아닌 법 집행의 공정성과 엄격성뿐만 아니라 자유주의 시장경쟁제도의 확립을 의미한다. 지켜지지 않는 법, 집행되지 않는 법은 법의 붕괴로 끝나는 것이 아니라 전반적인 사회시스템의 붕괴와 사회적 신뢰의 마비를 결과하게 되기 때문이다. 법 집행의 엄격성의 확립이 약속을 어기는 사람, 신뢰를 어기는 사람에 대한 처벌을 의미한다면, 자유시장의 확보는 약속을 지키는 사람과 신뢰를 가진 사람이 이익을 보는 시스템의 확보를 뜻한다. 공정한 시장체제(market system)에서는 약속을 어기거나 신뢰하지 못하는 사람이 자연스럽게 도태될 것이기 때문이다. 따라서 엄격한 법 집행과 공정한 자유시장경제의 확립이 신뢰 사회 회복에 시작이며 결론이라고 하겠다.

2. 정부와 정치권의 신뢰 회복 과제

정부의 신뢰성을 높이는 방안은 정부 외적 요인—특히 경제적 요인—과 정부 내적 요인으로 크게 두 가지로 나눌 수 있다.

첫째, 정부 외적 요인으로 경제 성장과 정부 신뢰가 많은 연관성을 가지고 있음이 논의되고 있다. 미국에서 1930년대 이래로 정부 신뢰의 증가가 1965년에 최고도를 이루었고 래인(Robert Lane)은 이것의 원인을 경제상황의 호전으로 평가하고 있다. 물론 일본의 경우는 1980년대에 경제 성장을 이루고 있음에도 불구하고 1960년대보다 낮은 신뢰도가 나왔으나, 유럽에서 1970년대 초반, 1980년대 초반, 1990년대 초반의 정부 불만족은 경기 후퇴와 관련이 있다고 한다(Nye 1997, 102-103).

둘째는 정부 내적 요인으로 정부 내에서 불신의 요인을 제거하는 방안이 될 것이다. 이를 위하여 다음과 같은 조치가 우선 필요하다. 첫째, 행정이 공개되고 경제성을 띠어야 한다. 아울러 공무원의 재량권이 확대 해석되어서는 안되고 규제 완화의 조치가 필요하다. 둘째, 정부의 책임성이 확보되어야 한다. 정부는 재량권만 있고 책임을 지지 않는다면 독재적인 정부로 국민의 신뢰를 확보하기 힘들다. 셋째, 정부의 정책 결정이 합리적이고 합법적이고 민주적으로 이루어져야 한다. 정책 결정의 합리성, 합법성, 민주성은 국민의 신뢰를 회복하는 지름길이라고 하겠다. 넷째, 행정의 전문성을 확보하여 국민의 신뢰를 회복하도록 해야 한다. 마지막으로 정책의 공익성을 확보해야 한다. 국민이 정부의 행정이 정권의 한풀이나 집권당 지지세력만을 위한 것이라는 의식이 있다면 정부는 국민의 신뢰를 받을 수 없다.

국민의 정부에 대한 불신이 대부분은 정부에 대한 국민의 과도한 기대나 요구, 또는 국민국가에서 정부의 역할 증대 때문에 생겨난 것이며, 특히 정부의 경제적 성과가 미진할 경우 생기는 것이기는 하지만 또 한편으로는 정부의 투명하지 못한 행정이나 정책 결정, 미숙한 행정 처리 때문에도 발생한다. 현재 노무현 정부도 위와 같은 경험을 기초로 정부의 행정을 고쳐나갈 때 국민의 정부에 대한 신뢰는 자연스럽게 발생할 것임을 알 수 있다.

한국 정치 불신의 문제는 사적 신뢰 부족의 문제가 아니라 공적 신뢰 부족 현상의 일부이다. 특히 국민으로부터 가장 덜 신뢰받는, 즉 가장 불신 받는 대상이 정치인이라는 사실은 다른 나라와 그리 다르지 않다. 하지만 그동안 한국 정치는 정치 행위의 대부분을 공익(public interest)보다는 정당의 사익이나 공익으로 보장된 보스의 이익, 보스와 그 주변의 패거리의 한풀이식 이익 추구였다는 인식 때문일 것이다. 정치 불신의 직접적인 계기로 박동천이 지적하고 있는 "정책의 일관성 부재," "국가 기구의 무능과 부패", "지나친 당파 간의 정쟁" 등도 면밀히 관찰하면 정치인들이 공익보다는 사익 내지는 패거리의 이익 추구에 천착했다는 이유로 귀결될 수 있다(박동천 2004). 자유주의가 개개인의 사익 추구가 타인에게 피해를 주지 않으면서 결국에는 순화된 다수의 공익으로 자리하게 되는 것을 목표로 할진대 한국의 정치가 패거리의 이익을 넘어서 일관된 행동과 보편적 이익의 추구, 도덕적으로 하자가 없는 정책 집행으로 신뢰 회복을 꾀해야 할 것이다.

물론 정치 불신은 민주주의제도 확립을 위하여 어느 정도 필요하기도 하다. 자유주의(liberalism)의 핵심은 시민이 정부를 불신해야 하며 정부의 정책을 주의해야 한다는 주장이다. 예를 들어 흄(David Hume)은 설사 정부 기관들이 무기를 가졌다고 하더라도 시민의 이익에 봉사할 수 있도록 정부 기관들을 만들어야 한다고 했다. 매디슨(James Madison)과 다른 연방주의자(Federalists)들은 권력을 가진 누구도 부분적으로는 자신들의 이익을 위하여 권력을 이용할 인센티브를 가지고 있다고 주장했다. 다시 말하여 정부 공무원들이 시민들의 이익을 위하여 행동하지 않을 인센티브가 있다는 것을 상정하고 미국 헌법에 이를 제어하는 장치들을 관철시켰다(Hardin 1999, 23). 이렇게 기본적으로 자유주의는 정부에 대한 지나친 신뢰보다는 정부에 대한 의심(skepticism)과 우려(wariness)를 전제로 하고 이를 긍정적으로 본다. 잉글하트(Ronald Inglehart)가 1981년과 1990년에 행한 43개국 서베이에서 저소득 국가의 국민들이 부국의 국민들보다 정부 권위를 쉽게 받아들인다는 결과를 찾아낸 것은 정부 불신에 기초한 자유주의가 서구 선진국의 이데올로기로 자리잡고 있음을 반영한다(Nye 1997, 99에서 재인용).

하지만 작금 현 한국사회에 퍼져 있는 정치에 대한 불신과 정부에 대한 불신은 정치/정부 권력에 대한 견제의 수준을 넘어서 정치 불능 내지는 정부정책 수행 불능의 가능성을 보여주고 있다. 집권세력의 탄생 자체를 태어나지 말았어야 할 정권의 정도로 반대하는 여론이 비등한 이유는 정부의 무능과 정치의 한풀이

의식 때문일 것이다. 정부의 효율적인 정책 집행과 정치권의 한국사회 미래 방향에 대한 올바른 처방 제시가 필요한 시점이라고 하겠다. 거의 정부가 무엇을 위해 존재하느냐, 여야 간에 정치가 존재한 적이 있느냐 하는 자조적인 국민 여론을 신뢰의 정부와 신뢰할 수 있는 정치로 옮겨가는 가장 중요한 요점은 결국 정치와 정부의 효율성이고 미래지향성일 것이다.

3. 시민운동 단체의 과제

원래 토크빌과 퍼트남은 신뢰 구축과 사회적 자본의 축적을 위하여 자발적인 시민단체의 존재와 발흥의 필요를 강조하였다. 하지만 왜 한국의 시민단체는 그러한 역할을 하지 못하고 있는 것인가? 물론 시민단체가 한국사회 어느 영역보다도 신뢰받는 집단인 것은 분명하다. 그럼에도 불구하고 우리의 시민단체는 그 발생과 운동의 방향이 퍼트남이 다루고 있는 비정치적인 성향의 임의단체가 아니라는 점에서 전적인 신뢰의 대상이나 사회적 신뢰 발생의 기구가 되지 못하고 있는 것이다. 한국의 시민단체들은 발생부터 "정치·사회·경제·문화 영역에서 영향력을 행사하고 변혁을 시도하고자 의도적으로 조직한 단체들이기 때문이다(박효종 2004, 122)." 한국의 시민단체는 올슨(Olson)이 이야기하고 있는 이익단체는 아니지만, 거의 이익단체의 이익 추구수단을 총동원하여 자신들의 정치적 성향 내지는 목적을 추구하고 있기 때문이다. 결국 토크빌과 퍼트남이 주장하는 전통적인 임의 단체가 아니라는 특성이 한국의 시민단체가 신뢰 축적의 기재가 되지 못하는 원인인 것이다. 이러한 정치성의 배제가 한국 시민단체의 운동에서 이루어질 때 시민단체는 보다 신뢰받을 수 있는 집단으로 한국사회에 신뢰를 축적하는 기재로 작용을 할 것이다.

한국 시민단체에서의 존재 이유에서 정치성을 배제하는 것 다음으로 이루어져야 할 것은 시민단체에서 "시민"(civil)과 "시민성"의 회복이다. 한국 시민단체의 특징은 "시민 없는 시민운동"임은 널리 알려진 비밀이다. 즉 시민단체의 활동에서 시민의 회복 없이는 사회적 신뢰의 기재가 되는 것은 거의 불가능에 가깝다. "시민 없는 시민운동"이란 용어는 원래 시민운동가들 사이에서 자성적 표현으로 쓰이던 것이 이제는 시민운동의 현재의 문제점을 가장 잘 지적하는 표현이 되었다. 참여하는 시민이 적다 보니 시민운동 단체들은 인기있는 또는 인기에 영합하는 "시민성"이 결여된 운동성 이슈에 천착하게 하였고, 이것이 시민운동 단체들은 차분히 시민문화를 정착시키고 바꾸는 운동을 하지 못하게 하여, 결국 참여 시민의 숫자를 늘리지 못하게 하는 원인이 되었다. 시민 없는 시민운동 → 인기있는 운동에 집착 → 백화점식 운동 사업 전개 → 참여적 시민문화 정착에 실패 → 시민 없는 시민운동의 악순환에 빠지게 되었다.

시민 없는 시민운동의 또 다른 결과는 포퓰리즘적 연대와 연대에 의한 동원이다. 활동을 위한 자발적 참여자가 부족한 시민단체는 참여단체의 수를 늘려 세력을 확보하는 방식의 전략을 사용하였고, 이것이 결국은 시민단체 엘리트 운동가들의 지도와 명성에 전적으로 의존하는 운동 방식을 채택하게 되었으며, 이로 인하여 진정한 자발적 참여자는 엘리트 운동가와 상근자 중심의 운동전개에 회의를 가지고 이탈하게 되었다.

아울러 그동안 시민운동 단체들이 벌여온 정부정책에의 협력적 참여가 의약분업의 실패에서 보듯이 결국은 시민운동의 무오류성의 신화를 손상시켰다. 또한 포퓰리즘에 근거한 낙천·낙선운동의 초법성으로 인한 시민운동 단체에 대한 불신의 증가가 결국은 시민운동의 활력을 저하시켜 장기적인 시민사회 운동의 위축을 가져왔다는 점은 앞으로의 시민운동의 발전을 위하여 신중히 고려해야 할 부분이다.

시민 없는 시민운동의 문제와 한국 정치의 개혁의 문제를 동시에 해결하는 방안으로 "참여적 시민문화"(participatory civic culture)의 정착을 위하여 노력하는 것을 제시할 수 있다. 한국 정치의 수많은 문제들 가운데 우리의 권위주의 정치문화를 극복하지 못하고는 궁극적인 민주주의의 정착은 힘들다고 하겠다. 1970년대의 산업화와 1980년대의 민주화로 권위주의 정치문화가 변화를 가지기는 하였으나 3김 보스 정치의 지속은 이러한 권위주의 정치문화의 극복을 지난하게 하였다. 위계질서를 강조하고, 합리성보다는 카리스마를 강조하며, 정책보다는 지역주의에 기초한 선거 전략을 구사하는 보스 정치의 패턴을 가지고 있는 한국 정치를 개혁하기 위하여 알몬드(Gabriel Almond)가 제기한 참여형 시민문화(civic culture)의 정착이 필요하다. 영·미와 가까운 참여형 정치문화를 우리 정치에 끌어들여 그것만 있으면 모든 문제가 해결될 것 같은 현실을 무시한 낭만적 사대주의적 주장이 아니라, 체제에 대한 깊은 애정을 겸하는 참여형 정치문화가 우리의 권위주의 정치와 정치적 무관심을 극복하는 관건이 되기 때문이다. 참여를 통하여 체제에 대한 만족을 가져오고, 개인의 참여의 감정적 욕구도 충족시켜주며, 정책을 중심으로 생각하는 실용성을 띠게 되고, 결국에는 민주주의와 정치체제의 안정을 가져오는 방안이 될 것이기 때문이다. 정치개혁을 위하여 선거법이든 선거제도든 제도의 변화를 통한 개혁도 가능하지만 시민문화로의 의식개혁이 뒤

따르지 않고서는 제도 개혁의 모멘텀을 가지기 힘들다.

어떻게 시민 있는 시민운동을 만들 것인가는 시민운동 단체의 전문화와 시민운동 단체 내부의 민주화를 통하여 국민들에게 신뢰를 확보하는 것이 방책이라고 하겠다. 그때 그때의 사회적인 이슈를 다루면서 정부정책에 "협력적 참여"로 공익으로 포장된 패거리 정치에 봉사하는 것도 중요하지만, 전문화와 비(非)권력화를 통하여 시민단체에 대한 국민들의 무한한 신뢰를 확보하는 것이다.

시민단체들이 정치권에 대하여 절대적 심판자로서 재판하려 한다면, 시민을 참여와 공동결정의 주체가 아니라 동원의 대상으로 인식한다면, 정치권을 개혁의 대상으로만 인식하고 개혁의 동반자로 이끌어내지 못한다면, 정치권에는 준법을 강요하면서 시민단체 자신들은 선거법을 어겨가면서 불법과 탈법을 계속한다면, 정치인의 인적청산에 앞서 정치구조부터 개혁하지 않는다면, 유권자가 올바른 판단을 내릴 수 있도록 돕는 차원이 아니라 유권자를 시민단체가 원하는 방향으로 유도한다면, 정치권과 정부에는 투명성을 강조하면서 자신들의 낙천·낙선의 명단 작성에서는 책임의 회피를 위하여 비공개로 일관한다면 총선연대가 낙천·낙선운동을 통하여 목표로 삼은 정치개혁은 앞으로도 이루어내기 어려울지도 모른다.

이 시점에서 일부 시민운동이 한국 정치의 문제점을 지적하고 이의 극복을 위하여 노력하는 동시에, 또 한편으로 일부 시민운동 단체들은 기든스(Anthony Giddens)가 주장하는 후기 근대성의 삶의 정치(life politics)를 지향해야 할 필요가 있다. 기든스가 주장하는 삶의 정치란 일정한 수준의 해방을 전제로 한 것이라서 우리의 현실에 적합하냐, 적합하지 않느냐의 문제가 제기되기는 하지

만, 한국 정치의 지평을 넓이고 다양화한다는 측면에서 제기될 필
요가 있겠다. 삶의 정치란 삶의 양식(life style)에 관련된 정치로
서, 후기 현대(high modernity)의 시대에 필요한 정치이슈들을 구
현하는 것이다. 기든스는 기존의 해방의 정치와 삶의 정치를 구분
하고 있다(Giddens 1991 [1993] : 169).

　위에서 언급한 것처럼 우리의 정치를 개혁하기 위하여 많은 제
도 개혁이 가능하지만 그것만으로는 장기적이고 궁극적인 정치개
혁의 처방이라고 하기 어렵다. "해방의 정치"를 위한 정치개혁을
추진하면서도, 해방의 정치에 식상한 시민들에게 "삶의 정치"의
양식을 제시함으로써 궁극적으로 정치의 정체성의 변화를 꾀하는
것이 시민사회가 해야 할 정치개혁의 목표임을 함께 고민해야 할
것이다.

< 참 고 문 헌 >

강옥초, 「이탈리아 남부 문제와 미완의 국민 통합」, 강병근 외, 『민족통합의 역사
　　　와 과제』. 춘천 : 한림대 민족통합연구소, 2000
국민호, 「신뢰 사회 : 유교와 가족」, 1998년도 전기한국사회학회 발표 논문 요약
　　　문, 1998
김시홍, 『이탈리아 사회연구 입문』, 서울 : 명지출판사, 1995
김우택·김지희 편, 『한국사회 신뢰와 불신의 구조: 미시적 접근』, 서울 : 소화,
　　　2002
김인영 편, 『한국사회 신뢰와 불신의 구조 : 거시적 접근』, 서울 : 소화, 2002
김인영, 「한국과 이탈리아의 (저)신뢰 비교」, 김인영 편, 『한국사회 신뢰와 불신
　　　의 구조 : 거시적 접근』, 서울 : 소화, 2002
김인영, 「미국의 사회변화와 신뢰」, 김인영 편, 『사회 신뢰/불신의 표상과 대응 :
　　　거시적 평가』, 서울 : 소화, 2004
김일태, 「21세기 시민사회를 위한 사회적 자본의 필요성과 역할」 제13회 대도시
　　　행정세미나 발표 논문, 서울시립대학교 도시과학대학 도시행정학과, 1999
김호기, 「조폭문화는 "공공의 적"」, 『동아일보』, 1월 11일, 2002

박동천, 「한국 정치 불신과 정치개혁」, 김인영 편, 『사회 신뢰/불신의 표상과 대응: 거시적 평가』, 서울 : 소화, 2004

박찬웅, 「신뢰의 위기와 사회적 자본」, 『사회비평』, 제19호: 33-64, 1999

박찬웅, 「사회적 자본, 신뢰, 시장 : 시장에 대한 사회학적 접근」, 한국사회학회 편, 『21세기 시장과 한국사회』, 서울 : 나남 : 143-185, 2000

박효종, 「신뢰의 위기가 국난의 진원」, 『emerge 새천년』, 1월, 2001

박효종, 「한국의 시민단체와 신뢰 구축」, 김인영 편, "사회 신뢰/불신의 표상과 대응: 거시적 평가", 서울 : 소화, 2004

유석춘, 『한국의 시민사회, 연고집단, 사회자본』, 서울 : 자유기업원, 2002

이재열, 「민주주의, 사회적 신뢰, 사회적 자본」, 『계간 사상』, 여름 : 65-93, 1998

이재혁, 「신뢰, 거래 비용, 그리고 연결망」, 『한국사회학』, 30집 1호 : 519-543, 1996

이재혁, 「신뢰의 사회구조화」 『한국사회학』 32집 봄 : 311-335, 1998

임혁백, 「신뢰와 민주주의」, 『한국사회학 평론』, 5집 : 33-48, 1999

한도현, 「돌진형 근대화와 불신 구조」, 신뢰 사회와 21세기 한국 세미나, 한국정신문화연구원, 1999년 6월 30일, 1999

한배호·어수영, 『한국 정치문화』, 서울 : 법문사, 1987

한상진·은기수·조동기, 『한국사회의 신뢰 실태 조사』, 1999년도 교육부 연구보고서, 1997

허인, 『이탈리아사』, 서울 : 대한교과서주식회사, 1991

Adler, Paul S. and Seok-Woo Kwon. 2000. "Social Capital: the Good, the Bad, the Ugly." In Eric E. Lesser, ed. *Knowledge and Social Capital: Foundation and Application.* Butterworkh-Heinemann.

Almond, Gabriel A. and Sydney Verba. 1963. *The Civic Culture.* Princeton: Princeton University Press.

Arrow, Kenneth. 1972. "Gifts and Exchange." *Philosophy and Public Affairs 1.*

Banfield, Edward C. 1958. *The Moral Basis of a Backward Society.* New York: The Free Press.

Barber, Bernard. 1983. *The Logic and Limits of Trust.* New Brunswick: Rutgers University Press.

Bender, Thomas. 1978. *Community and Social Change in America.* Baltimore, MD: Johns Hopkins University Press.

Brown, Richard. 1973. "The Emergence of Voluntary Associations in Massachusetts." *Journal of Voluntary Action Research 2.* April: 64-73.

Clague, Christopher K. 1997. *Institutions and Economic Development.* Johns Hopkins University Press.

Coase, R. 1960. "The Problem of Social Cost." *Journal of Law and Economics* 3: 1-44.

Cohen, Jean and Arato Andrew. 1989. "Politics and the Reconstruction of the Concept of Civil Society."

Cohen, Jean. 1999. "Trust, Voluntary Association and Workable Democracy: the Contemporary American Discourse of Civil Society." Mark Warren. ed. *Democracy and Trust*. London: Cambridge University Press.

Coleman, James S. 1988. "Social Capital in Creation of Human Capital." *American Journal of Sociology* 94: Supplement S95-S120.

Dasgupta, Partha. 1988. "Trust as a Commodity." In Diego Gambetta, ed. *Trust: Making and Breaking Cooperative Relations*. Cambridge, MA: Basil Blackwell: 49-72.

Evans, Peter. ed. 1997. State-Society Synergy: Government and Social Capital in *Development, International and Area Studies*, University of California, Berkeley.

Filippucci, Paola. 1997. "Anthropological Perspectives on Culture in Italy." In Robert Lumley and Jonathan Morris, eds. *The New History of the Italian South: The Mezzogiorno Revisited.* Exter: University of Exter Press.

Fox, Jonathan. "How Does Civil Society Thicken? The Political Construction of Social Capital in rural Mexico." In Peter Evans, ed. *State-Society Synergy: Government and Social Capital in Development.* Berkeley: University of California.

Fukuyama, Francis. 1995. *Trust: The Social Virtues and the Creation of Prosperity.* New York: Free Press. (구승희 역. 1996. 『트러스트』, 서울 : 한국경제신문사.)

Fukuyama, Francis. 1999. *The Great Disruption: Human Nature and the Reconstruction of Social Order.* New York: Free Press.

Gambetta, Diego. 1988a. "Can We Trust Trust?" In Diego Gambetta, ed. *Trust: Making and Breaking Cooperative Relations.* Cambridge, MA: Basil Blackwell: 213-237.

Gambetta, Diego. 1988b. "Mafia: The Price of Distrust." In Diego Gambetta, ed. *Trust: Making and Breaking Cooperative Relations.* Cambridge, MA: Basil Blackwell: 158-175.

Gambetta, Diego. 1993. *The Sicilian Mafia: The Business of Private Protection.* Cambridge, Mass.: Harvard University Press.

Giddens, Anthony. 1991. "The Emergence of Life Politics." In Anthony

Giddens. *Modernity and Self-Identity*. Oxford: Polity Press. (안토니 기든스, 1993, 「해방의 정치와 삶의 정치의 출현」, 정수복 편역, 『새로운 사회 운동과 참여민주주의』, 서울 : 문학과 지성사)

Granovetter, Mark. 1985. "Economic Action and Social Structure: The Problem of Embeddedness." *American Journal of Sociology* 91: 481-510.

Hawthorn, Geoffrey. 1988. "Three Ironies in Trust." In Diego Gambetta, ed. *Trust: Making and Breaking Cooperative Relations*. Cambridge, MA: Basil Blackwell: 111-126.

Inglehart, Ronald. 1991. "Trust between Nations: Primordial Ties, Societal Learning and Economic Development." In K. Rief and R. Inglehart, eds. *Eurobarometer*. London: Macmillan: 145-85.

Kramer, Roderick M., and Tom R. Tyler, eds. 1996. *Trust in Organizations*. Thousand Oaks, CA: Sage.

MacIntyre, Donald. 2002. "The Way of the Fists." *Time*. January 14.

McWilliams, Wilson Carey. 1973. *The Idea of Fraternity in America*. Berkeley: University of California Press.

Misztal, Barbara A. 1996. *Trust in Modern Societies*. Cambridge: Polity Press.

Nye, Joseph S., Jr. 1997. "In Government We don't Trust." *Foreign Policy*. Fall: 99-111.

Pagden, Anthony. 1988. "The Destruction of Trust and its Economic Consequences in the Case of Eighteenth-century Naples." In Diego Gambetta, ed. *Trust: Making and Breaking Cooperative Relations*. Cambridge, MA: Basil Blackwell: 127-141.

Putnam, Robert D and Lewis M. Feldstein. 2003. *Better Together: Restoring the American Community*. New York: Simon and Schuster.

Putnam, Robert D. 1993. *Making Democracy Work*. Princeton, N.J.: Princeton University Press. (안청시 외 역, 2000, 『사회적 자본과 민주주의』, 서울 : 박영사)

Putnam, Robert D. 1995a. "Bowling Alone: America's Declining Social Capital." *Journal of Democracy* 6: 65-78.

Putnam, Robert D. 1995b. "Turning In, Turning Out: The Strange Disappearance of Social Capital in America." *PS: Political Science and Politics* 28: 664-683.

Putnam, Robert D. 2000. *Bowling Alone: The Collapse and Revival of American Community*. New York: Touchstone.

Schelling, Thomas C. 1984. *Choice and Consequence, Cambridge*, Mass: Harvard University Press.

Seligman, Adam B. 1997. *The Problem of Trust. Princeton*, N.J.: Princeton University Press.

Tarrow, Sidney. 1996. "Making Social Science Work Across Space and Time: A Critical Reflection on Robert Putnam's Making Democracy Work." *American Political Science Review* 90, 2: 389-397.

Tocqueville, Alexis de. 1969. *Democracy in America*. J. P. Mayer, ed. Geroge Lawrence, trans. Garden City, N.Y.: Doubleday.

Warren, Mark E, ed. 1999. *Democracy and Trust*. Cambridge: Cambridge University Press.

Williamson, Oliver E. 1985. *The Economic Institutions of Capitalism*. New York: Free Press.

Williamson, Oliver E. 1988. *Market and Hierarchies*. New York: Free Press.

Yamagishi, Toshio, Karen S. Cook, and Motoki Watabe. 1998. "Uncertainty, Trust, and Commitment Formation in the United States and Japan." *American Journal of Sociology* 104, 1: 165-94.

Zucker, Lynne G. 1986. "Production of Trust: Institutional Sources of Economic Structure, 1840-1920." *Research in Organizational Behavior* 8: 53-111.

사법개혁의 과제와 전망

전삼현
(숭실대 교수)

I. 서론

2004년 1월 7일 대법원이 발표한 사법개혁위원회(이하 "사개위")의 활동상황에 대한 보도자료에 따르면 향후 사개위는 사법제도 전반에 걸쳐 개혁을 하고자 하는 의지를 표명하였으며, 그 주요내용은 ①대법원의 기능과 구성, ②법조일원화와 법관임용방식의 개선, ③법조인 양성 및 선발, ④국민의 사법참여, ⑤공익소송제도의 도입, ⑥사법서비스 및 형사사법제도의 개선 등이라고 할 수 있다.

이러한 사개위의 사법개혁안은 정치·경제·사회 전반에 걸쳐 많은 영향을 미칠 것으로 예상된다. 특히, 우리 시장경제질서에 큰 영향을 미칠 것으로 예상되는 사안은 법조인 양성과 선발, 국민의 사법참여, 공익소송제의 도입 등이라고 할 수 있다.

우선 법조인 양성 및 선발과 관련하여서는 우리 법조인들의 경제분야의 전문성이 제고되는 방향으로 개혁작업이 이루어져야 경제분야에 긍정적인 영향을 미칠 것으로 예상된다. 또한 국민의 사법참여는 경제 관련 분야의 전문가가 독립성을 가지고 기업소송에 참여하는 것이 그 성패를 좌우할 수 있기 때문에 이에 대한 구체적인 논의가 있어야 할 것으로 본다. 그리고 공익소송제 도입은 집단소송제와 징벌적 손해배상제도의 도입으로 방향이 정하여 지고 있는데, 양 제도의 장·단점을 분석하여 이를 법리적으로 검토하고 그 경제효과에 대한 검토가 필요한 사안이라고 할 수 있다.

그러나 현재 사개위는 이러한 경제현실보다는 개혁이라는 이름 하에 정치적 목적을 위해 사법개혁을 추진하고 있는 것으로 해석된다. 즉, 법조인 양성과 선발과 관련하여서는 미국식의 법학전문대학원제도를 도입하여 현행 법학교육의 비효율성과 고시낭인의 문제점을 개선하고자 하는데 근본취지가 있으며, 국민의 사법참여와 관련하여서는 미국식의 배심제도를 도입하여 시민이 사법절차에 직접 참여토록 함으로써 법관과 검사의 권력남용을 견제하고 시민의 인권침해를 막고자 하는데 근본취지가 있다고 보여진다. 그리고 공익소송제도는 대기업이나 공기업이 주도하는 현행 경제체제 하에서 집단소송법이나 징벌적 손해배상제도의 도입을 통해 다수의 피해자를 구제하고 더 나아가 위법행위의 재발을 방지하는데 그 근본취지가 있다고 할 수 있다.

그러나 이러한 사법개혁안이 과연 현실성 있는 정책안이고, 민생과 얼마나 직결될 수 있는가 하는 점을 구체적으로 고찰해 볼 필요가 있다. 현재 추진되고 있는 사개위의 추진안은 아직은 총론 부분이라고 생각한다. 그러나 총론에서 법리적 타당성과 합리성을 가져야 각론 부분에서도 사법개혁안이 우리사법제도의 순기능적 역할을 제고할 수 있을 것으로 생각한다. 이하에서는 2004년 1월 7일 보도된 대법원의 자료를 중심으로 그 취지와 문제점 및 개혁방안을 제시하여 보고자 한다.

II. 현행 사법제도 개혁의 필요성

지난 2003년 12월 18일부터 12월 26일까지 법원행정처가 사법 개혁을 어떠한 방향으로 추진할 것인지를 실증적 방법으로 연구하기 위하여, 우리 국민이 형사재판과 사법서비스를 포함한 현행 사법제도를 어떻게 평가하고 인식하고 있는지를 설문조사 형식으로 진단한 바 있다.[1] 특히, 판사의 청렴성과 능력에 대한 평가를 조사한 결과, '그렇지 않다'는 부정적 평가가 61.8%, '그렇다'는 긍정적 평가가 34%로 나타나, 판사에 대한 부정적 평가가 더 많이 나타났다.

위 조사결과를 종합하여 보면, 우리 국민은 대체로 형사재판과 사법서비스를 포함한 현행 사법제도를 부정적으로 평가·인식하고 있는 것으로 나타난 바 있다.[2]

또한 민간 리서치기관이 실시한 여론 조사자료에 따르면 서울, 부산, 대구 등 5대 도시에 사는 13-59살 남녀 6천명 중 82.5%가 "법대로 사는 사람이 손해 본다."라고 생각하고 있는 것으로 발표된 바 있다.[3] 그리고 사개위가 구성되기 바로 전에 KBS가 실시한 2003년 11월의 전화 여론 조사에 따르면 1,000명의 성인 남녀 전화응답자의 68.6%가 "재판의 공정성을 신뢰하지 못하겠다"고 응답한 바 있다.[4]

그러나 경제 관련 분야에 대한 사법개혁의 필요성을 확인하기

---

1) 위 조사는 법원 외부의 조사전문업체(M&C Research)의 면접원들이 전국 6대 광역시(서울, 부산, 대구, 인천, 광주, 대전)에 거주하는 20세 이상의 성인 1,000명을 대상으로 전화조사를 하는 방법으로 2003년 12월 18일부터 12월 26일까지 6일간 진행되었음.
2) 대법원 홈페이지 사법개혁 코너에서 인용.
3) 대홍기획 1992년/2002년 설문조사 "체인징 코리아".
4) KBS 11월 8일 방영 "재판을 재판한다"에 소개된 설문조사.

위하여 실시된 여론 조사는 아직 나오고 있지 않아 이에 대한 구체적인 분석을 하기는 어렵지만 경제계에서 보는 시각도 유사할 것으로 추정할 수 있다.

특히, 경제 관련 분야와 연관이 있는 법조인 양성과 선발, 국민의 사법참여, 공익소송제의 도입 등에 대한 개혁 필요성은 각계각층에서 제기된 바 있다.

우선, 법조인 양성과 선발과 관련하여서는 이미 사개위가 법학전문대학원제도를 도입하기로 하기로 결정한 바 있다. 이처럼 법학전문대학원을 설립해야 할 필요성으로는 국민들에게 양질의 법률서비스를 제공할 수 있는 변호사들을 양성하고, 사시열풍으로 인한 대학교육의 피폐화를 개선하는 것 등을 들 수 있다.

국민의 사법참여는 국민이 직접 법관과 검사의 권력남용을 견제하여 인권침해 가능성을 줄이는 데 필요한 제도라고 할 수 있다. 그리고 공익소송제는 소비자소송이나 환경소송, 사회적 약자와 대기업 또는 국가기관 간의 소송 등에서 보여주는 현행 민사소송제도를 개선하기 위하여 필요한 제도로 인식되고 있다. 그리고 이에는 집단소송제와 징벌적 손해배상제도 등이 구체적으로 언급되고 있다.

그러나 법학전문대학원제도의 도입이 상기에서 언급한 바와 같이 대학교육을 정상화시키고 양질의 법률서비스를 제공할 수 있는 변호사를 양성할 수 있을지는 의문시되고 있다. 따라서 현행 사법시험제도를 개선하여 대학교육의 정상화와 양질의 서비스를 제공하는 변호사를 양성하는 방안은 전혀 없는가 하는 점 또한 검토하여 볼 필요가 있다.

그리고 국민의 사법참여가 진정한 의미에 있어서의 법원이나 검찰의 권한남용을 방지할 수 있는 수단으로 작동할 수 있을 것인가 하는 점 또한 고려해야 할 필요가 있다.

또한 공익소송제도가 도입되면 소비자소송이나 환경소송, 사회적 약자의 소송 등에 있어 현행 민사소송법상의 한계를 극복하는 법제도로서 순기능을 할 수 있을 것인가 하는 점에 대한 검토가 필요하다.

III. 사법개혁안의 구체적 검토

1. 법학전문대학원 설립

1) 추진배경

법학전문대학원제도의 도입과 관련한 논의는 1995년 김영삼 대통령 당시 국무총리산하의 세계화추진위원회(이하 "세추위")의 "법률서비스 및 법학교육의 세계화"라는 보고서를 통하여 시작되었으나, 법조계의 반발로 중단된 바 있다. 또한 1995년 김영삼 정부 당시 대전법조비리사건을 계기로 대통령 소속의 사법제도 개혁추진위원회가 설치되어 본격적으로 사법제도 개혁만을 다루는 보고서를 2000년 5월 김대중 대통령에게 제출한 바 있다. 그러나 동 위원회는 "시민의 사법참여"까지도 포함하는 광범위한 보고서를 제출하기는 하였으나, 법학전문대학원 설립과 관련하여서는 구체적인 안을 내지 못하고 단순히 추상적인 개선안만을 제시한 바 있다. 한편 김대중 대통령 시절인 1998년 다시 대통령 자문기구인 "새교육공동체위원회"(이하 "새교위")도 법과대학을 폐지하고 법학전문대학원을 설립을 내용으로 하는 보고서를 제출한 바 있다.

그리고 노무현 현 정부는 대법원 산하에 사법개혁위원회를 설치하고 2003년 12월부터 구체적으로 법학전문대학원 설립을 위한 논의를 거친 후 2004년 10월 최종적으로 법학전문대학원 설립을 결정한 바 있다.

이를 종합하여 보면 사개위가 출범하기 이전의 위원회 차원의 논의는 크게 2가지 대별할 수 있는데, 찬성론은 세추위와 새교위의 입장이었고, 반대론은 사개추위의 입장이었다.

따라서 이러한 정책적 혼란 때문에 결국 사개위가 출범한 계기가 되었다. 그리고 이러한 과정을 거쳐 중요한 사실들이 확인되고 이에 대한 공감대가 형성된 것은 커다란 결실이라고 할 수 있다.[5] 이를 구체적으로 보면, 첫째로는 법률가양성시스템이 총체적인 면에서 한계에 도달했다는 점이다. 현재의 법학교육은 사법시험에 합격시키는 것을 궁극적인 목적으로 하고 있으며, 법학교육 자체가 기술교육으로 전락한 상황이라고 할 수 있다. 또한 사법연수원 교육도 다양한 실무교육을 통하여 각 분야별 전문가를 양성하기보다는 형식적이고 획일적인 교육을 하기에 급급할 뿐만 아니라, 연수원의 시험성적으로 통하여 판·검사 임용 결정을 하는 제2의 사법시험역할을 하고 있을 뿐이다.

둘째로는 법학전문대학원 이외의 다른 대안을 그 어느 누구도 제시하지 못하고 있다는 점이다.

결론적으로 현재 논의되고 있는 법조인 양성시스템의 개혁은 법학전문대학원을 통한 개혁이 유일한 방안으로 떠오르고 있다.

2) 사법개혁위원회의 결정

대법원 산하 사법개혁위원회(사개위)는 법조인 양성 및 선발 문

---

5) 김창록, 2004년 한국의 법학전문대학원 논의, 『숭실대학교 법학논총 제14집』(2004), 153면.

제와 관련해 4일 열린 제21차 전체회의에서 2008학년도부터 로스쿨을 도입하기로 결정하였다. 그리고 현행 사법시험은 로스쿨 시행 후 2012년까지 5년간 병행 실시되다가 2013년에 폐지키로 하였다.

따라서 사개위는 이 같은 내용을 담은 건의문을 작성해 조만간 최종영(崔鍾泳) 대법원장에게 전달할 예정이며 최 대법원장은 이를 노무현(盧武鉉) 대통령에게 제출하게 된다. 대법원과 법무부, 교육부는 내년 초에 로스쿨 도입을 위한 관련 법 제정 및 개정 작업을 벌여 나갈 계획이다.

사개위의 결정내용의 주요부분을 보면, 우선 로스쿨의 총입학정원은 1200명 정도가 될 것으로 알려졌으나 구체적인 수는 교육인적자원부 장관이 법원 행정처장, 법무부 장관, 대한변호사협회장, 한국법학교수회장 등과 협의해 나중에 결정하기로 했다.

입학자격은 학사학위 소지자 이상으로 하되 학부 성적, 어학 능력, 적성시험 성적, 사회활동 및 봉사활동 경력 등을 종합해 입학생을 선발하고 응시 횟수는 제한하기로 했다.

이에 따라 앞으로 학사학위 소지자는 전공과 무관하게 로스쿨을 통해 법조인이 될 수 있으며, 고졸 학력 등 학사학위가 없는 사람은 법조인이 될 수 없다.

또한 사개위는 대학 학부의 법학 전공자 및 로스쿨이 설립된 대학의 학부 졸업생 선발을 일정 비율 이하로 제한하기로 했으며 로스쿨을 설립하는 대학은 법학사 학위 취득과정(법과대학, 법학과 등)을 폐지키로 했다.

대학의 로스쿨 설치는 교육부 장관 산하에 '법학교육위원회'(가칭)를 둬 심의하도록 한 뒤 교육부가 인가를 하도록 하고, 교육부는 2006년까지 로스쿨 설립 심사를 마무리 할 방침이다. 로스쿨 설치 대학은 전국적으로 10개를 넘지 않을 전망이다.

3) 쟁점별 검토 및 향후 전망

이상과 같은 사개위 결정은 법학전문대학원의 설립과 관련한 총론부분에 대한 합의에 불과한 것으로 판단된다. 따라서 향후 각론 부분에 들어가서는 이제 본격적으로 법조계와 법학계 간의 논란이 시작될 것으로 예상된다. 구체적으로 로스쿨 입학정원과 법조인 자격시험 합격인원 등에 관한 문제다. 이들 주제는 법조 실무계와 법학계 사이에, 그리고 학계 내에서도 대학과 교수별로 이해관계가 첨예하게 대립하기 때문이다.

우선 입학정원 및 법조인 자격시험 합격자 수와 관련하여 대법원은 로스쿨 입학정원을 1200명 선으로 하고, 졸업생 중 80%에게 변호사 자격을 주는 것을 상정하고 있다. 입학정원이 많으면 그만큼 변호사 수가 많아지기 때문에 대한변호사협회 등 재야 법조계에서는 이 숫자를 '마지노선'으로 요구하고 있으며, 법무부도 비슷한 입장이다.

반면에 대학측에서는 정원을 1200명으로 하면 전국의 90여 개 대학 가운데 불과 6개 정도의 대학에 로스쿨 설치 허가가 나기 때문에 이처럼 정원을 제한하면 차라리 하지 않는 편이 더 낫다는 입장을 보이고 있다.

그리고 도입 시기와 관련하여 대법원은 로스쿨 신입생을 2008학년도에 처음 모집하는 것을 목표로 하고 있다. 그러면 3년 과정을 거쳐 2011년에 첫 졸업생이 배출되고 이어 2, 3개월쯤 지나 별도 시험을 거쳐 로스쿨을 통한 최초의 변호사가 배출된다.

판사와 검사는 이들 중에서 별도의 기준으로 선발해 대법원과 법무부 등 해당 부처에서 실무교육을 담당하게 되며, 현행 사법시험은 로스쿨 졸업생이 첫 배출된 이후에도 일정기간 병행 실시된다. 그러나 사시합격자는 병행기간 첫해 300여 명 수준으로 감소된 뒤 점차 줄어 사라지게 되지만, 병행실시 기간에 대해서도 논란이 일 것으로 보인다. '로스쿨의 실효성'과 관련된 문제이기 때문이다. 로스쿨 입학생 선발은 학부성적과 어학 능력, 적성시험 성적, 개인의 경력 및 능력, 사회활동 경력 등을 종합해 선발할 것으로 보인다. 교육은 원칙적으로 6학기(3년)로 하되 구체적인 커리큘럼은 해당 로스쿨이 자율적으로 결정한다.

4) 소결

원래, 로스쿨(law school)이란 미국에서 시작된 법학교육제도로서 1670년 하버드대에서 처음 시도된 뒤 1920, 30년대에 걸쳐 미국 법학교육의 지배적인 제도가 됐다. 이러한 미국의 로스쿨은 사회 인문 자연과학 등 다양한 전공을 가진 4년제 대학 졸업생을 상대로 대학원에서 법학교육을 시키는 '법학전문대학원'제도다.

이처럼 미국에서는 우리나라와 달리 대학에서 법학교육을 시키지 않고, 대학원에서 법학교육을 시키고자 하는 이유는 법학이란 '실용적인 학문'이기 때문에 법률을 배우기 전에 다양한 학문을 접해 인격과 소양을 쌓는 것이 제대로 된 법률가 양성에 효과적이라는 생각에 근거를 둔 것으로 보인다. 따라서 미국의 로스쿨에서는 사례 중심의 실무 교육을 주로 받으며, 로스쿨을 마치면 미국 각 주(州)의 대법원이나 변호사협회가 주관하는 변호사시험 응시 자격이 주어지며, 이 시험에 합격하면 법조인으로 활동하게 된다.

이러한 점에서 볼 때 로스쿨은 학력에 관계없이 사법시험에 합격하면 법조인이 될 수 있는 한국의 법조인 양성 제도와는 큰 차이가 있다. 즉, 로스쿨을 마친 학생 대부분이 변호사시험에서 합격하는 것도 우리의 사법시험제도와는 크게 다르다. 시험의 성격이 경쟁이나 선발이 아니라 자격 여부를 판단하는 것이기 때문이라고 할 수 있다.

이러한 점에서 볼 때, 로스쿨 도입은 법조인 양성과 선발을 국가 주도 방식에서 벗어나 시장원리에 맡긴다는 의미로 해석된다.

따라서 2008년부터 도입하기로 결정한 로스쿨이 우리 실정에 맞는지, 성공할 것인지에 대해서는 찬성하는 입장에서도 자신 있게 말하지 못한다. 또한 피폐한 법학교육과 경쟁력 없는 법조인 선발 양성의 문제가 있는 것은 분명하지만 로스쿨로 그런 문제가 해결되리라는 보장도 없다.

다만, 분명한 것은 우리의 법학전문대학원제도는 현재 사개위의 의견대로 한다면 실패할 가능성이 높다. 그 이유는 미국의 사례에서 보았듯이 국가가 주도하여서는 그 비용 면이나 교육의 질적인 면에서 사회적 요구를 충족시킬 수 없기 때문이다. 더욱이 미국에서도 문제가 많이 노출된 로스쿨을 토양과 현실이 전혀 다른 우리에서 실시하는 것은 매우 회의적이며, 로스쿨을 시행한 지 얼마 안 가 로스쿨 폐지론이 나올 수도 있다.

이러한 문제점을 해결하기 위해서는 얼마간의 시행착오가 있더라도 철저히 시장원리에 따라 일정한 설립준칙을 설정하여 놓고 그 설립요건을 충족한 교육기관에 대하여는 그 설립을 허가함으로써 각 대학들 간의 대립요소를 줄이는 것이 중요하다. 또한 대법원이나, 변호사협회 등과 같은 법조계에서 나름대로 변호사자격 시험응시권을 취득한 법학전문대학원 졸업생들에게 자격시험을 담당하여 그 합격자 수를 조절하고, 시험과목도 자율적으로 조절하여 현실적으로 필요한 전문지식의 여부를 테스트하는 것이 앞으로 실시될 법학전문대학원의 성패의 요인이 될 것으로 본다.

2. 국민의 사법참여제도

1) 국민의 사법참여의 의의

앞에서 본 바와 같이 설문조사 결과 우리 국민은 대체로 형사재판과 사법서비스를 포함한 현행 사법제도를 부정적으로 평가·인식하고 있는 것으로 나타난 바 있다.[6]

특히, KBS가 조사한 설문결과에 따르면 1000명의 응답자 중 80.6%가 배심원제도와 같이 시민이 직접 재판에 참여하는 것에 찬성한 것으로 나타났으며, 이들 중 85.9%가 그와 같은 제도에 참여할 의사가 있다고 답한 바 있다.[7]

이는 사법부에 대한 국민들의 인권침해에 대한 불신이 깊다는 것을 의미함과 동시에, 사법부의 전문성에 대한 불신으로 해석할 수 있다.

따라서 사법개혁위원회는 국민의 사법참여의 개혁사안으로 확정하고, 미국식의 배심원제의 도입을 논의하고 있다.

이처럼 최근 사법개혁의 핵심으로 부상하는 배심제는 원래 영미법계에서 발달한 것으로 일반시민으로 구성된 배심원들이 형사사건에서 피고인의 유죄 혹은 무죄를 평결하거나, 민사사건에서 손해배상 책임이 있는지 여부를 평결하는 제도이다. 배심원은 선거인 명부 등에서 무작위로 선발되며, 배심토의를 통해 평결에 이르게 된다.

배심원은 증거와 증거 부족에 대해서만 토의할 수 있고, 배심토의의 목적은 증거에 대해 논의하는 과정을 거쳐 배심원들의 의견을 한 방향으로 모으기 위한 것이다.

---

6) 대법원 홈페이지 사법개혁코너에서 인용.
7) KBS가 2003년 11월 8일 방영한 "재판을 재판한다"에서 소개된 설문조사 결과.

사형사건에서 유죄 혹은 무죄 평결은 배심원 전원일치의 의견을 필요로 하며, 다른 형사사건도 대부분의 주와 연방에서 전원일치의 의견을 요구한다. 전원일치의 의견에 도달하지 못하면 평결 불성립(Hung Jury)이 되고, 그동안의 재판은 무효(Mistrial)가 된다.

반면에 유럽에서는 국민의 사법참여 방법으로 참심제를 도입하여 시행하고 있다. 참심제는 독일 등 유럽국가에서 발달한 대륙법계로서 일반시민이 법관과 함께 재판부를 구성하는데, 독일 특허법원에서는 기술전문가가 재판부에 참여하고, 노동법원에서는 사용자와 근로자 대표가 임기제로 재판부 구성에 참여하는 것을 말합니다. 그리고 상사 관련 재판에서는 상사법관제도를 운영하여 경영인이 재판부 구성에 참여하게 된다.

2) 배심제도 입안

아직 사개위에서는 구체적으로 국민의 사법참여에 관한 안을 내놓고 있지 않다. 다만, 시민단체인 참여연대의 의견서를 보면 중죄인 형사사건에 한해, 피고인의 신청에 의해 배심제를 시행하는 것을 원칙으로 하고 있다. 배심원은 대한민국 국민이라면 누구나 할 수 있도록 하고, 그 수는 9인으로 구성하고, 최대한 전원일치의 결정을 원칙으로 하여야 한다는 의견을 내놓고 있다. 그리고 전문법관은 배심평결을 전면 수용하는 것을 원칙으로 하되, 평결이 현저히 불합리한 경우에는 재평결을 요구할 수 있으며, 재평결 결과에 대해 전문법관의 견해가 다를 경우, 항소심을 통해 다시한번 심판을 받을 수 있도록 요구한다는 것이 주요골자로 하고 있다.[8]

---

8) 참여연대, 시민의 사법참여에 관한 의견서, 참여연대 사법감시센터 자료실 34번, 2004. 5. 31.

3) 상사법관제도의 도입

(1) 문제제기 : 앞에서 언급한 참여연대 안에 따르면 중죄인에 대한 형사재판에서만 배심제를 도입하겠다고 하는데 이는 사형폐지론과 일맥상통하는 의견이라고 할 수 있다. 배심제는 전문성을 가지지 못한 일반인이 감정에 따라 판단할 수 있는 여지가 있어 이에 대한 좀 더 심도 깊은 논의가 필요하다고 본다.

오히려 현행 사법제도를 개혁하여 국민의 사법참여를 효과적으로 하기 위해서는 국민들 중 법조인의 전문성을 보완하여 줄 전문가를 참여시키는 것이 바람직하다고 할 수 있다. 이러한 제도를 일명 유럽에서 제도화된 참심제와 명예법관제도라고 할 수 있다.

특히, 경제분야에 대한 지식이 부족한 우리 사법부의 한계를 극복하기 위해서는 경제전문가를 명예법관으로 임명하여 보다 효율적이고 전문성을 확보한 국민의 사법참여가 더 필요하다고 생각한다.

앞에서 본 여론 조사에서 나타나듯이 우리 법원에 대한 국민들이 불신이 깊으며, 특히 경제 문제에 대한 사법부의 처리능력에 대하여도 부정적일 수밖에 없을 것으로 생각한다.

최근, SK사건에서 본 바와 같이 최회장에 대한 구속수사의 발단은 JP모건과 체결한 풋옵션(put option)거래 때문이었다. 즉, 외국에서는 기업이 자금조달의 수단으로 널리 이용하고 있는 파생금융상품 중의 하나인 풋옵션 거래를 자본충실의무위반, 주주평등의 원칙위반, 업무상 배임 등의 혐의를 물어 구속수사를 한 것은 아직 우리 사법부가 경제에 대한 전반적인 이해와 전문성 부족에 기인한 어이없는 결과라고 할 수 있다.

우리 사법부가 경제 문제를 처리할 능력을 갖고 있는가 하는 점에 대하여 비판적인 시각을 갖게 되는 주요원인은 우리 사법부가 상사 관련 전문 재판부를 두고 있지 않기 때문이라고 할 수 있다.

우리나라의 재판부는 형사재판부와 민사재판부로 양분되어 있다. 따라서 경제 문제 관련 사건 모두를 민사부에서 담당하고 있다. 또한 법관의 거의 모두가 법학교육만을 받은 자로 구성되기 때문에 재판시 전문성을 갖고 판결하기에는 한계가 있다고 볼 수 있다.

그러나 미국의 경우에는 법조인 양성기관인 Law School이 전문대학원인 점을 고려하여 볼 때에 대학에서 각자의 전공을 갖는 학생들이 각각 전문성을 갖는 법조인으로 양성되고 있다. 그리고 독일의 경우에는 상사법관제도가 있어 전문성을 갖는 명예법관인 이들이 경제현실에 맞는 합리적인 판결을 내리고 있다.

따라서 우리나라도 전문성을 갖는 상사법관제도의 도입이 시급하다고 할 수 있다.

(2) **독일의 상사법관제도 사례** : 독일법원은 형사재판부와 민사재판부, 상사재판부로 3분 되어있으며, 상사재판부에는 명예법관인 상사법관(Handelsrichter)이 재판을 담당하고 있어 경제사건에 대한 전문성을 제도적으로 확보하고 있다. 즉, 독일은 법관법 제45a조를 통하여 명예법관제도를 두고 있으며, 명예법관은 형사재판에서는 참심원으로, 상사재판에서는 상사법관으로 호칭된다. 명예법관은 특별한 규정이 없는 한 일반 직업법관과 동일한 권리와 의무가 있다. 특이한 점은, 미국 배심원은 사실만 판단하고 있는데 반하여, 독일 명예법관은 사실과 법률을 모두 판단한다는 점이다. 그리고 상사법관도 합의 시 직업법관과 동일한 의결권(Stimmrecht)을 가지고 있으며, 당연히 판결문에 서명한다. 만약 상사법관 2명 모두가 재판장과 다른 견해를 가지고 있으면, 판결은 상사법관 2

명의 의견에 따라야 하나, 통상 재판장은 상사법관 2명과 토론하고 그들을 설득하여 직업법관과 의견 일치에 이를 수 있도록 노력한다. 합의결과는 비공개이므로 판결문에 개별의견을 표시할 수 없다. 상사재판부 구성원 3명 중에 2명이 상사법관이나, 재판장과 상사법관 사이에 특별한 갈등요인은 없다.

상사법관은 주로 기업의 대표 또는 이사, 지배인 등과 같이 현직 경제계인사가 대부분이며, 이들은 상공회의소(Industrie-und Handelskammer)의 추천에 의해 임명된다. 상사재판부 또는 민사재판부 선택권은 당사자에게 있다. 즉 상사사건 중에서 원고가 신청한 경우에만 상사재판부에서 심리할 수 있다. 대차대조표 해석, 감정인 또는 증인 신문 시 상사법관으로부터 도움을 받고 있다.

상사법관의 임기는 4년이고, 일반적으로 1달에 1회 정도 기일에 참여한다. 베를린 지방법원에는 14개의 상사재판부가 있고, 1개 재판부당 16명의 상사법관이 있으며, 전체 상사법관 수는 224명 정도이다.9)

앞에서 언급한 바와 같이 독일 명예법관은 사실과 법률을 모두 판단하고 있다. 사실과 법률을 모두 판단하고 있기 때문에, 재판장과 명예법관 사이에 갈등 소지는 항상 있을 수밖에 없다. 특히 형사재판 재판장과 참심원 사이에는 많은 갈등이 발생하고 있다고 한다. 1심 형사재판의 중요한 부분은 사실과 양형판단이나, 재판장과 참심원 사이에 의견이 다른 경우, 재판장과 참심원 사이의 대화로 이견을 좁히기가 현실적으로 굉장히 어려우며, 의견이 다르다고 하여 재판장이 판결문에 자신의 의견을 표시할 수도 없다. 따라서 형사사건을 담당하고 있는 재판장들은 사실만을 판단하는 미국배심제도가 사실과 법률 모두를 판단하고 있는 독일참심제도

---

9) 윤종구, 독일의 상사법관제도, 『법률신문』, 2003. 10. 10일자 기사.

보다 오히려 좋다는 의견을 피력하기도 하였다. 그러나 상사재판의 경우에는 사실관계의 상당부분은 당사자들에 의하여 정리되고, 정리되지 아니한 부분도 법정의 구두변론을 통하여 현출되며, 위와 같은 사실을 판단 기초로 하여 법률 적용 문제가 큰 쟁점이므로, 재판장과 상사법관의 역할은 상호보완관계에 있게 되고, 갈등요소도 참심제도보다는 적다고 보고 있다. 또한 상사재판에서도 시차제소환, 법정중심의 구두변론, 변론과 증인신문의 동시진행으로 재판이 사실상 비공개로 진행되는 대신, 구두변론에 충실하기 위하여 대리인인 변호사외에 당사자 본인 또는 이사, 담당자, 증인들이 모두 출석하여 재판장과 반대당사자의 석명에 적극적으로 대응하거나 증인 신문이 이루어져 법정에서의 긴장관계는 높아질 수밖에 없기 때문에, 재판장의 법정중심 재판진행에 상사법관들이 보완적인 역할을 할 수 있다고 보고 있다.

독일 내 평가로는 상사법관의 기원을 떠나 현재는 독일 상사법관제도가 판결의 설득력 측면에서도 유용하다고 보고 있다. 판결은 당사자들을 설득하여야 하는 바, 만약 재판장이 상사법관과의 합의 시 그들을 내부적으로 설득하지 못한다면 결국 판결은 당사자들인 상인들도 설득하지 못할 가능성이 많다고 보기 때문이다.

4) 소결

우리나라는 영미법계와는 달리 성문법 중심의 대륙법계를 채택하고 있다. 따라서 현재 사법개혁위원회가 추진하고 있는 국민의 사법참여부분은 미국식의 배심제보다는 독일식의 명예법관제도가 더 바람직하다고 할 수 있다. 즉, 미국의 배심제는 배심원들이 사실만을 판단하는 반면에 독일의 명예법관은 사실과 법률 모두를 판단하기 때문에 성문법제를 택한 우리나라로서는 당연히 명예법관제도가 법리에 충실한 판결을 할 수 있다고 본다.

만약 미국식의 배심제가 도입되는 경우 법원의 판결은 포퓰리즘에 입각할 것으로 예상되어 법적 안정성에 심각한 타격을 가할 것으로 예상된다.

그러나 독일식의 명예법관제도를 도입하여 경제 문제를 상사법관들이 담당하도록 한다면, 이들은 사실과 법률을 모두 판단하기 때문에 법적 안정성을 확보하고 경제현실을 반영하는 판결을 내릴 수 있어 보다 효율적이고 합리적인 판결이 내려질 수 있을 것으로 생각한다.

따라서 현재 사법개혁위원회가 추진하고 있는 "국민의 사법참여"방안은 독일식의 명예법관제도가 모델이 되는 것이 우리 경제현실을 고려하여 볼 때에 바람직하다고 본다.

3. 공익소송제 도입

1) 의의

공익소송이 무엇인가 하는 점은 분명치 않으나 사개위의 논의 내용에 따르면 집단소송제와 징벌적 손해배상제의 복합적인 의미를 갖는 것으로 해석된다. 이와 관련하여 이미 1996년에 법무부 소속 민사특별법제정특별분과위원회에서 집단소송법안을 제출하는 등 나름대로 심도깊은 연구가 이루어진 바 있다.

그리고 2003년 사법개혁위원회가 공익법률시스템으로서 집단소송법과 징벌적 손해배상제도입을 본격적으로 논의하기 위해 추가 안건으로 채택한 바 있다.

이러한 공익소송제 도입의 논의의 배경은 불특정 다수가 대기업이나 국가 등의 위법행위로 인하여 손해를 입는 경우가 많은데, 현존하는 소송제로는 입증책임이나 소송비용 등의 문제 때문에 구제를 받지 못하는 경우가 많아 이를 개선하여야 한다고 시민단체나 개혁론자들이 주장하면서부터이다.

그러나 2005년부터 시행되는 증권관련집단소송법을 입법하는 과정에서 나타난 바와 같이 불특정 다수의 피해를 구제한다는 취지에서 만들어진 입법이라 할지라도 외국의 사례에서 보듯이 항상 남소의 문제가 제기되기 때문에 이에 대하여는 신중한 논의가 필요하다고 본다.

따라서 집단소송제와 징벌적 손해배상제도를 구분하여 그 내용과 문제점을 고찰하고 나름대로 합리적인 대안을 제시하는 것이 필요하다고 본다.

2) 집단소송제

(1) 개념 : 집단소송(class action; Verbandsklage)은 공통의 이익을 가진 집단의 구성원을 위하여 제소하거나 피소될 수 있는 소송형태를 말한다. 집단소송은 다른 명칭으로도 사용하는데 미국의 경우 집단소송 또는 대표당사자소송, 독일의 경우는 단체소송으로 보통 사용되고 있다.

현행 소송법상으로도 각자가 개별적으로 제기한 소를 법원의 재량으로 병합심리할 수 있는 병합심리제도도 있고(민사소송법 제131조), 피해자가 공동으로 제소하여 하나의 절차로 권리를 실현할 수 있는 공동소송제도도 있으며(민사소송법 제61조), 공동의 이익을 가지는 피해자가 다수 있는 경우 다른 피해자로부터 수권(선정)을 받아 소송수행권이 주어진 자가 제소하여 그 판결의 효과가 수권한 다른 피해자에게 미치는 선정당사자제도(민사소송법

제49조)도 있다.

이러한 제도들 가운데 선정당사자제도는 피해자 각자가 별도로 소를 제기하지 아니하고 선정된 자만이 당사자가 되어 하나의 소송에서 전피해자가 그 목적을 달성할 수 있다는 점에서 집단적인 일괄처리에 적당하다고 할 수 있다.

그러나 선정당사자제도에 의해서는 현대형 분쟁 예컨대 공해에 관한 분쟁, 약의 부작용에 관한 분쟁, 환경에 관련된 분쟁, 제조물책임에 관한 분쟁 등 분쟁당사자의 수는 많지만 개개인의 피해액은 소액인 경우가 많은 분쟁에 효과적으로 대처할 수 없다. 왜냐하면, 선정당사자제도는 개별적인 수권을 필요로 한다는 점에서 연락이 닿는 범위 내의 피해자에 한정되고 그렇지 않는 자를 위해서는 소송을 수행할 수 없으며, 각 피해자가 선정자로 참여하여 소송비용을 분담하여야 하는 단점이 있기 때문이다.

이와 관련하여 1996년 법무부의 민사특별법제정특별분과위원회가 작성한 집단소송법 시안 제1조에서 "이 법은 공통의 이익을 가진 다수인에게 피해가 발생하거나 발생할 염려가 있는 경우에 그 다수인을 위하여 그 중의 1인 또는 수인이나 법령이 정하는 단체가 그 다수인의 명시적인 의사에 의하지 아니하고 당사자가 되어 피해에 대한 원상회복·손해전보, 가해행위의 중지·예방, 위법의 확인, 의무이행 등을 구하는 소송을 제기하여 수행함으로써 다수인의 집단적 분쟁을 효율적으로 처리하기 위하여 민사소송법 및 행정소송법의 특칙을 규정을 목적으로 한다"고 규정한 바 있다.

즉, 현행법상 집단소송법과 관련한 입법인 증권관련집단소송법에서 구체적으로 보여주듯이 공통의 이익을 가진 다수의 자 중 1인이 소송을 제기하여 승소하면 그 기판력이 모든 당해 피해자에게 집단적으로 효력이 발생하는 것을 말한다.

다만 금번 주장되는 집단소송법은 증권 관련 분야만이 아니라, 소비자분쟁, 공해분쟁 등 전 분야에 걸쳐 그 파급효과가 매우 클 것으로 예상된다.

(2) **도입의 필요성** : 집단소송법 도입에 관한 의견서를 낸 참여연대의 견해10)에 따르면 "우리사회의 급속한 산업화와 사회환경의 복잡화로 인하여 소비자분쟁, 공해분쟁 등 집단적인 피해를 수반하면서도 피해의 입증이 용이하지 않은 현대적 분쟁이 빈발한 반면, 현행 민사소송제도로는 절차가 번잡하고 피해구제가 불충분하여 집단민원의 형태로 사회적 물의가 일어나고 있는 점을 감안하여, 이들 분쟁에 대하여 신속하고 적정한 사법적 해결의 방안으로서 집단소송제를 마련할 필요가 있다"고 하였다.

반면에 이러한 선정당사자주의 원칙에 따른 민사소송법의 기판력제도에 위배될 수 있는 가능성이 높을 뿐만 아니라, 소송이 남발되어 기업의 경영활동을 위축시킬 가능성이 높다는 부정적 견해들이 있다.

(3) **집단소송제의 문제점** : 집단소송은 스스로 소송을 제기할 자력이 없거나 소송을 제기하더라도 비용을 고려하여 볼 때에 실익 없는 불특정 다수의 피해자들을 용이하게 구제할 수 있다는 점에서 바람직한 면이 있다. 그러나 소비자분쟁이나, 공해분쟁의 경우 구체적인 피해액과 피해자를 확정하기 어렵기 때문에 대부분 소송이 최종판결이 나기 이전에 화해로 끝날 가능성이 높다. 그 이유는 피고인 기업의 입장에서는 집단소송의 제기만으로 그 위법성 여부를 떠나 기업에 미치는 부정적인 영향이 매우 크기 때문이다.

---

10) 참여연대, 시민의 사법참여에 관한 의견서, 참여연대 사법감시센터 자료실 34번, 2004.5.31.

따라서 피고인 기업의 입장에서는 억울하지만 소송을 속히 종결하는 게 필요하기 때문에 소송 중 화해로 끝날 가능성이 높다.

또한 피고인 기업의 위법사실이 명백한 경우에는 피해자 입장에서는 선정당사자주의 방식으로 피해를 구제받을 수 있는 현행 법제도가 존재하고 있다. 그럼에도 불구하고 집단소송제를 포괄적으로 인정하는 경우 결국, 원고측의 변호사에게 부담하는 비용만 증가하는 경우를 미국의 예를 통하여 잘 알 수 있다.

만약 사개위에서 집단소송의 모델을 독일식의 단체소송을 정하였다면, 이는 변호사뿐만 아니라 일반시민단체들 피해자들의 요청 없이도 공익을 위하여 소송을 제기할 수 있다는 점에서 매우 우려된다.

(4) 소결 : 이상에서 언급한 바와 같이 집단소송제란 현행 증권집단소송 이외에도 불특정 다수가 손해를 본 경우 그 중 1인이나 소수가 변호사의 조력을 받아 소송제기 후 승소 또는 화해를 한 경우 배상액을 분배하는 제도이다. 이는 자칫하면 우리사회 전반에 걸쳐 소송을 남발케 하고, 기업활동을 위축시킬 가능성들이 매우 높다. 따라서 이에 대한 심도 깊은 논의가 필요하다.

3) 징벌적 손해배상제도

(1) 의의 : 징벌적 손해배상이란 손해배상액을 정함에 있어 구체적 손해액뿐만 아니라 그 피해를 야기함으로 인하여 손해가 발생하였을 경우 억지력의 효과를 얻기 위하고 징벌적 의미를 가지고 금액을 합산하여 손해액을 산정하는 것을 말한다.

우리나라에서는 손해배상소송의 경우 구체적으로 입증된 손해액만을 배상액으로 정하는데, 미국의 경우 담배소송, 환경소송, 의

료소송 등에서 가해자가 다시는 그러한 불법행위를 하지 못하도록 고액의 손해배상금을 물리는 경우가 있는데 실로 그 액수가 엄청나 한번 그러한 소송에 휘말리면 기업 자체가 망하는 경우가 있다.

최근 사개위를 중심으로 징벌적 손해배상제도를 도입하고자 하는데 아직 구체적인 논의는 진행되고 있지 않다. 다만 이에 대한 도입 필요성에 대한 논의들이 있을 뿐이다.

(2) **도입의 타당성 검토** : 악의적인 의도를 가지고 불법행위를 하는 대기업이나 국가기관에 대한 억지효과를 얻기 위해서는 미국과 같이 고액의 손해배상책임을 부과하는 것이 필요할 수 있다.

그러나 1996년 미국의 연방대법원이 징벌적 손해액이 지나치게 과다하다는 이유로 위헌이라는 판결11)을 내리면서 징벌적 손해배상책임을 과하는 것에 대한 비판의 목소리가 높았다.

특히, 미국에서 징벌적 손해배상책임이 인정되는 경우로는 대부분 집단소송과 제조물 책임소송을 들 수 있다. 예를 들어 1981년 자동차의 설계상의 결함을 인정하여 미국 캘리포니아 주법원이 포드사에게 재산상의 손해에 대하여는 251만 6천달러를, 징벌적 손해배상액으로는 1억 2500만달러를 배상하라는 판결을 내린 바 있다.12)

이는 소액의 손해를 입었다 하더라도 악의적 의도가 있기만 하면 집단소송이나 제조물 책임소송에서 불특정 다수의 피해자들은 거액의 배상을 받을 수 있다는 것을 의미한다.

---

11) BMW of North America. Inc. v.Ira Gore, Jr.S. Ct., 1996.
12) 미국에서 1965년부터 1990년 사이에 제조물 책임소송에서 징벌적 손해배상이 이뤄진 것은 355건이라고 한다 : 김사길 / 변승남, 제조물 책임소송에서 징벌적 손해배상제도에 관한 연구, 『2002 대한산업공학회 추계학술대회 자료집』, 2면 참조.

1963년 미국의 캘리포니아 대법원이 Green v. Yuba Power Product 사건[13]에서 불법행위에 대한 엄격책임을 부과하였고, 1965년에 제2차 불법행위법(The Restatement of 2nd Tort Law, 1965)이 제정되면서 제조물 책임소송은 새로운 국면으로 접어든 바 있다. 그리고 1972년 소비자제조물안전법(Consumer Product Safety Act)이 시행되면서 본격적으로 제조물 책임소송으로 인하여 파산하는 기업들이 급증한 바 있다.

따라서 징벌적 손해배상제도가 기업들의 악의적 불법행위를 억지하는 제도라고 기대하는 것은 바람직하지 않으며, 아울러 기업활동의 위축 문제를 고려하여 볼 때에 바람직한 제도로 보기는 어렵다고 할 수 있다.

(3) 징벌적 손해배상제도의 법리적 검토 : 미국에서는 징벌적 손해배상과 관련하여 그 위헌성 여부를 놓고 많은 논란이 있었다. 앞에서 언급한 1967년 연방 제2항소법원의 Roginsy v. Richardson-Merrell 사건[14]에서 최초로 징벌적 손해배상과 관련하여 "기업에 대하여 과다하고 제한없이 징벌적 손해배상을 인정하는 것은 기업을 소멸케 하는 행위"라고 판시함으로써 징벌적 손해배상의 위헌성 논쟁이 시작된 바 있다.

징벌적 손해배상에 대한 위헌성 논란과 관련하여 쟁점이 된 것은 이중처벌금지조항 위반여부와 과도한 벌금의 금지조항 위반여부, 적법절차 조항 위반여부였다.

우선, 이중처벌금지조항 위반 여부와 관련하여 징벌적 손해배상은 악의적인 불법행위에 대하여 부과되는 것으로 민사상 불법행위 책임 외에도 형사처벌이 과해지는데 이는 미연방수정헌법 제5

---

13) Green v. Yuba Power Product Inc., S.C. of California, 24. 1. 1963.
14) 378 F. 3rd. 832, 2d. Cir., 1967.

조에서 언급한 이중처벌금지조항에 위반한다는 주장들이 있다. Murphy v. United States 사건에서 법원은 징벌적 손해배상을 부과하였음에도 다시 형사처벌을 가하였거나, 사후 징벌적 손해배상을 가할 때 형사처벌 사실을 고려하지 않는 것은 부당하다는 입장을 피력한 바 있다. 그러나 이에 대하여 대부분의 州는 형사처벌 이외에 징벌적 손해배상이 부과되더라도 이중처벌금지규정에 위반되지 않는다는 입장이었다.

그리고 미연방수정헌법 제8조의 과도한 벌금금지조항 위반과 관련하여 Ingraham v. Wright 사건15)과 In Palmer v. A. Robins 사건16)에서 상기의 조항은 형사적 제재에 있어서 잔인하고 비정상적인 처벌을 금지하기 위해 적용되어 왔으므로 이 조항은 오로지 형사처벌의 경우에만 적용되므로 징벌적 손해배상과 같은 민사처벌의 경우에는 위헌이 아니라는 판결을 내린 바 있다.

마지막으로 미국에서 징벌적 손해배상과 관련하여 가장 논란이 많이 되는 것은 적법절차 조항 위반여부였다. 즉, 징벌적 손해배상제도가 배심에게 부당한 재량권을 부여한 것으로서 미연방수정헌법 제14조의 적법절차에 위반되는 것은 아닌가에 대한 문제제기다. 이와 관련하여 연방법원17)은 적법절차는 어떠한 경우이든 법절차가 기본적인 공정성이라는 전통적인 관념에 부합한다든가, 공정성 및 적정성이라는 사회적 관념을 위배해서는 안된다는 입장을 피력한 바 있다.

(4) **소결** : 우리나라는 소비자들이 제조물로 인하여 입은 피해를 효과적으로 구제받을 수 있도록 하는 한편, 제조업자에게는 보다

---

15) 430 U.S. 651, 1977.
16) 684 P. 2d 187, Colo., 1984.
17) Honda Motor, Co., Ltd. v. Oberg., U.S., 114 S. Ct. 2331, 1994.

안전한 제품을 제조하도록 유도하기 위해 2000년 1월 제조물 책임법을 제정하였으며, 동법은 2002년 7월 1일부터 시행된 바 있다.

그러나 아직 우리나라에서는 동법을 적용하여 고액의 배상이 내려진 판결이 존재하지 않는다. 따라서 소비자보호차원에서 볼 때 제조물 책임법이 피해자 구제에 적합한 법률인지 여부에 대한 의문들이 제기되고 있다.

그러나 주요원인은 동법이 재산상의 손해만을 배상하도록 함으로써 미국과 같이 징벌적 손해배상제도가 존재하지 않기 때문이라고 사료된다.

이와 관련하여 2003년 발족한 사법개혁위원회가 최근 징벌적 손해배상제도 도입을 추진하고 있다.

만약 상기의 징벌적 손해배상제도가 도입되는 경우에는 우리나라에서도 제조물사고에 대한 손해배상액이 천문학적인 숫자에 이르러 해당 제조사의 존속을 어렵게 하는 상황이 전개될 수 있을 것으로 생각한다.

그 뿐만 아니라 2005년부터 시행되는 증권관련집단소송법에 따라 증권집단소송에 대하여도 징벌적 손해배상이 적용되면 우리나라에서 기업활동을 할 회사를 찾기란 매우 어려울 수 있다. 따라서 징벌적 손해배상제도의 도입에 대하여는 더욱 신중한 검토가 필요하다고 본다.

IV. 결어

최근 사개위를 중심으로 일고 있는 사법개혁은 나름대로 현행 사법제도의 문제점을 인식하고 이에 대한 개혁의 필요성을 역설하였다는 점에서는 바람직한 현상이라고 할 수 있다.

그러나 한 국가의 사법제도란 하루아침에 바꿀 수 있는 간단한 문제는 결코 아니다.

그럼에도 불구하고 사개위는 마치 "선개혁 후보완"이라는 기치를 내걸고 사법개혁을 추진하고 있는 듯하다.

그 예로, 법학전문대학원 설립결정과 관련하여 보듯이 무조건 총론만 만들어지면 각론은 당연히 도출될 것이라는 막연한 기대감을 갖고 개혁을 진두지휘하고 있다.

현재 추진 중인 사법개혁안은 그 범위가 실로 광대하여 2-30년의 준비기간도 부족할 것으로 예상된다.

특히, 우리경제와 관련하여 그 영향력이 지대할 것으로 예상되는 공익소송제도 입안은 증권관련집단소송법 제정과 같이 부작용을 고려함이 없이 사회적 여론을 집중시키고자 하는 현 여당의 포퓰리즘적 사고에서 출발한 졸속안이 아닌가 하는 의구심을 갖게 한다.

보다 현실적이고 구체적인 안을 설정한 후 이를 충분한 논의를 거친 후 개혁방안을 정하는 것이 현재 사개위가 해야 할 가장 큰 과제라고 할 수 있다.

탄핵의 법적 측면

복거일
(경제 평론가)

Ⅰ.

국회의 노무현 대통령에 대한 탄핵 소추는 예상보다 훨씬 큰 정치적 사건임이 드러났다. 그것은 다수 시민들의 거센 반발을 불렀고 이번 총선거에서 결정적 요인으로 작용했다. 노 대통령을 지지하고 탄핵에 반대한 정당들은 국회의 과반을 넘는 의석을 얻었지만, 노 대통령에 반대하고 탄핵 소추를 의결한 정당들은 몰락했다.

정치적 측면이 그렇게 부각되면서, 탄핵 소추에서 중심적 자리를 차지하는 법적 측면은 오히려 사람들의 관심을 덜 끌었다. "탄핵은 국회에 의한 쿠데타"라는 무지막지한 주장이 큰 호응을 얻는 상황에선, 법적 측면에 대한 차분한 논의가 이루어지기도 어려웠다.

총선거의 결과는 탄핵에 대한 우리 시민들의 생각을 잘 드러냈다. 따라서, 그런 생각이 어떤 과정을 거쳐서 나왔든, 탄핵은 정치적으로는 판결이 난 셈이다. 헌법재판소의 심판은 진행되겠지만,

헌법재판소의 법적 판결도 시민들이 내린 정치적 판결의 압도적 영향력에서 벗어날 수는 없을 터이다. 법원은 사회로부터 격리된 섬이 아니며, 법원의 판결은 사회의 정치적 자장으로부터 늘 영향을 받는다. 벌써 노 대통령을 지지하고 탄핵에 반대한 정당들은 탄핵의 '정치적 해결'을 주장하고 나섰다.

사정이 그러하므로, 탄핵의 법적 측면은 이제 실질적으로는 이론적 흥미만을 지닌 주제가 되었다. 그래도 그것은 일반시민들도 곰곰 살펴볼 만큼 중요한 일이니, 그것은 우리사회의 법과 정치적 체계에 관해서 중요한 함의들을 품었고 깊은 성찰의 실마리를 제공한다. 이 글은 총선거가 끝나면서 찾아온 비교적 차분한 사회 분위기 속에서 탄핵의 법적 측면에 관해서 이론적으로 되도록 깊이 고찰하려는 시도다.

Ⅱ.

탄핵 소추에 대해선 그동안 갖가지 비난들이 나왔다. 그것들의 대부분은 분명히 거칠고 비합리적이다. 그러나 그렇게 거칠고 비합리적인 비난들을 걷어내더라도, 다수 시민들이 탄핵 소추를 정당하지 못한 일로 받아들였다는 사실은 오롯이 남는다. 실은 국제적 여론도 그다지 다르지 않았고, 특히 외국 저널리스트들은 거의 모두 탄핵 소추에 대해 부정적 태도를 보였다. 따라서 왜 시민들이 그러한 인식을 지니게 되었는지 밝히고 그러한 인식이 법적 측면에서 정당한가 살피는 일은 긴요하다.

시민들의 마음에서 그런 부정적 인식을 낳은 가장 큰 요인은 노 대통령의 잘못과 그것에 대한 벌 사이에 커다란 불균형이 있는 것처럼 보인다는 점이다. 그의 잘못을 구성한 행위들 가운데 중심적이고 탄핵 소추의 직접적 사유가 된 것은 선거법 위반이다. 탄핵 소추의 나머지 사유들은, 즉 그의 측근들의 잘못들과 그의 국정 운영에서의 잘못들은, 일단 부차적 중요성을 지닌다. 그는 선거법을 그리 크지 않은 정도로 어겼고, 중앙선거관리위원회(선관위)가 그러한 위반을 지적했음에도 불구하고, 그런 위반을 계속할 뜻을 밝혔다. 따라서 그는 시민들의 일상활동과는 거리가 먼 법률 하나를 그리 크지 않은 정도로 어긴 것이다. 그러나 그런 잘못에 대한 벌은 대통령직의 상실이라는 아주 엄중한 것이다. 언뜻 보면, 이 경우엔 죄와 벌 사이에 커다란 불균형이 있는 듯하고 그런 불균형은 시민들의 정의감과 어긋난다.

다른 편엔, 국회가 법에 규정된 절차를 따라 법에 명시된 책무를 수행했다는 사실이 있다. 그런 행위가 어떻게 문제가 될 수 있는가? 혹시 문제의 뿌리는 헌법 자체에 있는 것은 아닐까?

사정이 이러하므로, 이 복잡하고 불투명한 문제에 대한 답변을 내놓으려면, 우리는 두 가지 사항들을 살펴야 한다.

1) 탄핵에 관한 헌법의 규정은 과연 헌법의 정신에 맞는가? 그래서 탄핵에 관한 규정은 헌법의 다른 규정들과 모순되지 않는가?

2) 노 대통령의 잘못은 과연 얼마나 심중한 잘못인가? 그것은 과연 탄핵 소추를 받아야 할 만큼 중대한 잘못인가?

III.

이 일을 위해선 우리는 법이 본질적으로 연역적 추리로 이루어 졌다는 사실에 주목해야 한다. 실제로 한 사회의 법은 '연역적 추 리의 체계'라 할 수 있다. 이것은 물론 아주 강한 진술이어서, 여 러 면들에서 한정되어야 한다. 실제로 법엔 연역적 추리만으로 접 근할 수 없는 부분들이 많다는 점을 지적하는 것은 어려운 일이 아니다. 그러나 연역적 추리가 '법적 추리(legal reasoning)'의 핵 심적 부분이며, 자연히, 법의 본질적 특질이라는 점만은 분명하다.

"그러나 법적 추리가 고전적 논리 규칙들로 환원될 수 없다고 말하는 것은 그것이 논리적 특질들을 지녔음을 부인하는 것은 아니다. 그것이 법적 규칙들 과 법적 판결들에 있어서 일관성을 추구한다는 것은 법적 추리의 특질이다. 일 관성의 그런 추구는 법은 그것의 지배를 받는 모든 사람들에게 동등하게 적용 되어야 하며 같은 사건들은 같은 식으로 결정되어야 한다는 믿음에 내재되었 다. 고대 그리스의 신탁들의 판결들까지도 감춰진 일관성을 반영한다고 믿어졌 다. 그것이 시간적으로도 연속성을 추구한다는 것 또한 법적 추리의 특질이다 그것은 전에 선언된 규칙들과 판단들로 구체화된 과거의 권위에 조회하고 안정 성을 유지할 수 있는 방식으로 사회적 관계들을 규제하려 시도한다.

(To say that legal reasoning cannot be reduced to the classical rules of logic is not, however, to deny that it has logical qualities. It is characteristic of legal reasoning that it strives toward consistency both of legal rules and of legal judgments; such a striving for consistency is implicit in the belief that law should apply equally to all who are subject to it and that like cases should be decided in a like manner. Even the judgments of the ancient Greek oracles were believed to reflect a hidden consistency. It is also characteristic of legal reasoning that it strives toward continuity in time; it looks to the authority of the past, embodied in

previously declared rules and decisions, and it attempts t regulate social relations in such a way as to reserve stability.)"
[해럴드 제이. 버먼(Harold J. Berman), <국제 사회과학 백과사전(International Encyclopedia of the Social Sciences)>, '법적 추론(legal reasoning)' 항목]

연역적 추리가 법의 본질적 특질이라는 사정은 다양한 형태로 법의 모습을 다듬어냈다. 한 사회의 법은 일관성이 있어야 하고 그것의 부분들이 서로 부딪쳐서는 안된다는 것은 보편적으로 받아들여진 원칙이다. 그런 일관성은, '선례구속의 원칙'에서 뚜렷이 드러나듯, 시간적으로도 지켜져야 한다. 하위법들은 상위법들로부터 연역적 추리를 통해서 도출되고 재판은 법에 바탕을 둔 연역적 추리를 핵심으로 삼는다는 사실에서 드러나듯, 법은 연역적 추리를 통해서 자신을 구체화하고 자신의 영역을 넓혀 나간다. 아울러, 헌법재판소의 위헌 심사와 같은 활동들에서 또렷이 드러나듯, 법은 연역적 추리를 통해서 자신의 일체성을 점검하고 유지한다. 법의 본질과 성격에 대한 서로 다른 이론들의 존재와는 관계없이, 이것은 모두 동의할 수 있는 법의 특질이다.

　　만일 연역적 추리가 제거된다면, 법은 가장 본질적인 특질을 잃을 것이다. 연역적 추리는 법과 공통점을 지닌 다른 것들과, 예컨대 관례, 사회적 규칙, 교훈, 금기, 행동규범, 관습, 습속, 유행, 용례, 관행, 절차, 습관 따위와, 법을 변별하는 궁극적 기준이 된다. 그리고 바로 이 점 때문에 입법이 그런 다른 것들보다 뒤에 나온 까닭이다. 연역적 추리는 사고의 질서에서 보다 높은 계층이다. 그리고 연역적 추리를 통한 일체성의 점검과 유지 없이는, 법은 건강을 유지할 수 없다.

Ⅳ.

　　연역적 추리 체계의 모범은 수학이다. 수학은 현실과 관련이 있는 연역적 추리 체계들 가운데 가장 순수하고 엄격하다. 둘 다 본질적으로 연역적 추리에 바탕을 두었으므로, 놀랍지 않게도, 법과 수학은 형태와 움직임에서 서로 비슷한 점들이 많다. 따라서 연역적 추리의 모범인 수학을 살펴서 법의 본질적 특질들을 드러내는 일은 뜻이 있다.

가장 널리 알려지고 연역적 추리가 두드러진 수학 체계는 유클레이데스 기하학이다. 현대 용어들을 쓰면, 그것은 원시용어들(primitive terms), 정의된 용어들(defined terms), 공리들(axioms) 그리고 그것들에서 연역적 추리를 통해서 도출된 정리들(theorems)로 구성된 체계다.

> "유클레이데스는 체계적인 연역적 형태로 기하학을 조직하고자 했으니, 그렇게 함으로써 그는 그의 증명들의 엄격함을 늘리고 또한 새로운 법칙들의 증명을 보다 수월하게 할 수 있었기 때문이다. 그러나 이것이 그의 동기의 전부였다고 하기는 어렵고, 분명히 그것은 현대에서 기하학의 공리화를 시도한 사람들의 동기의 전부는 아니다. 왜냐하면 유클레이데스와 그들은 목표가 그저 기하학의 특정 법칙들이 맞다는 것을 모든 합리적 의심의 여지가 없을 정도로 증명하는 것이었을 경우에 요구되는 것을 넘어선 정교함을 도입하기 때문이다. 또한 공리들과 정리들의 연역적 조직은 또 하나의 목적을, 즉 기하학의 법칙들을 우아하고 명쾌한 방식으로 제시해서 그것들 사이의 흥미로운 논리적 연결들을 예시한다는 목적에도 이바지한다. 수학적 사고의 전형적 특질인 이 추가적 목적은 때로 유클레이데스로 하여금 그의 독자들이 당연하다고 생각하는 것들을 증명하려고 애쓰게 만드는 것이다. 새로운 논리적 연결성의 이러한 발견은 공리화를 시도하는 현대 사람들로 하여금 그 주제의 보다 우아하게 경제적인 공리화를 추구하도록 만드는 것이다.
>
> (Euclid sought to organize geometry in a systematic deductive form because by doing so he could increase the rigor of his proofs and also make it easier to prove new laws. But this could hardly have been the whole of his motivation, and certainly it is not the whole motivation of modern axiomatizers of geometry. For Euclid and they introduce refinements going

beyond what would be called for, were the aim merely that of proving beyond all reasonable doubt that certain laws of geometry hold. The deductive organization of axioms and theorems also serves another purpose, that of displaying the laws of geometry in an elegant and perspicuous way, exhibiting interesting logical connections among them. This further purpose, so typical of mathematical thinking, is what makes Euclid sometimes take pains to prove things that his readers think obvious. This discovery of new logical connectedness is what impels modern axiomatizers to seek more elegantly economical axiomatizations of the subject matter.)"

[스티븐 바커(Stephen F. Barker), <수학철학(Philosophy of Mathematics)>]

위의 인용문에서 거듭 강조된 것처럼, 연역적 체계의 중심적 특질은 "논리적 연결성(logical connectedness)"이다. 그것을 잘 드러내기 위해서 체계의 공리화가 시도되었던 것이다. 연역적 체계의 모든 부분들은 논리적으로 서로 연결되었으며, 어느 한 부분의 타당성의 부족은, 그 부분이 아무리 사소한 정리일지라도, 체계 전체의 타당성에 대한 회의로 이어진다.

기하학이 전통적으로 고대 그리스 문명에서 공리적 체계로 발전한 것과는 달리, '수의 수학(mathematics of numbers)'이라 불려온 산수, 대수, 그리고 미적분과 같은 수학 분야들은 주로 바빌로니아 문명, 인도 문명 그리고 아라비아 문명에서 계산의 규칙들(rules of calculation)의 형태로 발전되고 전승되었다. 그래서 수의 수학이 공리적 형태로 조직되기 시작한 것은 아주 최근이다. 이일에서 선구적 업적을 남긴 이는 이탈리아 수학자 주제페 페아노(Giuseppe Peano : 1858~1932)인데, 그는 다섯 개의 공리들을 바탕으로 삼아 수의 법칙들을 공리적 형태로 조직했다. 그 뒤로 이일에서 많은 업적이 나와서, 이제는 여러 '형식화된 연역적 체계(formalized deductive system)'들이 존재한다.

V.

한 사회의 법은 본질적으로 '공리화된 연역적 체계(axiomatized deductive system)'다. 그것의 핵심적 부분인 헌법은, 제임스 뷰캐넌(James A. Buchanan)과 고든 툴록(Gordon Tullock)이 <동의의 계산장치(The Calculus of Consent)>에서 명쾌하게 정의한 것처럼, "미리 합의되고 뒤따르는 행동들이 그 안에서 이루어지는 규칙들의 조합(a set of rules that is agreed upon in advance and within which subsequent action will be conducted)"이다. 그래서 이상적으로는, 헌법은 원시용어들, 정의된 용어들 그리고 공리들로 이루어진다. 그리고 주변적 부분인 법률들과 다른 하위법들은 그러한 원시용어들, 정의된 용어들 그리고 공리들에서 연역적 추리를 통해서 도출된 정리들로 이루어진다. 현실적으로는, 물론 헌법이 그렇게 깔끔한 모습을 할 수는 없다.

법의 이런 특질에 주목해서 체계적 설명을 내놓은 사람은 켈젠(Hans Kelsen)이다. 현대에서 법 이론에 가장 큰 영향을 미친 이 위대한 법학자는 자연과학 철학에서 깊은 영향을 받았고 그 성과를 법 이론에 도입하려 애썼다. 자연스럽게 그는 법이 연역적 체계의 구조를 지녔다는 점에 주목했다.

  "[고도로 단순화된 이 입법 모형은] 법들이 법들의 창조를 규제한다는 켈젠의 입장을 보여준다. 그의 표현을 쓰면, 한 법은 다른 법(또는 법들)으로부터 그것의 타당성을 도출한다. 그래서 한 법적 체계의 법들은 위계구조를 이루고, 보다 낮은 법적 표준의 타당성은 보다 높은 법적 표준에 대한 호소로, 즉 전자의 내용이 후자를 따르거나 전자의 창조가 후자에 의해 인정되었기 때문이라는 식으로, 정당화된다.

  ([This highly simplified model of lawmaking] illustrates Kelsen's position that laws regulate the creation of laws. A law, as he puts it, derives its validity from another law(or laws). The laws of a legal system thus form a hierarchical structure, and the validity of a lower legal norm is justified by appeal to a higher legal norm, either because the content of the former conforms to the latter or because the creation of the former is authorized by the latter.)"

[마틴 피. 골딩(Martin P. Golding), <법 철학(Philosophy of Law)>]

이런 호소의 과정은 무한 소급(infinite regression)으로 이끈다. 무한 소급은 사회를 자유로운 개인들의 계약이라는 관점에서 살피는 사람들이 필연적으로 만나는 문제다. "자유로운 사람들로 이루어진 사회의 정치적 조직(political organization of a society of free men)"이라는 문제에 경제학적 방법론으로 접근한 뷰캐넌과 툴록은 이 문제의 다른 방법론적 측면에 언급했다.

> "합리적 개인들의 이런 헌법적 선택들이 어떻게 결합되는가 하는 문제는 고려되지 않았으니, 여기서 우리는 무한 소급을 만나기 때문이다. 헌법적 문제들에 관한 개인적 결정들이 결합되려면, 어떤 규칙들이 마련되어야 한다. 그러나 그렇다면, 누가 이 규칙들을 고르는가? 등등. 우리는 이 논점을 옆으로 밀어놓고, 별다른 설명 없이, 우리가 헌법적이라고 부르는 이 궁극적 단계에선 전원일치의 규칙이 시행된다고 가정하기로 한다.
> (The question as to how these constitutional choices of rational individuals might be combined has not been considered, for here we confront the infinite regression […]. For individual decisions on constitutional questions to be combined, some rules must be laid down; but, if so, who chooses these rules? And so on. We prefer to put this issue aside and to assume, without elaboration, that at this ultimate stage, which we shall call the constitutional, the rule of unanimity holds.)"
> [동의의 계산장치]

따라서 켈젠의 이론에 따르면, 어느 단계에선 궁극적 권위를 지닌 법적 표준이 나와야 한다. 켈젠은 그런 궁극적 권위를 법 밖에서 찾았다.

"헌법의 타당성을 찾는 일에서, 그것 자체가 모든 다른(보다 낮은) 표준들이 도출되는 가장 높은 법적 원천이므로, 우리는 그것이 어떤 보다 높은 법적 원천에서 도출될 수 없음을 발견한다. 만일 가장 높은 법적 표준의 타당성이 또 하나의 법적 표준으로부터 도출될 수 없다면, 그것은 비 법적 표준에서, 또는 켈젠이 '기본적' 표준이라 부른 것에서, 도출될 수밖에 없다. 이 기본적 표준은 타당하다고 전제되었지만 그것 자체는 실증적 법의 표준이 아니다. 짧게 얘기하면, 기본적 표준은 행위는 헌법에 맞아야 한다고 규정한다. 그런 전제된 표준이 헌법에 타당성을 부여하지 않는다면, 표준은 또 하나의 표준에서만 도출될 수 있으므로, 후자는 법적 성격이 없을 것이고 헌법 밑의 입법적, 사법적, 그리고 행정적 표준들도 법적 성격이 없을 것이다. 그래서 기본적 표준은 법적 질서에 단일성의 원칙을 제공한다.

(In trying to discover the validity of the constitution, we find that it cannot be derived from any higher legal source since it is itself the highest legal source from which all other (lower) norms are derived. If the validity of the highest legal norm cannot be derived from another legal norm, it can only be derived from a nonlegal norm, or 'basic' norm, as Kelsen called it. This basic norm is presupposed to be valid but is not itself a norm of positive law. In brief form, the basic norm prescribes that conduct ought to be in accord with the constitution. Without such a presupposed norm conferring validity upon the constitution, the latter would have no legal character and the norms below the constitution legislative, judicial, and executive would have no legal character either, since a norm can be derived only from another norm. The basic norm thus supplies the legal order with a principle of unity.)"
[윌리엄 에벤쉬타인(William Evenstein), <국제 사회과학 백과사전>, '한스 켈젠(Hans Kelsen)' 항목]

켈젠은 '기본적' 표준이 법적 표준의 연원이 되는 근거와 과정에 대해서 자세하게 설명하지 않았다. 그러나 그가 뷰캐넌과 툴록이 '전원일치'를 궁극적 기준으로 상정한 것과 비슷한 과정을 상정했음은 분명하다. 어쨌든, 켈젠은 법체계는 궁극적으로 공리들의 위상을 지닌 '기본적' 표준으로부터 도출되는 체계라고 보았다.

켈젠의 법체계 모형을 살피면, 그것이 구조와 논리에서 수학적 체계와 아주 비슷하다는 점이 이내 눈에 들어온다. 사람들이 법을 연역적 체계로 다듬어내려고 애써온 것이 그래서 조금도 이상하지 않다.

> "법은 많은 법적 규칙들과 교리들의 형성 및 그것들을 사법적 추론에 의해서 더욱 정교하게 만드는 일에서 많은 주목할 만한 개념들을 예컨대, 재산, 인간들, 사생활, 권리들, 의무들, 계약, 그리고 인과관계와 같은 것들을 사용한다. 법철학의 분석적 측면의 고전적 문제들 가운데 하나로 법리학에 관한 저술들에서 자세하게 다루어진 것은 법에서 사용되는 개념들을 가운데 어떤 것 들이 다른 것들로 환원될 수 있는 범위와 다양한 개념들이 사법적 추론에서 논리적으로나 기능적으로 다른 것들과 연결된 방식에 관한 것이었다.
>
> (The law employs many notable concepts in its formulation of legal rules and doctrines and in their further elaboration by judicial reasoning for example, the concepts of property, persons, privacy, rights, duties, contract, and causation. One of the classic problems of the analytic side of legal philosophy, and one that is given extensive treatment in works on jurisprudence, concerns the extent to which certain of the concepts employed in law are reducible to others and how various concepts employed in law are reducible to others and how various concepts are logically or functionally related to others in judicial reasoning.)"
>
> [마틴 피. 골딩, <법 철학>]

위의 인용문은 실제로 법학자들이 적극적으로 '공리화된 연역적 체계'를 이루려고 애써 왔다는 사실을 잘 보여준다. 법이 구체적 사항들을 다루는 역사적 산물이므로, 특히 법적 기구들을 규정해야 하므로, 법은 수학처럼 순수한 연역적 체계의 모습을 지닐 수는 없다. 그러나 그런 사정이 연역적 추리가 법의 생성과 적용에서 가장 본질적이고 중요한 논리고 법이 본질적으로 형식화된 연역적 추리의 체계라는 사실을 부정하는 것은 아니다.

"[법체계와 그것의 사회 환경 사이의 관계들의 유형들에서] 넷째 범주는 법철학에서 가장 높이 평가될 뿐 아니라 가장 복잡한 것이다. 법체계들이 어떤 영역들에선 독립이 허용될 만큼 충분히 격리되었지만 사회의 다른 분야들의 필요들에 대한 적응적 반응을 막을 만큼 보호되지 않았을 때, 그것들은 '부분적으로 독립적'이라 불릴 수 있다. 부분적 독립의 '이상적' 형태는 '절차적 독립'이다. 이 경우, 격리 장치들은 법체계의 일상적 움직임과 해석적 과정을 보호하지만 체계를 입법부와 조직된 여론에 의해 일반적 정책들로 꾸며진 사회적 이익들에 반응하지 않도록 만들지 않는다. 절차적 독립이라는 개념은 사법적 과정이 순수하게 기계적이거나 논리적일 수 있다는, 이제는 의심받는 생각과 혼동되어선 안된다. 미국의 정치학과 법적 사실주의는 법적 판단들이 필연적으로 대안적 정책들의 선택들을 포함한다는 것을 효과적으로 보여주었다. 자율성과 절차적 독립 사이의 차이는 후자의 경우 재판관들이 법체계 밖에서 연유한 정책 전제들에 반응적이라는 것이다.

(The fourth category [in the types of relations between the legal system and its social environment] is the most complicated, as well as the most highly prized, in legal philosophy. Legal systems may be called 'partially independent' when they are sufficiently insulated to permit independence in some spheres but not so protected as to prevent adaptive responses to the needs of other sectors of the society. The 'ideal' form of partial independence is 'procedural independence'. In this case, insulating mechanisms protect the day-to-day operation of the legal system and the interpretive process but do not make the system unresponsive to social interests, as formulated into general policies by legislatures and organized public opinions. The concept of procedural independence must not be confused with the discredited idea that the judicial process can be purely mechanical or logical. American political science and legal realism have effectively shown that legal decisions necessarily involve choices between alternative policies. The difference between autonomy and procedural independence is that in the latter case adjudicators are responsive to policy premises originating outside the legal system.)"

[레온 메이휴(Leon Mayhew), <국제 사회과학 백과사전>, '법 : 법체계(Law : The Legal System)' 항목]

이것은 부당한 비판이다. 법적 추리의 핵심이 연역적 추리며 법체계는 연역적 추리의 체계를 지향한다고 주장한 사람들 가운데 "사법적 과정이 순수하게 기계적이거나 논리적일 수 있다"고 주장한 사람들은, 만일 있었다면, 극소수였을 것이다. 현실의 법체계들 가운데 공리화된 연역적 추리의 체계라는 이상에 가까이 간 경우는 없었고 앞으로도 그러할 터이다. 그런 이상에 가까이 가려면, 법체계는 완전성과 일관성을 아울러 갖추어야 한다. 그것이 논리적으로나 현실적으로나 불가능하다는 것은 누구에게도 분명하다.

공리화된 연역적 추론의 체계라는 이상에 가장 가까이 갈 수 있는 수학에서도 완전성과 일관성을 아울러 갖출 수 없다는 것이 이미 오래 전에 증명되었다.

"조합론에서의 역설들의 발견은 간단하고 자명적으로 옳은 것처럼 보였던 기본원칙들에도 숨겨진 모순이 들어있을 수 있음을 보여주었다. […] 이 상황을 맞자, [독일 수학자] 힐베르트는 일관성과 같은 문제들을 조사하는 새로운 방법을, 뒤에 메타 수학이라 알려지게 된 방법을, 제안했다. […] 힐베르트의 메타 수학 방법은 일관성만이 아니라 완전성을 조사하는 데에도 알맞았다. 힐베르트와 [20세기 초엽의] 다른 수학자들과 논리학자들은 자신있게 희망했다, 수학의 각 분파를 일관되고 완전함이 증명될 수 있는 공리적 체계의 형태로 발전시키는 것이, 또는, 더욱 낫게도, 수학 전체에 대해서 일관되고 완전함이 증명될 수 있는 단일화된 체계로 발전시키는 것이 가능함이 궁극적으로 밝혀지리라고. 이 매력적이고 그럴 듯한 기대는 1931년에 괴델의 작업에 의해 결정적으로 무너졌다. 메타 수학적 추론의 교묘한 연쇄를 이용해서, 괴델은 가장 중요한 종류의 체계들에선 일관성은 완전성과 양립할 수 없음을 보일 수 있었다. 그런 체계는, 만일 일관되면, 필연적으로 불완전하게 마련이다.

(Discovery of paradoxes in set theory showed that concealed contradiction could be contained even in basic principles which had seemed simple and self-evidently correct. […] Faced with this situation, Hilbert proposed a new method for investigating questions such as consistency, a method which has come to be known as meta-mathematics. […] Hilbert's meta-mathematics

method is appropriate for investigating completeness as well as consistency. Hilbert, and other mathematicians and logicians of the earlier part of this century, confidently hoped that it would eventually prove possible to develop each branch of mathematics in the form of an axiomatic system that could be shown to be both consistent and complete; or, better still, to develop one unified system for the whole of mathematics, which could be shown to be both consistent and complete. This attractive and plausible expectation was decisively destroyed by the work of Godel in 1931. By an ingenious chain of meta-mathematical reasoning, Godel was able to demonstrate that for systems of the most important kind, consistency is incompatible with completeness. Such system, if consistent, must necessarily be incomplete.)"
[스티븐 바커, <수학 철학>]

따라서 결론은 이렇다. 한 사회의 법체계는 본질적으로 '공리화된 연역적 체계'며 그것의 부분들 사이엔 그리고 부분들과 전체 사이엔 '논리적 연결성'이 있다. 자연히, '논리적 연결성'은 법체계의 중심적 특질이다.

VI.

이제 우리는 위에서 제기된 물음들을 살필 만한 이론적 틀을 갖추었다. 첫째 물음은 '탄핵에 관한 헌법의 규정은 과연 헌법의 정신에 맞는가? 그래서 탄핵에 관한 규정은 헌법의 다른 규정들과 모순이 되지 않는가?'이다.

탄핵(impeachment)은 주로 영국법의 전통을 따르는 사회들에서 재임 중의 부정행위(misconduct in office)로 기소된 공무원을 그 직책에서 물러나게 하는 의회의 소송(proceeding)이다. 탄핵은 탄핵 소추와 그것에 따른 심판을 포함한다.

우리 헌법은 미국 헌법을 모형으로 삼아 만들어졌다. 미국 헌법은 가장 오래된 성문 헌법이고 역사상 가장 성공적으로 운용된 헌법들 가운데 하나다. 그리고 가장 많이 연구되었고 그 원리가 가장 잘 밝혀진 헌법이기도 하다. 우리 헌법의 탄핵에 관한 규정도 미국 헌법의 그것을 상당히 충실하게 따랐다.

미국 헌법은 "하원만이 탄핵 소추에 대한 권한을 보유한다(The House of Representatives … shall have the sole Power of Impeachment)" 그리고 "상원만이 모든 탄핵 소추를 심판할 권한을 보유한다(The Senate shall have the sole Power of try all Impeachment)"고 규정했다. 아울러, "대통령, 부통령, 그리고 모든 공무원들은 반역, 증수회, 또는 다른 대죄들과 경죄들에 대해서 탄핵 소추를 받고 유죄판결을 받으면 직에서 파면된다(The President, Vice President and all civil Officers … shall be removed from Office on Impeachment for, and Conviction of, Treason, Bribery, or Other High Crimes and Misdemeanors)"고 규정했다.

탄핵제도의 성격과 필요성 그리고 그것에 대한 비판은 다음의 설명에 잘 요약되었다.

> "탄핵 절차에 대해 제기된 주요비판은 그것이 거추장스럽고 시대착오적이라는 것이었다. 탄핵 심판은 상원 전체가 16일에서 6주에 이르는 기간 동안 그것에만 매달리게 하고, 증언들은 수천 페이지를 채우고 서로 부딪치고 문제적인 정치적 압력들을 끌어들인다. 그러나 그 절차를 수정하려는 국회의 거듭된 시도들은 한결같이 실패했다. 변화에 대한 저항은 탄핵이 견제와 균형이라는 미국적 체계의 없어선 안될 부분으로 여겨진다는 사실에 의해 부분적으로 설명된다.
>
> (The principal criticism directed at the impeachment process is that it is cumbersome and anachronistic. An impeachment trial occupies the entire

senate for from 16 days to six weeks, fills thousands of pages of testimony and involves conflicting and troublesome political pressures. Repeated attempts in congress to amend the procedure, however, proved uniformly unsuccessful. A partial explanation of the resistance to change is the fact that impeachment is regarded as an integral part of the U.S. system of checks and balances.)"
[<브래티니커 백과사전>, '탄핵(Impeachment)' 항목]

'견제와 균형(checks and balances)'은 물론 권력의 분립을 통해서 이루어진다. 실제로 권력의 분립은 미국 헌법의 기본적 틀이다.

"헌법의 틀을 짠 사람들은 정부의 압제를 피하는 단 하나의 길은 입법, 행정 및 사법의 권력을 별개 부서들에 배정하는 것이라는 주장을 도전받을 수 없는 격언으로 받아들였다. 이것을 헌법은 모든 입법권은 국회에 있다고 선언하고 행정권은 대통령에게 있다고 규정하고 사법권은 법원에 부여하는 이른바 분배 조항들에서 수행한다. 권력의 분립은 정부의 온당한 조직에 관한 정치 이론일 뿐 아니라 헌법적 법의 교리이기도 하다.

(The framers of the constitution accepted it as an unchallengeable maxim that the only way to avoid governmental tyranny is to put the legislative, executive and judicial powers in separate departments. This the constitution does in the so-called distributive clauses, declaring that all legislative powers shall be vested in the congress, stating that the executive power shall be vested in a president and placing the judicial power in the hands of the courts. The separation of powers is not only a political theory about the proper organization of government but also a doctrine of constitutional law.)"
[<브리태니커 백과사전>, '헌법 및 헌법적 법(Constitution and Constitutional Law)']

요약하면, 탄핵은 미국 헌법의 기본적 교리인 '권력의 분립을 통한 견제와 균형'을 위한 장치들 가운데 하나다. 따라서 우리 헌법의 탄핵 규정은 미국 헌법과 같은 논리를 따르는 우리 헌법의 근본적 이념에 맞을 뿐 아니라 필수적 장치이기도 하다. 게다가 우리사회에선 여러 역사적 요인들 때문에 대통령에의 권한 집중이 미국에서보다 훨씬 심각하고 위험하다. 자연히, 대통령의 권한에 대한 견제와 균형은 우리 헌법에서 훨씬 더 중요하고, 탄핵이라는 견제 장치도 훨씬 중요할 수밖에 없다.

실은 우리 헌법의 탄핵에 관한 규정은 미국 헌법의 그것보다 훨씬 합리적이다. 탄핵 소추의 심판을, 미국처럼 의회의 한 부분인 상원에 맡기는 대신, 헌법재판소에 맡김으로써, 우리 헌법은 미국 헌법의 탄핵 규정이 안은 심각한 문제들을 원천적으로 해소했다.

첫째, 탄핵 심판에 대한 정치적 영향을 크게 줄였다. 의회의 한 부분인 상원은 정치가들로 이루어진 기관이므로, 탄핵 심판에서 어쩔 수 없이 정치적 영향을 크게 받지만, 사법부의 한 부분인 헌법재판소는 정치적 영향을 훨씬 덜 받는다. (미국의 경우, 상원 의장인 부통령이 탄핵 심판을 주재한다. 그러나 탄핵의 대상이 대통령이면, 부통령 대신 대법원장이 심판을 주재한다)

둘째, 탄핵 심판에 필요한 법 지식이 제대로 제공된다. 탄핵 심판은 본질적으로 형사소송이므로, 정치가들인 상원의원들이 탄핵을 심판하기는 아무래도 어렵고 전문적 법관들로 이루어진 헌법재판소에서 심판을 맡는 것이 보다 합리적이다.

셋째, 공정한 심판에 도움이 되는 환경을 제대로 마련할 수 있다. 탄핵의 심판을 위헌 소송들을 전담하는 헌법재판소에 맡김으로써, 우리 헌법은 미국 탄핵제도에 대한 주된 비판인 상원 업무에 대한 압박을 없앴다. 아울러 탄핵 소추를 받은 사람들이 그런 사정 때문에 사직하라는 정치적 압력을 받을 여지를 줄였다. 미국의 경우, 상원에 의한 탄핵의 심판이 워낙 어렵고 복잡한 절차이므로, 보다 실제적인 해결책이 출현했으니, 조사를 받는 공무원은 일반적으로 사직하고 그런 사직으로 소송들이 종결되곤 한다.

VII.

첫째 물음에 대한 답변은 이처럼 긍정적이다. 둘째 물음에 대한 답변은 어떠한가? 노 대통령의 잘못은 과연 얼마나 심중한 잘못인가? 그것은 과연 탄핵 소추를 받을 만큼 중대한 잘못인가?

노 대통령의 핵심적 잘못은 선거법을 어긴 것이다. 선거법 위반 여부는 선관위가 판단하는데, 그 기구의 판단은 노 대통령이 실제로 선거법을 위반했다는 것이었다.

이러한 잘못과 관련된 헌법의 규정은 "대통령. 국무총리. 국무위원. 행정각부의 장. 헌법재판소 재판관. 법관. 중앙선거관리위원회 위원. 감사원장. 감사위원 기타 법률이 정한 공무원이 그 직무집행에 있어서 헌법이나 법률을 위배한 때에는 국회는 탄핵의 소추를 의결할 수 있다"이다. 대통령은 선거를 실제로 관장하는 행정부를 이끈다. 따라서 노 대통령은 명백히 '직무집행에 있어서 법률을 위배한' 것이고, 따라서 국회의 탄핵 소추 의결은 적합한 사안에 대해서 적절한 절차를 따라 의결을 한 셈이다. 선거법이 시민들의 일상생활과 거리가 먼 법이고, 그것을 위반한 정도가 가볍고, 탄핵을 통한 대통령직의 박탈이 잘못에 비겨 너무 무거운 벌이라는 시민들의 판단은 이런 사정에 실질적 영향을 미칠 수 없다.

이렇게 보면, 둘째 물음에 대한 답변도 긍정적일 수밖에 없다. 노 대통령의 잘못은 탄핵 소추를 받을 만큼 심중한 것이었다.

VIII.

그러나 노 대통령의 행위엔 거의 언급되지 않으나 중요한 뜻을 지닌 부분이 또 하나 있다. 선관위가 그에게 그의 행위가 불법임을 통보한 뒤에도, 그는 선관위의 그러한 통보의 권위를 무시하고 계속 전처럼 행동하겠다는 뜻을 밝혔다. 처음엔 선관위의 통보가 "단순한 의견의 표시"라는 주장을 폈다가, 선관위의 판단이 법적 판정이라는 것이 밝혀진 뒤에는 그러한 주장을 슬그머니 거두었고, 야당의 사과와 재발 방지 요구엔 끝내 응하지 않아서, 국회의 탄핵 소추를 불가피하게 만들었다. 따라서 그는 무지나 실수로 한 차례 법을 어긴 것이 아니라 자신의 판단을 앞세워서 앞으로도 계속 법률을 어기겠다는 의사표시를 한 것이다.

이것은 단순한 법률의 위반보다 훨씬 무거운 잘못이다. 그것은 법률의 정당성을 부인한 행위다. 선관위의 판단을 따르는 대신, 그는 자신의 판단을 앞세웠다. 위에서 살핀 것처럼, 한 사회의 법은 '형식화된 연역적 체계'며 그것의 부분들 사이엔 '논리적 연결성'이 있으므로, 법의 어떤 부분의 정당성을 부인하는 것은, 그것이 아무리 사소한 부분일지라도, 법 전체의 정당성을 부인하는 것이다. 어떤 정리의 타당성에 대한 부인은, 그것이 아무리 사소한 정리일지라도, 필연적으로 그것의 논리적 원천인 공리들의 타당성에 대한 부인으로 이어지고 궁극적으로는 수학 체계 전체의 타당성에 대한 부인으로 이어지는 것과 마찬가지로, 선거법이라는 법률의 정당성에 대한 부인은 필연적으로 그것의 논리적 원천인 헌법의 정당성에 대한 부인을 낳고 궁극적으로는 우리사회 법체계 전체의 타당성에 대한 부인을 낳는다.

여기서 결정적 중요성을 지니는 요소는 대통령은 보통 공무원

이 아니라는 사실이다. 대통령 중심제에서 대통령은 권력이 집중
되는 직책이다. 그는 법의 집행에서 궁극적 권한과 책임을 지닌
공무원이다. 그리고 제69조의 "대통령은 취임에 즈음하여 다음의
선서를 한다. '나는 헌법을 준수하고…'"라는 규정을 통해서, 헌법
은 대통령이 헌법의 수호자임을 명시적으로 밝혔다. 따라서 그는
궁극적인 '법적 행위자(jural agent)'이고 그의 모든 행위들은 본질
적으로 '법적 행위(jural activity)'들이다. 그리고 바로 그 사실이
선거법의 정당성을 부인한 노 대통령의 행위를 대한민국의 법의
정당성에 대한 심중한 도전으로 만든다.

> "법적 행위의 개념과 법적 행위자의 개념은 어떤 면들에서 상관적이다. 어떤
> 행위를 법적 행위의 경우로 파악하려면, 그것이 적절한 종류의 행위이어야 한
> 다. 그것은 법을 강제하거나, 법의 위반 여부를 결정하거나, 법을 만들거나 바
> 꾸거나 분쟁을 해결하는 사람에 의해 행해지는 종류의 행위이어야 한다. […]
> 둘째, 법적 행위자는 적절한 행위들을 하는 사람이다. 그러나 그를 법적 행위자
> 로 만들고 그의 행위들을 법적 행위들로 만드는 것은 사회에서의 그의 권위적
> 지위다.
>
> (The concepts of jural activity and jural agency are in some respects
> correlative. In order to identify some act as an instance of a jural activity, it
> must be an act of an appropriate sort. It must be the kind of act that would
> be engaged in by someone who is enforcing a law, determining an infraction
> of a law, making or changing a law, or settling a dispute. […] Secondly, a
> jural agent is someone who engages in the appropriate activities. But what
> makes him a jural agent, and his acts jural activities, is his authoritative
> status in the society.)"
> [마틴 피. 골딩, <법 철학>]

우리사회에서 대통령은 가장 "권위적(authoritative)" 지위를 지
녔다. 위의 인용문이 밝힌 것처럼, 그러한 지위는 대통령을 궁극
적인 '법적 행위자'로 만들고 그의 행위들을 모두 '법적 행위'들로

만든다. 이 점에서 대통령은 보통 시민과, 심지어 보통 공무원과, 본질적으로 다르다. 대통령이 궁극적 '법적 행위자'라는 사실은 노 대통령의 사소한 잘못이 결코 사소하지 않다는 것을 가리킨다.

탄핵은 '견제와 균형'이라는 헌법의 기본적 틀에서 나온 제도이며, 그것의 가장 중요한 목적은 범행의 '억제(deterrence)'다. 그래서 "사소한 범죄들은 엄중한 벌들을 받아서는 안된다(Trivial crimes do not deserve severe penalties)"는 명제가 실은 동어반복(tautology)이라는 벤(S. I. Benn)의 주장은 탄핵과 관련된 논의에서 유난히 큰 적절성을 지닌다. 즉, 어떤 범행의 "심각함(seriousness)"과 "사소함(triviality)"은 그것들을 억제하기 위해 우리가 기꺼이 가하려는 고통과 상관적으로 정의된다는 얘기다. 큰 권력을 쥔 공무원들의 범죄들을 억제하기 위해선 사람들은 기꺼이 상대적으로 무거운 벌을 주려 하며, 그것이 많은 나라들의 헌법에 탄핵이라는 제도가 마련된 까닭이다. 대통령이 우리사회의 가장 권위적 직책으로 남아 있는 한, 그래서 그가 궁극적인 법적 행위자로 남아 있는 한, 그의 범행은 어느 것도 사소할 수 없다. 그리고 그런 범행을 억제하기 위해 우리가 기꺼이 가하려는 벌도 사소한 것일 수 없다.

사정이 그러하므로, 탄핵에 관한 논의에선 범죄의 크기와 벌의 크기 사이에 "도덕적 상응(moral fit)"이 있어야 한다는 생각은 부차적 중요성을 지닐 수밖에 없다. 원래 탄핵이라는 제도가 권력을 쥔 고위 공무원들의 권력남용을 억제하기 위해서 도입되었기 때문이다.

노 대통령의 선거법 위반은 시민들의 삶에서 거리가 먼 법률을 그리 크지 않은 정도로 어긴 것이다. 그래서 그의 잘못은 사소한 것처럼 보인다. 그러나 그것은 무지나 실수에 의한 일회성 위반이 아니라 선관위에 의해 선거법 위반이라는 판정을 받은 행위를 계속하겠다는 의사표시를 동반한 위반이었다. 아울러 대통령이라는 궁극적인 법적 행위자의 행위였으므로, 그것은 법적 행위의 성격을 짙게 띠었다. 이 두 사실이 겹치면서, 노 대통령의 불법행위는 대한민국 법 전체의 정당성에 대한 부인과 도전이 되었다.

IX.

　노 대통령이 저지른 잘못은 아주 작은데 그 잘못에 대한 벌은 아주 심중한 것처럼 보인다. 일반적으로, 사람들은 범죄의 크기와 벌의 크기는 걸맞아야 한다고 믿는다. 그런 "도덕적 상응"은 사람들의 직관에 딱 맞는다. 그래서 많은 시민들이 이번 탄핵 소추에 대해 강한 거부감을 드러낸 것은 자연스러운 현상이다. 그러나 보통사람들의 직관에 어긋나는 일이 늘 그른 것은 아니다. 위에서 살핀 것처럼, 탄핵에 관한 우리 헌법의 규정은 헌법의 정신과 논리적 일체성에 맞고 실제로는 필수적인 제도다. 아울러 노 대통령의 잘못은 보기보다는 훨씬 심중하니, 그의 행위는 본질적으로 대한민국 법 전체의 정당성에 대한 부인과 도전이었다. "악법은 지키지 않아도 된다"는 취지의 발언들을 그가 여러 차례 했다는 사실은 그러한 해석의 타당성에 다시 무게를 더해준다.

　사정이 그러하므로, 이번 탄핵 소추의 법적 측면에 대한 논의는 우리사회의 법에 대한 깊이 있는 분석과 성찰이 나올 만한 마당이었다. 그러나 총선거와 맞물려 탄핵의 정치적 측면이 워낙 부각되다 보니, 법적 측면에 대한 논의는 아주 빈약했고, 총선거에서의 결과로 정치적 판정이 내려진 터라, 이제 현실적으로는 이론적 흥미만을 지닌 주제가 되었다. 아쉬운 일이다.

X.

위의 글은 총선거가 끝난 뒤 '자유기업원'의 홈페이지에 발표되었다. 이어 5월 14일에 헌법재판소는 탄핵 소추를 기각했다.

아주 짧게 요약하면, 헌법재판소의 판결 내용에서 지적된 노 대통령의 잘못은 아래와 같다.

(1) 대통령의 특별 정당 지지 행위의 선거법 위반 여부 : 선거법 위반.
(2) 선관위의 선거법 위반 결정에 대한 대통령의 행위의 헌법 위반 여부 : 헌법 수호 의무의 위반.
(3) 2003년 10월 13일 재신임 국민투표 제안의 헌법 위반 여부 : 헌법 수호 의무 위반.

노 대통령이 헌법과 법률을 어겼다고 명시적으로 판단하고도 탄핵 소추를 기각한 것은, 좋게 말해서, 혼란스럽다. 이 기괴한 판결은 법률적 판단 속에 정치적 판단을 받아들인 데서 나온 듯하다. 그러나 글의 첫 부분에서 얘기한 것처럼, 법원은 사회로부터 격리된 섬이 아니므로, 헌법재판소의 판결을 비난할 수는 없다.

그러나 소수 의견을 공개하지 않은 것은 분명히 이상하고 바람직하지 않다. 소수 의견은 아주 복잡하고 어려운 판결에서 추론과정을 보여주어 판결의 뜻을 보다 깊이 읽을 수 있게 한다. 보다 중요한 고려사항은 소수 의견은 법의 진화에서 결정적 중요성을 지닌다는 사실이다. 비록 자신의 일체성을 철저히 지켜야 하지만,

사회환경이 바뀌면서 법도 진화하게 마련이다. 그런 진화는 우연적 과정이 아니라, 일체성을 지킬 필요와 진화할 필요 사이의 적절한 절충으로 이루어진다. 그리고 소수 의견은 그런 절충의 단서들 가운데 중요한 것이다.

이 점은 미국의 재판관들이 선례구속의 원칙에서 벗어나는 과정에서 잘 드러난다. 선례를 바꾸어야 할 필요를 느끼면, 재판관들은 흔히 점진적 변화를 꾀한다. 이것은 '점진적 바꾸기(shading)'라 불린다.

> "선례들의 '점진적 바꾸기'는 어떤 선례들을 '강한 법정들'의 결정으로 분류하거나, 하나보다 많은 사법적 의견이 기록된 사건들에선, 법정의 공식적 의견과 별개이고 변별되는 개인적인 사법적 의견들에 초점을 맞추어서 다른 선례들보다 더 무게를 두는 것이다. 그런 개인적 의견들은 특별한 동의적 의견들이거나 '위신이 높은' 법률가들의 경우엔 반대 의견들까지 될 수 있다.
>
> ('Shading'[of earlier decisions is] giving some more weight than others by categorizing them as the decisions of 'strong courts' or by focusing on individual judicial opinions, separate and distinct from the official opinion of the court, in cases in which more than one judicial opinion is filed. The individual opinions could be special concurring opinions or even dissenting opinions in the case of 'prestige' jurists.)"
> [에드워드 맥휘니(Edward McWhinney), <국제 사회과학 백과사전>, '법체계 : 보통법 체계들(Legal Systems : Common Law Systems)' 항목]

개인적 반대 의견이 뒤에 다수 의견으로 되어 새로운 선례가 된 경우들 가운데 아마도 가장 잘 알려진 경우는 미국 대법원의 '로크너 사건'에서 소수 의견이었던 올리버 웬델 호움즈(Oliver Wendell Holmes)의 견해가 1937년의 '웨스트 코스트 호텔 대 패리쉬 호텔 사건'에서 다수 의견으로 채택된 일일 것이다. 그리고 이런 경우들은 점점 늘어나고 있다.

"앞선 결정들을 '변별하기'는 보통법 권역의 최종 항소심들에서 개인적 의견 기록이 많아졌다는 사정에 의해 크게 쉬워졌음은 인정되어야 할 것이다. 이들 법정들 가운데 오직 영국 추밀원만이 각 사건에 대해서 단일 '법정' 의견만을 기록하는 관행을 아직까지 고집스럽게 유지하고 있다.

(It must be admitted that 'distinguishing' prior decisions is immensely facilitated by the proliferation of individual opinion writing on final appellate tribunals in the common law world. Only the Privy Council, among these courts, still resolutely adheres to its practice of filing only a single 'per curiam' opinion in each case.)"
[에드워드 맥휘니, 같은 책]

'대안적 유전자(allele)'들이 생물적 진화의 재료이듯, 판결문의 소수 의견들은 법적 진화의 중요한 재료 노릇을 한다. 아주 중요한 판결에서 소수 의견들이 밝혀지지 않았다는 사실은 그래서 무척 아쉽다.

관치금융의 유형과 해소방안

안재욱

(경희대 교수)

I. 서론

　관치금융이란 정부가 금융기관의 경영에 개입하는 것을 말한다. 금융기관이 자율적으로 결정해야 할 금리, 자금배분, 인사 등에 정부가 직접 개입하여 처리하는 행위를 일컫는다. 한국의 은행들은 민간에 의해 소유되어 있었음에도 불구하고 은행경영의 거의 모든 것이 정부 주도로 이루어지는 관치금융체제였다.

　정부가 금융기관의 결정에 개입하면 자원이 비효율적으로 배분된다. 민간 금융기관은 역선택과 도덕적 해이를 해결하고 가장 생산적인 투자기회를 가지고 있는 차입자에게 자금을 대출하려는 유인을 갖는다. 그러나 정부는 이윤 동기가 없기 때문에 그러한 유인이 적다. 그래서 생산성이 높은 분야에 자금이 배분되지 않을 수 있다. 결국 이것은 경제전체의 성장 둔화의 결과를 낳게 한다.

　관치금융은 시장경제원리에 반하는 것이다. 시장경제원리 중에서 가장 중요한 것은 재산권과 자유경쟁이다. 재산권과 자유경쟁이 보장될 때 시장은 활성화되고 경제가 발전한다. 이것들이 잘 보장되지 않으면 반대의 결과가 초래된다.

민간이 소유한 은행에 대해서 경영에 간섭하는 것은 일종의 재산권 침해다. 재산권이 침해될 경우 시장의 움직임은 둔화된다. 시장의 움직임이 둔화되면 그것은 경제발전의 후퇴로 나타난다. 또한 관치금융은 자유경쟁을 방해한다. 자유경쟁이 되지 않을 때 자원은 비효율적으로 배분되어 생산성이 떨어진다. 우리 금융기관의 경쟁력이 떨어지고 금융산업이 낙후된 이유가 여기에 있는 것이다.

관치금융의 뿌리는 경제개발을 위한 금융체제에 있다. 자원을 효율적으로 배분하여 정부가 경제 성장을 뒷받침해야 한다는 논리로 정부가 금융기관의 경영에 깊숙이 관여하였다. 은행장 및 은행임원의 임면을 주도하였고, 금리를 규제하는 것은 물론 은행의 업무를 통제하였다. 이것의 부작용을 인식한 정부는 1980년대부터 금리자유화 등 일련의 금융자유화 조치를 취했지만 관치금융은 쉽사리 사라지지 않고 있다. 관료주의의 타성이 자리잡고 있는 탓이다.

최근 시티은행과 같은 세계 제일의 외국 금융기관들이 국내 금융산업에 진출하고 있다. 관치금융이 지속되는 한 국내 금융기관들은 외국 금융기관과 경쟁할 수 없다. 외국 금융기관들과 경쟁하기 위해서는 국내 금융기관들이 그 운영에 있어서 자유로워야 한다.

본 논문은 이러한 관점에서 한국에서 관치금융이 어떠한 형태로 발전되어 오고 있는가를 살펴보고, 그 원인을 찾아 관치금융을 해소할 수 있는 방안을 마련하는데 그 목적이 있다. 제2절에서는 관치금융 형태의 변천과정을 1960년대부터 최근까지 살펴본다. 제3절에서는 관치금융이 지속되는 이유를 밝히고, 제4절에서는 관치금융을 청산할 수 있는 방안을 제시한다. 끝으로 제5절에서 요약 및 결론을 맺는다.

II. 관치금융 형태의 변천

1. 1960년대-1970년대

1) 은행의 국유화 : 1961년 국가자원의 효율적인 동원을 위해 5.16군사정부는 경제개발을 위한 금융체제를 구축하였다. 금융시장이 잘 발달되지 않는 상황에서 자원을 효율적으로 배분하여 정부가 경제 성장을 뒷받침해야 한다는 논리였다. 정부가 금융체제구축을 위해 취한 첫 번째 조치는 일반은행의 국영화였다. 1961년 6월 제정된 "부정축재처리법"에 근거하여 부정축재자가 소유한 은행주식을 전면 회수하는 동시에 "금융기관에 대한 임시조치법"을 통해 대주주의 의결권을 제한하였다. 이로 인해 일반은행이 정부지배 하에 놓이게 되었다.

2) 금융기관 업무통제 : 경제개발계획 추진을 위한 국가자원의 효율적인 동원을 위해 정부가 은행을 국유화한 것 외에 한국은행법과 은행법을 개정하여 금융통제를 강화하였다. 금융정책의 수립과 운용에 대한 최종책임을 재무당국에 귀속시켰으며, 한국은행 총재의 임명제청권이 국무총리에서 재무부장관으로 넘어갔다. 금융통화위원회 정책 결정에 대해 재무부 장관이 재심을 요구할 수 있도록 하였고, 한국은행에 대한 재무부의 업무감사권과 한국은행

의 예산과 결산 승인에 관한 각의의 의결을 거치도록 하였다. 또한 정부투자기관이 발행하는 정부보증 채권을 한국은행이 직접 인수할 수 있는 규정을 신설하였다. 그리하여 정부투자 사업에 소요되는 재원을 중앙은행의 발권력을 동원하여 지원할 수 있도록 하였다.

일반은행법을 개정하여 단기 상업금융보다는 장기금융업무를 강화하였다. 금융기관의 주식 인수 또는 상환기한이 3년을 초과하는 사채, 기타 유가증권에 대한 투자한도를 요구불예금의 20%에서 25%로 확대하였다. 이로 인해 예금은행의 자산만기와 부채만기의 일치(matching)가 심하게 왜곡되어 금융기관의 위험이 증가하였다. 금융기관 자산의 유동성 확보를 위해 금융기관 자기자본을 초과하는 업무용 부동산의 취득을 금지하였다. 그리고 기업에 대한 투자를 보다 엄격히 제한하기 위해 은행감독원장이 승인하는 경우를 제외하고는 기업 자기자본의 10%를 넘는 기업투자를 금지하도록 하였다.[1]

3) 금리규제 : 정부는 1965년 9월에 예금은행을 통해 자금조달 증대를 꾀하기 위해 금리인상조치를 단행하였다. 인상 전 1년 만기 정기예금 금리가 15%였던 것이 인상 후에는 연 30%로 올랐다. 일반대출금리는 26%로 정해져 1년 이상 만기의 정기예금 금리보다 낮게 되었다. 이와 같은 역금리체계로 은행경영은 큰 압박을 받았다.

정기예금 금리의 인상에 따라 저축성 예금이 크게 증가하였다. 은행예금의 증가는 대출증가로 이어졌다. 1963년과 1964년 두 해

---

[1] 이외에 정부는 산업화를 위한 국내 자금동원을 목적으로 1962년 통화개혁을 단행하였다. 그러나 통화개혁은 산업자금조달이라는 당초의 목적은 달성하지 못한 채 사회 경제적 부작용만 남기고 실패로 끝났다.

의 대출금 평균증가율이 10.9%에 불과하였으나 1965년에서 1969년 사이에는 연평균 60.4%로 급격히 증가하였다. 그러나 고금리체제는 시간이 지남에 따라 많은 부작용을 낳았다. 고금리로 인해 국내와 해외의 금리차가 커졌다. 이에 따라 정치적 배경과 손잡은 현금차관이 급속히 증가하였다. 그 결과로 해외부문의 통화발행이 크게 늘어났다. 정부는 해외부문의 통화증발을 상쇄하기 위해 통화량억제정책을 썼다. 금리인상으로 장기성 예금은 현저히 증가한 가운데 긴축통화정책으로 금융기관의 대출이 억제됨에 따라 시중은행의 수지가 더욱 악화되었다.

금리인상조치의 가장 큰 문제점은 이 조치가 금융산업 발전에 별로 기여하지 못하였다는 점이다. 금리인상이 은행기구의 내자동원 역할을 크게 증대시켰지만 반대로 정책적인 지원대상에서 제외된 부문은 여전히 사채시장에 의존할 수밖에 없었다. 결국 금리인상조치는 높은 공금리를 유지하여 저축 유인을 높인 것일 뿐 경제 전체에는 부작용만 일으켰다.

4) **정책금융** : 관치금융은 정책금융에 의해 절정을 이루었다. 정책금융은 수출산업, 중화학공업, 그리고 대기업 중심으로 배분되었다. 정책금융의 재원은 국민투자기금과 한국은행의 금융지원으로 조달되었다. 국민투자기금의 자금이 주로 은행 금융기관의 출연으로 조성되었다. 국민투자기금 조성 때문에 금융기관은 자금의 상당부분을 정책금융에 묶여 자금 활용에 어려움을 겪었다.[2]

정책금융은 특정부문의 기업에게 일반대출금리보다 훨씬 낮은 수준의 금리를 보장해 주었다. 일반대출금리와 무역금융금리의 차

---

2) 정책금융은 또한 한국은행의 재할인에 의해 이루어졌다. 정책금융은 1960년대에는 수출신용지원을 시행되었고, 1970년대에는 중화학 적격업체와 원자재 수입에 대해서도 확대하였다.

이인 수출특혜금리가 1970년대 6~10%에 달하였다. 이러한 정책금융은 많은 부작용을 낳았다. 우선 정책금융을 통한 정부의 신용배분에 대한 개입은 은행의 대출자금 규모를 제약할 뿐만 아니라 신용배분의 자율성을 저해하였다. 그 결과 은행의 대출심사 기능을 위축시켜 은행 경영의 효율성이 저해되는 결과가 초래되었다.3)

2. 1980년대-1997년 금융위기

1) 금융기관 인사에 개입 : 정부는 1981년 '은행경영 자율화 방안'을 발표하면서 은행의 자율경영에 방해가 되는 각종 규정과 통첩을 정리하였다. 1982년 말에는 '은행법'을 개정하면서 금융당국의 포괄적인 지시명령권을 삭제하였고, '금융기관에 대한 임시조치법'을 폐지하면서 금융기관의 자율적인 임원선임을 가능토록 하였다. 그러나 은행장 선임 등 은행의 주요한 의사결정에 대한 정부의 개입은 사라지지 않았다.4)

정부가 실질적으로 정부가 은행장을 비롯하여 은행의 임원을 임명하였다.5) 그러다 보니 은행의 경영자들은 주주의 이익을 대변하여 민간기업으로서의 이윤 극대화를 최우선적 경영목표로 추구하기보다는 오히려 그들의 임면권자들의 동태와 자신의 이익을 추구하게 되었다. 그 결과 은행이 상업논리가 아니라 정치논리에

---

3) 정책금융은 또한 본원통화의 발행을 증가시켜 시중유동성을 확대하는 결과를 낳았다. 이것은 물가관리에 특히 부정적인 영향을 미쳤다.
4) 정부의 이러한 개입증거의 한 예는 월간 『은행계』 1997년 7월호에 잘 나타나 있다.
5) 1981년부터 1997년까지 민간은행과 정부은행(또는 정부통제은행)들의 은행장의 임기에 차이가 있다. 민간은행 은행장들의 임기는 평균 3.08년이고 정부은행 은행장들의 임기는 평균 2.37년이었다. 이것은 정권교체에 따라 정부은행의 은행장들이 교체가 빈번했음을 보여준다.

의해서 운영되어 왔다. 부실기업에 대한 지원, 정책자금의 집행, 대규모 대출에 대한 정치적 결정 등이 여기에 해당된다.

1997년 금융위기의 단초가 되었던 한보철강의 경우가 대표적인 예다. 은행들이 한보철강에 대출한 자금 중 일정부분은 엄밀한 여신심사에 따르기보다는 정치권의 외압에 순응하거나 그 경영자들이 자신의 이익을 위해 이루어졌다.6) 즉 기업의 경영주는 일부정치인에게 정치자금을 제공하고 정치인은 그 대가로 금융기관에 대출청탁을 하며, 금융기관의 책임자는 뇌물과 자리보존이라는 자신의 이익을 얻는 것이다. 이러한 경영 행태로 인해 은행들은 분산화를 하지 못하여 시장의 변화에 효과적으로 대응치 못했으며 자본축적을 이루지 못했다.

2) 금리규제 : 금리규제로 인하여 대출자금에 대한 만성적인 초과수요가 존재하였다. 대출에 대한 만성적인 초과수요는 부패의 기회를 창출하였고. 이는 자원의 비효율적 배분을 초래하였다. 이러한 문제를 해결하기 위해 정부는 1982년 정책금융의 핵심을 이루고 있던 무역금융의 금리를 일반대출금리에 근접시키는 한편, 1980년대에 금융자율화의 일환으로 일부나마 금리자유화를 추진하였다.

그러나 금리자유화는 큰 진전을 보지 못했다. 예를 들면, 정부

---

6) 한보철강에 대한 부실대출 사례를 보면 제일은행, 조흥은행, 산업은행의 한보철강 대출금은 1993년 이후 매년 큰 폭으로 증가했다. 특히 산업은행의 한보철강 대출은 1994년부터 1996년 중 각각 전년 대비 416.7%, 167%, 176.5%나 되는 증가세를 보였다. 또한 세 은행 모두 대출규모가 처음에는 크지 않았다가 단기간에 엄청난 규모로 늘어났다. 조흥은행의 경우 한보철강에 대한 대출은 1993년에는 7억원에서 1996년 말에는 4,961억원으로 약 700배 이상 증가하였고, 제일은행의 1996년 말 한보철강 대출은 1993년 말에 비해 약 43배나 증가한 1조원에 달할 뿐만 아니라, 대출규모도 제일은행의 자기자본금(1996년 12월 말 기준)인 8,200억원을 초과할 정도로 컸다. (한국은행, 『은행경영통계』 각호 및 보도자료)

는 1981년 CP금리를 자율적으로 결정하도록 하였으나, 그 금리의 급등으로 다시 규제하였다. 또한 콜금리 자유화, CD 및 CMA의 도입(1984), BMF의 도입(1987), 회사채 및 금융채 발행금리의 자유화(1986) 등의 시도가 있었으나, 관행적으로 그 금리도 창구지도에 의해 규제되고 있었다. 그리고 정부가 1988년 12월에 전면적인 금리자유화를 추진하려고 하였지만 정부는 1년도 가지 못해 경기부양을 위한 금리인하 압력에 밀려 최고 금리를 창구지도를 통해 부활함으로써 금리를 다시 규제하였다.

3) 정책금융 : 1980년대에도 정책금융의 비중은 높았다. 1986~1988년 사이에는 정부 주도의 부실기업 정리로 정부의 금융개입이 반복되었다. 이 때 총 78개의 부실기업을 정리하기 위해 지원된 산업합리화 자금은 무려 7조 3,000억원에 달하였다. 이 과정에서 시중은행은 대규모의 산업합리화 자금과 부실채권을 떠안게 되었다. 경제개발과정에서 은행 총 대출액 중 부실채권이 차지하는 비중은 1970년대 말부터 증가하여 1980년대 중반에 심각한 수준에 이르렀다.

1980년대 들어와서 금융자율화 차원에서 시중은행의 민영화가 추진되기 시작하였지만, 민영화의 진전에도 불구하고 여전히 금리결정이나 자금배분에서 금융감독 기관이나 정부의 입김이 강하게 작용하였다. 특히 부실기업에 대한 지원부담으로 금융기관의 경영이 크게 압박을 받았다.

관치금융의 폐해는 실증적인 자료에 분명하게 나타난다. <표 1>은 1990년부터 금융위기가 발생한 1997년까지의 국내은행과 외국은행 국내지점의 수익률을 비교한 것이다. 1997년은 금융위기를 맞았기 때문에 특수한 해로서 예외로 친다고 하더라도 나머지 연도에서 국내은행과 외국은행 국내지점 간의 수익률 차이가 보통 2배에서 4배 차이가 난다. 5대 시중은행과는 10배 이상 차이가 난다. 국내은행과 외국은행 국내지점 간에 존재하는 은행경영 기술이나 자본력 등의 차이를 고려하더라도 4배나 10배 차이가 난다는 것은 그 외의 다른 요인이 분명히 있음을 말해준다. 동일한 영업장소에서 국내은행과 외국은행 국내지점 간에 차이점이 있다면 그것은 정부의 간섭을 받느냐 받지 않느냐이다. 경영에 있어서 국내은행은 정부의 간섭을 받고, 외국은행 국내지점은 정부의 간섭을 받지 않는다. 어떤 면에서 보면 국내은행이 자국의 시장에서 영업하기 때문에 외국은행 국내지점보다 더 유리한 위치에 있었다. 따라서 4~10배의 큰 차이가 났다는 사실은 다른 모든 요인을 감안한다 하더라도 정부가 국내은행의 경영을 주도한 관치금융에 그 원인이 있다고 밖에 볼 수 없다.

관치금융의 폐해는 부실여신에서도 나타난다. <표 2>에서 보면 외국은행 국내지점의 부실여신은 1995년, 1996년, 그리고 1997년에 각각 0.20%, 0.08%, 그리고 0.21%이었다. 그러나 국내은행은 1995년 0.95%, 1996년 0.84%, 그리고 1997년에 2.68%이었다. 국내은행의 부실여신은 외국은행 국내지점 1995년에서 1997년 기간 동안 평균 9.3배나 되었다. 무수익여신은 이보다 훨씬 심한 약 13배나 되었다. 물론 부실여신이 관치금융에 의해서만 발생되었다고는 보기 어렵다. 그러나 정치적 이유로 이루어진 대출이 위험과 이윤성을 기초로 한 시장결정에 의해 이루어진 대출에 비해 훨씬 더 부도날 확률이 높다는 것은 사실이다. 부실여신에서 9배 이상의 차이가 났다는 것은 이것 역시 다른 요인을 다 감안하더라도 관치금융으로 밖에 설명이 안된다.

한편 관치금융은 한국은행들의 경쟁력을 떨어뜨렸다. 한국은행들의 수익성은 다른 국가와 비교해서 매우 낮았다. 1990-1999년 기간 동안의 한국은행들의 연평균 ROA는 -0.15%이었던, 반면 OECD 국가 평균인 0.66%이었고, 미국은 1.08%, 독일은 0.33%이었다. (OECD의 Bank Profitability, 2000) 일본의 경우는 금융부실로 인해 우리와 유사한 -0.11%를 기록하였다. 규모 면에 있어서도 주요국에 비해 매우 작다. <표 3>을 보면 세계 100위 안에 드는 은행 수가 한국은 2개에 불과한 반면, 미국 18, 일본 19, 그리고 독일은 10개이다. 한국의 상위 5대 은행의 규모는 총자산 면에서 미국과 일본의 상위 5대 은행의 10% 수준에 불과하다.

그리고 한국과 경제규모가 비슷한 네덜란드와 한국의 경제규모보다 작은 스위스의 1/5에 불과하다. 자기자본 면에서는 미국의 15%, 일본의 19%에 불과하다.

<표 1> 국내은행과 외국은행 국내지점 수익률 비교 (1990-1997)

(단위 %)

	1990	1993	1994	1995	1996	1997
5개 시중은행	5.98	5.48	6.04	3.18	1.20	-31.61
시중은행	5.97	5.80	6.17	3.91	3.49	-14.77
지방은행	7.45	6.36	5.73	5.63	5.41	-14.77
외은지점	-	9.55	10.96	10.28	12.51	34.79

주: 은행이익률 = 자기자본당기순이익률, 국내은행 = 5개 시중은행
자료출처: 한국은행 은행감독원, 『은행경영통계』, 각호.

<표 2> 국내은행과 외국은행 국내지점의 부실여신 현황

(말기준, %)

	국내은행			외은지점		
	1995	1996	97	1995	1996	1997
부실여신	0.95	0.84	2.68	0.20	0.08	0.21
무수익여신	5.16	4.10	6.03	0.50	0.30	0.43

자료출처: 한국은행 은행감독원, 『은행경영통계』, 각호.

<표 3> 은행 규모와 산업의 국제비교(10억 달러)

	한국	미국	일본	독일	네덜란드	스위스
GDP	406.7	9,299	4,499	2,203	410	233
총자산/GDP	395	4,326	6,222	3,508	1,506	1,324
(상위 5대)	(235.5)	(2,278)	(2,554)	(2,511)	(1,172)	(1,176)
자기자본/GDP	17.3	438	2,027.4	–	64	58.2
(상위 5대)	(10.85)	(159.3)	(198.6)	(65.1)	(47.8)	(43.5)
세계 100위 이내 은행 수	2	18	19	10	3	2

주: GDP는 명목 GDP임.
자료: The Banker, Top 1000 World Banks, 2000. 7.
최희갑(2001) 27쪽에서 재인용.

3. 1997년 금융위기 이후 : 신관치금융

1) 금융기관 인사에 개입 : 1997년 금융위기 이후에도 정부의 금융기관 인사에 대한 개입은 지속되었다. 정부는 1998년 12월 한빛은행 초대행장 선출과정에 개입하였고, 1998년 도입된 은행경영진 선정위원회의 은행장선정위원을 중간에 교체하면서 은행장 인사에 영향력을 행사하였다. 그리고 2000년 3월 정부는 임기 3년의 한빛·조흥·외환은행의 사외이사의 일괄사표를 강요하였다. 이 은행들은 미국 컨설팅회사에 수십억 원의 용역비를 주고 '모범지배구조 규범'을 만들었다. 그에 따라 도입된 은행정관을 1년도 안되어 사외이사의 임기를 3년에서 1년으로 개정하면서 사외이사들을 일괄사표를 내도록 강요하였던 것이다. 또 2000년 3월에 국민은행장 인사에 개입하였다. 관례로 되어있는 '은행장후보추천위원회'의 추천에 앞서 정부 측 입김이 미칠 수 있는 외부인사들로 '경영자선정 위원회'를 만들어 행장후보를 선정토록 권고했으며, 3월 18일 노조의 반대에도 불구하고 기습적으로 주주총회를 개최하여 금융감독위원회 부원장 출신을 신임행장으로 임명하였다.

이러한 은행장 인사에 대한 개입은 현 정부에 들어와서도 사라지지 않고 있다. 2003년 3월 정부는 예금보험공사 등 정부 유관기관이 최대 주주인 은행의 행장을 선출할 때 행장추천위원회에 공익을 대표할 수 있는 민간전문가 1명을 직접 참여시키도록 은행정관을 개정할 것을 권고했다. 또한 정부는 이덕훈 우리은행장과 김정태 국민은행장에 암묵적인 사퇴 압력을 가했다. 임기가 1년 정도 남은 우리은행장에게 주의적 경고를 내렸고, 국민은행에 감사원 감사를 연장하면서까지 사퇴 압력을 가했다.

그리고 신한은행이 이인호 행장을 부회장으로 추대했다고 발표하자 금감원이 신한은행에 부회장 선임계획을 취소할 것을 요구했다. 김진표 부총리는 "정부가 대주주인 시중은행은 회장제를 폐지하되 현 회장들의 임기는 보장한다"고 하였다. 사실 은행의 회장제는 정부가 만들어낸 것이다. 전 위성복 조흥은행장의 연임불가를 강조하면서 이사회장으로 불러날 것을 종용했고, 국민은행 역시 합병 당시 옛 주택은행장인 김정태 행장이 통합 국민은행장에 유임하면서 옛 국민은행장인 김상훈 행장에게 이사회장 자리를 준 것이다.7)

2004년 9월 10일 금융당국은 국민은행의 회계처리기준 위반 등과 관련해서 김정태 행장에게 중징계를 내렸다. 금융당국은 국민은행의 회계처리가 명백한 회계처리기준 위반이라고 판정한 반면, 국세청, 회계법인, 그리고 법무법인은 적법할 수 있음을 인정하였다. 모호한 규정을 어떻게 해석하느냐에 따라 다른 결론이 나오는 사안에 대해 금융당국이 중징계를 하면 시장에서는 그것을 적법

---

7) 은행권 이외에 비은행금융권에 대한 인사개입 사례도 많다. 예를 들어 1999년 1월 재경부 퇴임관리 자리확보를 위한 투신·종금협회장 인사가 그것이다. 박종석 예금보험공사사장이 투신협회장으로 이동하고 문헌상 성업공사사장이 종금협회장으로 이동하였다. 또한 예금보험공사사장에 남궁훈 재경부세제실장, 성업공사 사장에 정재룡 재경부차관보이 임명되었다.

한 조치로 받아들이기보다는 은행장 인사에 대한 개입으로 받아들인다.

2) 금리결정에 개입 : 정부는 1991년 8월 4단계 금리자유화 추진 계획을 확정하고 일정에 따라 금리자유화를 시행하여 1991년부터 1997년까지 단계적으로 금리를 자유화하기로 하였다. 1991년 11월 1단계 금리자유화에서는 단기여신금리 및 거액 단기 금융상품의 금리가 자유화되었다. 1993년 11월 제2단계 금리자유화에서는 정책 금융을 제외한 거의 모든 여신금리와 장기 수신금리의 자유화가 이루어졌다. 제3단계 금리 자유화는 제3차에 걸쳐 진행되었다. 94년 7월 제1차 조치에서는 단기금융상품의 만기가 확장되고, 표지어음의 발행 매출이 허용되고, CD, RP, CP 등 단기금융상품의 만기는 단축되고 CP의 만기는 연장되었다. 94년 12월 제2차 조치에서는 정책자금 여신금리의 일부의 자유화와 단기수신금리의 단계적 자유화가 진행되었고, 95년 7월에는 정책자금의 여신금리자유화, 단기수신금리의 자유화가 추가적으로 시행되었다. 일부 단기수신과 요구불예금을 대상으로 97년 이후 시행키로 한 4단계 자유화 조치는 97년 7월 수시입출식 저축성 예금 금리를 자유화한 이후 외환위기 발생으로 추진 중단하였다가 2003년 12월 24일 한국은행 금융통화위원회는 「금융기관 여수신이율 등에 관한 규정」을 개정하여 요구불예금 등의 금리에 대한 잔존 규제를 2004년 2월 2일자로 철폐함으로써 지난 1991년 발표된 「4단계 금리자유화 추진계획」에 의한 금리 자유화를 완결하였다.

그러나 금리자유화 조치를 취했음에도 불구하고 정부는 실질적인 금리운용에 있어 금융당국의 간섭과 창구지도로 인하여 금리를 계속 규제해 왔다. 예를 들면, 1999년 1월 김대중 대통령은 은행의 예대마진을 축소하라고 지시했으며, 강봉균 청와대 경제수석이 시중은행장들이 참석한 자리에서 대출금리를 인하해 줄 것을 요청했다. 한편 2000년 2월 3일, 이용근 금감위장은 6개 금융협회장에게 환매자금 유치를 위해 예금금리를 올리지 말도록 요구했다. 그리고 2000년 3월 금감위는 시중은행들이 금융구조조정에 대비하기 위해 수신을 늘리려는 목적으로 수신금리를 인상하려고 하자, 은행장 문책 등으로 시중은행들을 위협하며 이를 저지하였다. 금리결정을 금융기관의 자율에 맡기는 대신에 창구지도를 통해 인위적으로 금리를 동결시킨 것이다.

  3) 금융기관 자금운영 부당 개입 및 자율경영권 침해 : 관치금융의 형태가 점점 명시적인 형태에서 암묵적인 형태로 바뀌고 있다. 관치금융의 정당성이 입증되지 못하자, 건전성 감독이라는 명분하에 금융기관의 운영에 개입하고 있다. 예를 들면, 정부는 1999년 9월 10조원 규모의 채권시장 안정기금을 조성한다는 목적 하에 금융기관에게 기금을 강제 배분하였다. 시중금리를 낮추기 위해 우량 채권만을 집중 매입함으로써 채권수익률의 가격기능이 왜곡되었다. 2000년 1월 9개 은행에 부실종금사 1개씩 강제로 떠맡겼다. 나라종금 사태 발발직후 정부의 일방적 지시로 은행권에 10조원에 육박하는 크레디트 라인(신용공여 한도) 설정, 은행과 종금사 간 짝짓기를 단행했으며, 아세아종금 등 유동성에 아무런 문제가 없는 종금사도 크레디트 라인을 설정하여 신인도 하락으로 주가가 폭락함으로써 피해를 보았다. 정부가 전체 은행들을 동반 부실화 위험으로 끌어들이고 있다.
  한편 98년 6월 동화·동남·대동·경기·충청은행 등 5개 은행을 원칙도 없이 불투명한 기준을 내세워 강제로 퇴출했으며, 5개 은행 퇴출과정에서 한 인수은행은 인수를 꺼렸던 부실은행을 금감위의 강권에 따라 인수했다. 또한 99년 1월 재경부는 한은에 외환은행 출자 압력을 행사하였다. 한은법은 상업은행에 대한 직접출자를 금지하고 있지만, 재경부는 이를 무시하고 한은의 외환은행에 대한 직접출자방식을 고집하였다. 한은은 수출입은행을 통해 3,368억원을 우회 출자하였다. 99년 8월에는 금감원이 금융기관에게 대우그룹 회사채 및 CP 편입 수익증권의 환매를 금지하였다. 이어 투신사 등에 "우량 회사채를 연 10% 이상의 금리에서는 팔지 말라"고 지시하였다. 이러한 행위는 현 정부에 들어와서도 여전히 재연되고 있다. 2003년 3월 금감원은 우리은행이 2002년 카드부문을 부사하면서 발생한 이익 6,000억원을 은행 주총 하루 전에 영업외 이익으로 잡지 말고 자본잉여금으로 돌리라고 통보했다. 우리은행은 당기 순이익을 1조 3천17억원에서 6천억원을 줄여 주총 안건에 재상정하였다. 회계법인에서 이미 감사가 끝난 지난 해 경영실적에 대해 정부가 갑자기 이익을 줄이라고 하는 것은 우리은행에 대한 암묵적인 압력이었다.

2003년 4월 금감위는 카드부실 문제를 해결하기 위해 은행과 보험회사가 공동으로 조성하기로 한 브리지론 중 은행이 부담해야 할 3조 8천억원의 은행별 할당했다. 신용카드사의 증자규모를 당초 계획했던 2조원 수준에서 4조 6천억원으로 확대하고, 환매채 사태로 유동성 위기를 겪는 투신권을 지원하기 위해 은행 등이 투신권 보유 카드채 5조 2천억원을 매입케 하였다. 2003년 8월 신용불량자 문제를 해결하기 위해 금융기관으로 하여금 대환대출이나 이자감면, 만기연장 등을 통해 신용불량자의 채무재조정에 적극 나서도록 독려하였다. 2004년 1월 LG카드 문제를 산업은행이 위탁관리하게 하였다. 2003년 10월 금융당국이 주택담보 대출비율을 50%에서 40%로 축소하도록 하였다. 2004년 2월 민영화 은행에 대한 황금주 도입을 언급하면서 향후 이 제도의 도입을 검토하고 있다.8)

<표 4> 신관치금융의 유형 및 사례

유형	사례
금융기관 인사개입	- 1998년 한빛은행 초대 행장 선출에 개입 - 금감원이 신한은행의 부회장 선임계획 취소 요구 - 위성복 조흥은행장 이사회장으로 퇴진 강용 - 2000년 3월 한빛, 조흥, 외환은행의 사외이사 일괄 사표 강요 - 2000년 국민은행장 인사에 개입 - 2003년 행장추천위원회에 공익을 대표할 수 있는 민간전문가 1명을 직적 참여시키도록 하는 은행정관 개정 권고 - 2003년 우리은행장과 국민은행장에 암묵적인 사퇴 압력 - 2004년 9월 국민은행 김정태 행장에게 중징계
금리결정에 개입	- 1999년 1월 김대중 대통령 : 은행의 예대마진 축소지시 - 1999 강봉균 청와대 경제수석 : 대출금리 인하 요청 - 2000년 2월 이용근 금감위장 : 예금금리 동결.
금융기관 자금운영 부당 개입 및 자율경영권 침해	- 1998년 동화, 동남, 대동, 경기, 충청은행 강제퇴출 및 강제 인수케 함. - 1999년 1월 재경부가 한은에 외환은행 출자 압력 - 1999년 8월 금감원이 대우그룹 회사채 및 CP 편입 증권의 환매 금지 - 1999년 9월 채권시장 안정기금 금융기관에 강제 배분 - 2000년 1월 9개 부실종금사 강제로 은행에 떠맡김 - 2003년 3월 금감원 우리은행이 카드부문의 분사로 발생한 이익 6,000억을 영업 외 이익이 아닌 당기 순이익으로 잡을 것을 통보 - 2003년 4월 금감위가 카드부실 문제를 해결하기 위한 브리지론 중 은행 부담액 할당 - 2003년 8월 대환대출, 이자감면, 만기연장 등을 통해 신용불량자의 채무조정을 독려 - 2003년 10월 주택담보 대출비율 축소지시 - 2004년 2월 민영화 은행에 황금주 도입 시도

---

8) 황금주란 공공성격의 기간산업을 민영화할 때 정부가 갖는 한 개의 특별주를 말한다. 이 특별주는 정부에게 주요한 의사결정에 대한 거부권을 행사할 수 있는 권한을 부여한다. 정부가 국가 이익에 중대한 침해를 주거나 사회후생에 크게 반하는 사안에 거부권을 행사할 수 있도록 한 것이다. 이것은 1984년 영국의 브리티시텔(BT)를 민영화할 때 영국 정부가 처음 도입한 것이다. 정부가 황금주를 도입하여 은행의 민영화 후에도 영향력을 행사하겠다는 것은 관치금융을 지속하겠다는 것으로 볼 수밖에 없다.

Ⅲ. 관치금융이 지속되는 이유

1. 은행소유제한

1997년 금융위기 후 누적된 부실여신으로 BIS 기준 자기자본비율을 확충하지 못한 제일은행, 서울은행, 조흥은행, 한빛은행 등에 정부는 공적자금을 투입함으로써 이들 은행들의 90% 이상 지분을 보유하게 되었다. 그 중 제일은행은 New Bridge Capital 사의 컨소시엄에 매각되었고, 한빛은행은 2001년 정부에 의해 설립된 우리금융지주회사에 편입되었다. 그리고 서울은행과 조흥은행은 정부소유로 되어있다가 각각 하나은행과 신한금융주식회사로 합병되었다.

한편 은행에 대한 동일인 주식소유는 10%로 제한되어 있다. 그리고 산업자본이 은행주식을 보유한 경우 4%를 초과한 주식에 대해서는 의결권을 행사할 수 없다. 이 소유제한은 은행의 소유권을 널리 분산시켜 민간부문에서 지배주주가 나타나기 어렵게 만들었다. 그로 인해 금융기관에 부과하는 수많은 금융규제를 이용하여 금융기관의 인사 및 경영에 간여하고 있다.

2. 금융규제

업무영역 및 영업활동 등의 규제가 적극적 규제체계(positive regulation system)로 되어있다. 금융기관은 업무 또는 상품을 정부로부터 일일이 허용 받아야 한다. 그 과정에서 정부는 금융기관의 운영에 개입을 하게 된다. 이것은 금융기관이 금융시장의 변화에 따른 가장 효율적인 방법으로 운영하는 것을 막으며, 또한 고객들에게 완전한 범위의 서비스제공을 하지 못하게 하고 있다.

3. 관료주의

정부 조직은 일단 만들어지면 그 자체가 이익집단화하는 속성을 지닌다. 그래서 정부관료제에서는 규정과 절차가 고객인 국민의 이익에 맞추어 만들어지기보다는 그 조직을 늘리고 그 스스로의 이익을 위해 만들어지는 경우가 많다. 금융당국 역시 마찬가지다. 금융당국이 실제로 금융기관의 건전성과 금융시장의 안정성 유지보다는 그 조직의 존립과 이익을 위해 행동하는 경우가 많다.

이것은 IMF 사태의 주 원인제공자의 하나로 주목받고 있는 종금사의 경우에서 극명하게 나타난다. 종금사의 외화차입은 재경원의 승인사항이다. 종금사의 금융흐름은 금융당국이 충분히 사전에 파악할 수 있었던 분야였고 업무정지 등의 강경한 조치로 그 부작용을 차단하는 것이 가능했는데도 그것을 제대로 하지 못했다. 그 결과 종금사의 충격에 대한 완충장치(buffer)를 제거해 버려 부도위험이 증가하였다. 지금까지 정부가 금융기관의 인사권과 자산운용의 의사결정권에 개입하는 데만 관심이 있었지 경영성과에 대한 검사·감독에는 소홀하였다는 것은 동화은행 비자금사건과 한보와 기아사태 등과 같은 많은 금융사건에서도 드러난다.

Ⅳ. 관치금융 해소방안

1. 은행민영화

우리나라 은행들의 경쟁력을 강화하고 경영의 효율성을 제고하고 하기 위해서는 관치금융의 청산이 필수적이다. 관치금융을 청산하기 위해서는 실질적으로 민간이 은행을 경영할 수 있도록 하는 은행민영화가 필요하다. 은행민영화의 필요성은 수많은 이론 및 실증적 결과들에 의해서 지지된다.

기업의 사적 소유가 공적 소유에 비하여 경영의 효율성을 증대시킨다는 것은 기업의 재산권이론(the theory of property rights of firms)과 공공선택이론(the public choice theory)을 중심으로 활발하게 전개되어 왔다(Alchian 1965 : 1977, Buchanan &Tullock 1962, Tullock 1965, Niskanen 1975, Shapiro 1975).

그 논점을 요약하면 첫째, 주인 없는 공기업은 비용절감에 대한 경영자의 인센티브를 줄이기 때문에 사기업에 비해 비효율적이고 수익률이 적다. 둘째, 사기업은 공기업에 비하여 파산, 청산, 적대적 인수합병 등에 의한 퇴출 가능성이 크기 때문에 소유자와 경영자는 더욱 적극적이고 효율적으로 기업을 경영하게 된다. 셋째, 사기업은 공기업에 비하여 과잉고용, 부적절한 투자 등 비효율의 중요한 원인을 제공하는 정치적 간섭을 덜 받는다. 넷째, 공기업은 정부로부터 직접보조금을 받거나 시장금리보다 낮은 금리로 자금을 빌릴 수 있는, 소위 "연성예산제약조건(soft budget constraint)" 하에서 운영되는 것에 비하여 사기업은 그렇지 못하기 때문에 더 엄격한 자본시장의 규율을 받아 효율적으로 운영된다.

Pelzman(1971), Davies(1977), Crain과 Zardkoohi(1978) 등도 민간기업들의 효율성이 보다 크다는 실증분석 결과를 발표하였다.9) 보다 최근의 실증분석 결과들을 살펴보면, Boardman and Vining(1989)은 1983년의 500대 미국기업과 1986년의 500대 캐나다기업을 각각 실증분석해 본 결과, 민간소유기업이 정부소유기업에 비해 이윤 창출적이고 생산적이며 효율적이라는 것을 발견하였다. Ehrlich 등(1994)은 1973~83년 동안의 23개 국제항공사에 대한 패널자료를 분석하여 공기업에 비해 민간기업이 장기 생산성 증가율이나 비용감소율 측면에서 우수하다고 지적하였다.

Kumbhakar와 Hjalmarsson(1998)도 1970~90년까지 스웨덴 민간소유의 소매 배전회사들이 산출물의 양과 질 그리고 네트워크 측면에서 보다 효율적임을 발견하였다. 또한, Bartel and Harrison(1999)은 인도네시아 제조업체에 관한 1982년부터 1995년까지의 패널자료를 분석한 결과, 공공부문 기업들에서 연성예산제약(soft budget constraint)으로 인해 공기업이 비효율적이라고 지적하였다.

Dewenter and Malatesta(2001)는 1975년, 1985년과 1995년의 500대 비미국 기업들을 경기변동적인 영향을 제거하여 분석한 결과, 정부소유기업들이 민간소유기업들에 비해 수익률이 낮고 부채가 많으며 노동집약적인 생산과정을 가진다고 지적하였다.

은행도 기업이기 때문에 이상에서 살펴본 결과들이 적용됨은 물론이다. Nicols(1967)와 O'Hara(1981)는 공적 소유 금융기관의 경영에 대한 주변의 감시가 상대적으로 약하기 때문에, 민간소유 금융기관에 비해 비효율적으로 운영된다고 주장하였다. La Porta

---

9) Bruggink(1982), Meyer(1975) 등은 공기업이 민간기업에 비해 오히려 효율적이라고 지적하였다. 한편, Mann(1970), Atkinson과 Halvorsen(1986), Feigenbaum and Teeple(1983) 등은 소유권의 차이가 기업경영의 효율성에 미치는 영향이 통계적으로 유의하지 않다는 것을 지적하였고, Demsetz(1983)는 정부의 간섭이 없는 시장환경에선 소유구조와 이윤이 무관하다고 주장하였다.

등(2000)은 92개국의 은행들을 분석하여, 가난한 국가들의 경우 광범위한 정부의 은행소유가 금융시스템의 발전을 지연하고 경제 성장률을 제약한다는 것을 보임으로써, 간접적으로 기업의 재산권 이론을 지지하는 실증결과를 주장하였다. Cecchetti and Krause(2001)은 26개국을 대상으로 하여 분석한 결과, 은행업의 자산 중 정부소유부분이 감소할수록 통화정책의 효율성과 거시경제의 안정성을 개선한다고 주장하였다. Barth 등(2000)도 60개국의 은행들을 대상으로 한 연구에서, 전체 은행에 대한 국가소유 비율이 클수록 은행발전이 지연되고 금융시스템의 기능이 취약하다고 분석하였다. Davies(1981)는 호주의 은행산업에서 소유권 효과에 대한 분석을 통해 민간소유가 공적 소유에 비해 경영성과가 우월하다는 것을 보였다. 배상근·안재욱(2002)는 한국의 은행산업에서 정부통제은행에 비해서 민간통제은행의 성과가 훨씬 좋았음을 보여주고 있다.

2. 소유한도 철폐

은행의 효율적 운영과 책임경영의 가장 확실한 방법은 지배주주의 존재이다. 그것을 위한 필요조건이 소유한도의 철폐이다. 소유한도를 철폐하면 대주주가 은행의 지배권을 확보할 수 있는 적정한 수준의 지분율을 선택할 수 있다. 물론 은행의 지배권을 확보할 수 있는 개인소유지분율이 몇 퍼센트인지는 일률적으로 말할 수는 없다.10) 개인소유지분율에 의해서 은행의 경영지배권이

---

10) Demsetz(1983)는 기업의 소유지분율과 기업성과 간에는 아무런 상관관계가 없다는 것을 보여주고 있다. Corrigan(1987)은 지분율이 25%를 초과하는 경우 해당 기업을 실질적으로 소유할 수 있다고 한다. Gorton and Rosen(1995)은 경영권을

결정되는 것은 전적으로 경제환경에 따라 다르다. 국가에 따라서 10%가 될 수 있고, 25%가 될 수 있고 50% 이상이 될 수 있다. 일정지분율의 선택은 전적으로 민간경제주체들이 결정할 일이다. 민간경제주체들의 결정에 따라 지분율이 결정되면 그 다음으로 최대주주가 직접 경영할지, 전문경영인이 경영할지가 결정되는데 이것 역시 민간경제주체들이 결정할 사안이다. 은행의 소유 문제를 전적으로 시장의 기능에 맡기고 있는 것이다. 그리하여야 기업의 통제시장과 경영자의 내부통제시장이 발달하여 은행이 효율적으로 운영되게 된다.

외국과 비교할 때도 한국의 은행소유제한이 가장 엄격하다. <표 5>에서 보는 것처럼 개인의 은행소유를 제한하고 있는 국가는 캐나다, 룩셈부르크, 그리고 스웨덴이다. 캐나다가 우리와 비슷하게 10%로 제한하고 있지만 기업이 소유한 지분에 대한 의결권 제한이 없다. 룩셈부르크는 법적으로는 제한이 없지만 정책적으로 개인이나 기업이 은행의 지배주주가 되지 못하게 하고 있다. 그리고 스웨덴은 개인의 은행소유제한을 50% 이내로 하고 있는데, 이것은 한국에 비해 훨씬 약한 규제이다.

그리고 개인의 은행소유를 제한하지 않으면서 비금융기업에 대한 제한을 두고 있는 국가는 이탈리아, 일본, 스페인, 영국, 그리고 미국이다. 이탈리아에서는 비금융기업은 15% 이상 소유하지 못하게 하고 있으며, 일본에서는 그 자기자본 또는 순자산액까지만 보유하도록 하고 있다. 스페인에서는 비금융기업이 신설은행의 20% 이상을 처음 5년 동안 보유할 수 없다. 영국에서는 기업이 지배주주가 되기 위해서는 중앙은행의 반대가 없어야 한다. 그리고 미국에서는 비금융기업은 은행과 은행지주회사의 25% 이상을 보유할

확보를 위해서는 내부자의 지분이 15-35%의 범위에 있어야 하지만, 이 경우 내부자가 고위험·고수익의 추구형태를 보인다고 하였다.

수 없다.

은행의 개인소유를 자유화하자고 한다면 은행업이 소수의 대기업 집단에 의해 지배되어 사금고화되어 경제력 집중 현상이 심화된다는 이유로 반대한다. 그러나 사금고화 문제는 기업소유의 은행이 다른 경쟁기업들에게 신용을 제한함으로써 경쟁자의 경쟁적 활동을 방해할 수 있음을 전제로 한다. 이러한 행위가 효과적이기 위해서는 은행대출시장과 그 대체시장이 비경쟁적이어야만 한다. 경쟁기업들이 다른 은행들과 회사채시장과 같은 비은행금융시장을 이용한다면 기업이 소유한 은행이 효과적으로 경쟁자들에게 신용을 제한할 수 없다.

사금고화와 경제력 집중은 은행의 소유지분보다는 오히려 진입을 제한하는 각종 금융규제와 보호장치, 규제적 산업정책에 따른 금융산업과 비금융산업의 독점에 따른 지대 추구 가능성에 기인한다. 그러므로 사금고화와 경제력 집중 문제의 경제의 올바른 해결책은 은행의 소유를 제한하는 것이 아니라 은행, 산업, 그리고 기업에 대한 모든 정부의 명시적 또는 암묵적 지원과 간섭을 없애는 일이다. 따라서 이 문제를 해결하는 방법은 기본적으로 경제를 경쟁적으로 만든 것이다. 이를 위해 금융규제를 포함한 각종 정부규제를 철폐 또는 완화해야 한다(안재욱, 2002).

그래도 사금고화 문제와 경제력 집중이 우려된다면 금융당국은 특정기업 및 특정계열기업군에 대한 편중여신을 방지하는 여신관리제도를 활용할 수 있으며, 은행의 경영공시를 강화하고 시가회계제도의 도입 등을 통해 투자자 및 예금자의 감시기능을 활성화시킬 수도 있다. 그리고 기업의 경제력 집중 문제나 계열사에 대한 불공정대출 등의 문제들은 소유제한과 같은 진입규제로 풀 것이 아니라 공정거래법에서 다룰 수 있는 것이다.

<표 5> 주요국가의 은행소유에 대한 규제 내용

국명	규제내용
오스트리아	제한 없음 : 주주의 적격성과 적합성을 심사함.
벨기에	제한 없음 : 주주의 적격성과 적합성을 심사함.
캐나다	제한 있음 : 동일인의 은행주식보유 한도는 기발행공모주의 10% 이내.
덴마크	제한 없음 : 직접 혹은 간접적으로 은행에 영향력을 갖는 기업은 감독기관의 허가를 얻어야 함.
핀란드	제한 없음 : 기업은 5% 이상 의결권행사를 할 수 없음.
프랑스	제한 없음 : 10%, 20%, 33% 초과시 승인.
독일	제한 없음 : 10%, 20%, 33%, 50% 초과시 승인.
그리스	제한 없음 : 주주의 적격성과 적합성을 심사함.
아일랜드	제한 없음. 5% 이상 보유하기 위해서는 사전통보를 해야 하고, 10% 이상 소유하고자 할 경우나 임원의 임면권을 갖는 보유율에 대해서는 사전 승인을 받아야 함.
이탈리아	제한 있음 : 은행업과 금융업 이외의 사업을 하는 사람은 은행주식의 15% 이상을 소유하는 것을 금지.
일본	제한 없음 : 비금융회사는 그 자기자본 또는 순자산액까지 보유 제한됨.
룩셈부르크	제한 있음 : 법적으로는 비금융기업은 은행의 대주주가 될 수 있음. 그러나 일반적으로 정책에 의해 비금융기업과 개인이 은행의 대주주가 되지 못하도록 하고 있음.
네덜란드	제약 없음 : 은행의 자기자본의 5% 이상의 투자에 대해서는 재무부장관의 반대가 없어야 함.
포르투갈	제약 없음 : 주주의 적격성과 적합성을 심사함.
스페인	제한 없음 : 비금융기업은 신설은행의 20% 이상을 처음 5년 동안 보유할 수 없음. 명시된 한계 이상을 추가로 보유할 때마다 Bank of Spain의 승인을 요함.
스웨덴	제한 있음 : 은행소유가 50%로 제한됨.
스위스	제한 없음 : 비금융 기업도 은행의 주식을 100% 소유할 수 있음.
영국	제한 없음 : 기업이 지배주주가 되기 위해서는 중앙은행인 잉글랜드 은행에 신청해야 하고 중앙은행의 반대가 없어야 함.
미국	제한 없음. 비금융기업은 은행과 은행지주회사의 주식을 25% 이상 보유할 수 없음.

출처: Barth, Nolle, and Rice(1997)

3. 금융규제 완화

정부가 금융기관의 경영에 개입하는 것이 많은 문제점을 야기한다는 사실을 인식함에도 불구하고 여전히 금융기관의 경영에 간섭하고 규제하는 논거는 예금자를 보호하고 금융제도의 안전성을 유지하기 위해서다. 이러한 인식은 시장실패(정보의 비대치성과 외부성)에 그 바탕을 두고 있다. 금융을 시장에 맡겨 놓을 경우 일반예금자들은 금융기관의 건전성 여부를 판단할 수 있는 정보를 얻기 어렵고 수집된 정보를 분석할 수 있는 능력이 부족하기 때문에 금융기관을 잘못 선택하여 큰 손해를 볼 수 있다는 것이다. 또한 한 금융기관이 도산했을 때 다른 금융기관에 대한 일반의 신뢰가 악화되어 예금인출사태를 야기함으로써 금융권 전체의 위기로 확산될 수 있다는 것이다. 따라서 시장실패를 막아서 예금자를 보호하고 금융제도의 안정을 유지하기 위해서는 정부의 금융기관에 대한 규제가 필수적이라고 한다.

그러나 이러한 시장실패론은 그 근거가 아주 미약하다. Rolnick·Weber(1984)은 미국의 자유은행시기(1837-60) 동안에 은행의 예금인출사태에 아무런 전염효과가 없었다는 증거를 보여주고 있다. Kaufman(1988)은 국적은행 기간(1863-1913)의 1878년, 1893년, 그리고 1908년의 공황에서 1893년을 제외하고는 전염효과가 거의 없었다는 것을 보여주고 있다. Wicker(1980)는 1930-1933년의 대공황의 시기에 전염효과가 지역적으로 극히 제한되었음을 밝히고 있다. Selgin(1994)은 1932년 미국의 금융공황에 결정적인 역할을 한 것은 정부가 은행휴일(bank holiday)을 선언한 것이었다고 한다. 정부가 은행휴일을 선언함으로써 공황에 대한 우려가 쉽게 자기실현예측(self-fulfilling prophesy)으로 되어 오히려 공황이 전반적으로 확산되었다는 것이다.

정부개입이 없어도 자유시장에서 안정적인 금융제도가 유지될 수 있다. 그것은 자기규제(self-regulation)로 스스로를 견실하게 하려는 예금자 및 금융기관들의 노력과 그렇게 하도록 가해지는 경쟁적 압력에 의해 이루어진다. 정부의 개입이 없으면 시장에서 예금자들은 금융기관들의 활동을 면밀히 감시할 것이다. 또 금융기관을 감시하기 위해서는 정보가 필요하기 때문에 그러한 정보를 제공하는 사기업이 출현하게 될 것이다.11) 만일 금융기관이 과도한 위험활동을 하는 경우 예금자들은 즉각적으로 예금을 인출할 것이다. 그러한 예금인출이 일어나지 않게 하기 위해서 금융기관들은 충분한 자본금을 보유하고 과도한 위험을 택하지 않을 것이다. 실제로 미국의 국적은행기간(National Banking Era) 동안 보험에 들지 않았던 은행들은 많은 예금자들에 의해서 면밀히 감시되었으며 많은 은행들이 자신들의 안정성에 대한 정보를 제공하였고, 은행들은 예금자들이 자신들을 감시하고 있다는 것을 알고 있었기 때문에 이자율 위험이 매우 낮은 포트폴리오를 구성하였다(Kaufman, 1989).

정부가 개입할 때보다는 시장에 맡겨졌을 때 금융시장이 훨씬 더 안정적이었다는 증거들은 많다. 보통 금융시장이 불안정하다는 증거로서 미국의 자유금융시기(1837-1865) 동안에 일어났던 은행파산들이 많이 제시되지만, 그러한 증거들은 잘못 해석된 경향이 많다. Dwyer(1996)는 미국의 자유금융시기를 다시 연구한 결과 그 당시의 금융제도가 불안정하다는 증거가 없다는 결론을 내리고 있다. 18세기에서 19세기 초까지의 스코틀랜드 금융제도는 통

---

11) 현재 미국에서는 "The Bank Safety Directory"와 "Rating the Banks" 등과 같은 개별은행들의 성과에 대한 정보를 제공하는 사적 출판물이 있으며, 이 출판물들은 완전 보험되어 있지 않는 고액 예금 및 CD의 보유자에 의해 이용되고 있다.

화정책과 중앙은행이 없었고 은행산업에 거의 법적인 규제를 받지 않았지만 매우 안정적이었음을 역사는 보여 주고 있다(White, 1995). Chu(1996)은 1935-1964년 기간의 홍콩, 캐나다, 미국의 금융제도를 비교 연구한 결과 정부규제가 많았던 미국이 규제가 거의 없었던 홍콩보다 은행 파산율이 훨씬 높았음을 보여주고 있다.

금융시장의 불안정이 시장자체의 결과라기보다는 정부규제의 결과임을 알 수 있다. 그러므로 예금자보호와 금융시장의 안정성을 유지하기 위하여 금융시장이 정부 개입이 아닌 시장의 힘에 맡겨져야 할 것이다. 정부는 금융기관과 예금자들이 자율규제하는 자유금융시장의 확립을 그 목표로 삼아야 할 것이며 금융기관에 대한 규제를 완화해야 할 것이다. 꼭 필요한 규제가 있다면 그것은 적극적 규제체계(positive regulation system)가 아닌 소극적 규제체계(negative regulation system)로 만드는 것이 바람직하다.

한편 규제완화를 성공적으로 성취하기 위해서는 관료제를 타파하는 것이 필요하다. 관료제를 타파하는 가장 효과적인 방법은 관료 조직의 인원 및 조직을 축소하는 것이다. 관료 조직의 인원 및 조직을 축소하는 일은 규제완화의 성공뿐만 아니라 관치금융의 원천을 제거할 수 있다는 의미에서 매우 중요하다.

4. 금융시장 개방

외국인의 국내 진출은 정부의 금융산업에 대한 영향력을 감소시키고 각종 규제를 무력화시킬 것이다. 국내에 진출한 외국 금융기관들이 법규에는 없으면서 관행적으로 해오던 당국의 영향력 행사를 거부할 수 있기 때문이다. 정부의 관치금융을 위한 규제수단들이 사실상 차단되고 금융기관의 인사, 자금, 금리 등에 대한 간섭이 축소되고 자율적 의사결정이 증가할 것이다. 정부의 정책 금융과 같은 공식적인 규제와 금리 통제와 업무지시와 같은 비공식적인 규제가 모두 사라질 것이다.

또한 금융시장이 개방이 되면 경제가 경쟁적 체제가 되어 어느 한 기업이 독점적 위치를 차지하기 어렵게 된다. 금융시장이 완전 개방된 상황에서 은행소유자유화에 따른 대기업 집단에 의한 경제력 집중이 발생할 가능성은 거의 없다. 따라서 금융시장을 완전 개방하여 경제를 경쟁적으로 만들면 기업지배금융은 물론 관치금융도 사라지게 될 것이다.

V. 결론

한국에서 관치금융이 쉽게 사라지지 않고 있다. 과거에 정부가 금융기관의 경영에 개입하였던 이유는 자원의 효율적 배분이었다. 금융시장이 잘 발달되지 않는 상황에서 자원을 효율적으로 배분하기 위해서는 정부가 나서서 금융체제를 구축하여야 한다는 것이었다. 그 결과 높은 경제 성장을 이룩하였지만 그에 따른 부작용이 심각했다. 금융 시장의 왜곡과 금융기관의 부실이었다.

관치금융에 대한 최근의 논거는 금융시장의 건전성 확보에 있다. 물론 금융당국이 금융시장을 건전하게 유지하기 위해 감독권을 행사하는 것은 필요하다. 그러나 이러한 감독권에 기대어 금융기관의 인사에 개입하거나 다른 일상적인 경영활동까지 관여하려 한다면 금융기관의 건전성은 오히려 악화된다. 금융기관의 건전성은 시장의 경쟁에 의해 강화될 수 있다는 인식이 필요하다. 이러한 인식 하에 정부는 금융기관의 경영에 간섭하지 말아야 할 것이다.

또한 관치금융을 막기 위해서는 무엇보다도 은행에 주인을 찾아주는 것이 필요하다. 은행에 주인을 찾아주기 위해서는 지금 현재 국유화된 은행을 민영화하고 은행의 소유한도를 폐지하는 것이 필요하다. 그리하여 소유주로 하여금 은행을 책임경영 하도록 하는 것이 필요하다. 그리고 금융시장에 가해지고 있는 각종 규제를 완화하고 금융시장을 개방하여 금융시장을 경쟁적으로 만들 필요가 있다.

< 참 고 문 헌 >

배상근, 안재욱『우리나라 은행산업의 소유형태와 경영성과에 관한 연구』, 한국경제연구원, 2002.

안재욱, 「금융기관 합병·전환 및 신규 진입에 관한 정책 방향」, 『한국의 금융개혁』, 세계경제연구원, 1997, 32-50.

_____, 『은행민영화방안 : 은행소유의 자유화』, 자유기업원, 2002.

최희갑, 「금융산업의 경쟁력 현황과 과제 : 은행업을 중심으로」, Issue Paper 삼성경제연구소, 2001. 5.

Alchian, Armen A., Some Economics of Property Rights, *Politico 30*, 1965, 816-829.

_____, *Economic Forces at Work*(Indianapolis: Liberty Press), 1977.

Atkinson, Scott E., and Halvorsen, Robert, The relative Efficiency of Public and Private Firms in a Regulated Environment: The Case of U.S. Electric Utilities, *Journal of Public Economics 29*, April 1986, 281-294.

Bartel, Ann P., and Harrison, Ann E., Ownership versus Environment: Why Are Public Sector Firms Inefficient?, *Working Paper 7043*, March 1999.

Barth, James : Capiro, Gerard; and Levine, Ross. "The Regulation and

Supervision of Banks around the World: Do Regulation and Ownership Affect Performance and Stability?" *Policy Research Working Paper #2325*, World Bank, February 2000.

Barth, James : Nolle, Daniel E.; and Rice, Tara N. "Commercial Banking Structure, Regulation, and Performance: An International Comparison," *Office of the Comptroller of the Currency Economics Working Paper*, February 1997.

Bordman, Anthony E., and Vining, Aldan R.   Ownership and Performance in Competitive Environments : A Comparison of the performance of Private, Mixed, and State-Owned Enterprises, *Journal of Law and Economics*, April 1989, 32, 1-33.

Buchanan, James M., and Tullock, Gordon, *The Calculus of Consent*, Ann Arbor, University of Michigan Press, 1962.

Bruggink, Thomas H., Public versus Private Enterprise in the Municipal Water Industry : A Comparison of Operating Costs, *Quarterly Review of Economics and Business* 22(1), 1982, 111-125.

Cecchetti, Stephen G., and Krause, Stefan, Financial Structure,Macroeconomic Stability and Monetary Policy, *Working Paper 8354*, National Bureau of Economic Research, July 2001.

Chu, Kam Hon, "Is Free Banking More Prune to Bank Failures than Regulated Banking," *Cato Journal*, 16(1), 1996.

Corrigan, E. G. *Financial Market Structure: a Longer View*(Federal Reserve Bank of New York), 1987.

Crain, Mark, and Zardkoohi, Ashar, A Test of the Property Rights Theory of the Firm : Water Utilities in the U.S., *Journal of Law and Economics 21*, 1978, 395-408.

Davies, David, Property Rights and Economic Efficiency : The Australian Airlines Revisited, *Journal of Law and Economics 14*, April 1977, 223-226.

_____, Property Rights and Economic Behavior in Private and Government Enterprises: The Case of Australias Banking System, *In Research in Law and Economics*, Vol. 3 edited by Richard O. Zerbe, pp.111-42, Greenwich, Conn. : JAI, 1981.

Demsetz, Harold, 1983, The Structure of Ownership and the Theory of the Firm, *Journal of Law and Economics 26*, 375-390.

Dowd, Kevin. *Laissez-faire Banking*, London and New York: Routlege, 1993.

Dewenter, Kathryn, and Malatesta, Paul H., State-Owned and Privately-Owned

Firms: An Empirical Analysis of Profitability, Leverage, and Labour Intensity, *American Economic Review 91*, 320-334.

Dwyer, Gerald P. Jr. "Wildcat Banking, Banking Panics, and Free Banking in the United States," *Economic Review*, Federal Reserve Bank of Atlanta, December 1996.

Ehrich, Isaac, Gallais-Hamonno, Georges, Liu, Zhiqiang, and Lutter, Randall, Productivity Growth and Firm Ownership: An Analytical and Empirical Investigation, *Journal of Political Economy 102*(5), 1994, 1006-1038.

Feigenbaum, Susan, and Teeples, Ronald, Public versus Private Water Delivery: A Hedonic Cost Approach, *Review of Economics and Statistics 65*, November 1983, 672-678.

Gorton, G. and Rosen, R. "Corporate Control, Portfolio Choice, and the Decline of Banking," *Journal of Finance*, December 1995, 1377-1420.

Kaufman, George G. "Banking Risk in Historical Perspective," *In Research in Financial Services*, Edited by George G. Kaufman, Greenwich, Conn.: JAI Press, 1989, pp.151-64.

_____, "The Truth about Bank Runs," *In The Financial Services Revolution: Policy Directions for the Future*, Chap. 2, Edited by Catherine England and Thomas Huertes, Boston : Kluwer Academic Publishers, 1988.

Kumbhakar, Subal C., and Hjalmarsson, Lennart, Relative Performance of Public and Private Ownership under Yardstick Competition : Electricity retail Distribution, *European Economic Review 42*, 1999, 97-122.

La Porta, Rafael : Lopes-de-Silanes, Floencio; and Shliefer, Andrei. "Government Ownership of Banks," *Working Paper 7620*, National Bureau of Economic Research, March 2000.

Mann, Patrick C. Public-owned electric utility profits and resource allocation, *Land Economics*, 1970, 478-484.

Meyer, Robert A., Publicly Owned vs. Privately Owned Utilities : A Policy Choice, *Review of Economics and Statistics 57*, November 1975, 391-399.

Mishkin, Frederic S. *The Economics of Money, Banking, and Financial Markets,* 5th ed. Reading, Massachusetts : Addison-Wesley, 1997.

Nicols, Alfred, Property Rights and Behavior : Stock versus Mutual Savings and Loan Associations : Some Evidence of Differences in Behavior, *American Economic Review 57*, 1967, 337-346.

O'Hara, Maureen, Property Rights and the Financial Firm, *Journal of Law and Economics 24*, 1981, 313-333.

Peltzman, Sam, Pricing in Public and Private Enterprises : Electric Utilities in the United States, *Journal of Law and Economics 14*, April 1971, 109-147.

Rolnick, Arthur J. and Warren E. Weber, "The Causes of Free Banking Failures," *Journal of Monetary Economics 14*, October 1984, pp.267-291.

Shapiro, David L., *The Nature of the Public Firm*, In Gordon Tullock, ed., Exploration in Economics, Blacksburg, Va., University Publications, 1975.

Schuler Kurt, *Should Developing Countries Have Central Banks?* London : Institute of Economic Affairs, 1996.

Selgin, George. *The Theory of Free Banking : Money Supply under Competitive Note Issue*, Totowa, N.J. : Rowman and Littlefield, 1988.

_____, "Are Banking Crises Free-Market Phenomena?" *Critical Review*, Fall 1994, pp.591-608.

_____, "Legal Restrictions, Financial Weakening, and the Lender of Last Resort," *Cato Journal*, Vol. 9, No. 2, Fall 1989, pp.429-459.

White, Lawrence H. *Free Banking in Britain: Theory, Experience, and Debate, 1800-1845*, second ed. Institute of Economic Affairs, 1995.

Wicker, Elmus "A Reconsideration of the Causes of the Banking Panic of 1930: *Journal of Economic History 40*, September 1980, pp.571-83.

근로자기업과 효율성

장대홍
(한림대 교수)

I. 머리말1)

기업의 소유나 경영에 근로자2)가 참여해야 하는가? 그렇다면 어떤 방식으로, 어느 범위까지 참여해야 하는가? 이 질문은 기업이론이나 기업관련 정책에서 중요한 과제로 남아 있다. 현대적 산업생산에서 전통적 자본가기업(capitalist firm)이 압도적인 비중을 차지하고 있음을 고려하면, 이는 다소 부자연스러운 의문으로 생각될 수 있다. 그러나 기업의 소유권이 자본공급자에게 독점적으로 주어져야 할 당위성이 항상 명확하지는 않다. 이 점은 기업의 소유, 지배, 경영에서 근로자에게 일정한 역할을 부여하는 기업3), 즉, 근로

---

1) 이 논문은 장대홍 [2004] '근로자기업의 효율성', 경제사회구조와 복지, 장대홍 외, 소화출판사를 일부 개정한 논문임.
2) 이 글에서 우리는 생산요소로서의 노동(labor)이나 고용관계를 전제하는 종업원(employee) 대신 근로자(worker)라는 용어를 주로 사용하기로 한다. 같은 이유로 근로자가 기업의 소유나 경영에, 최소한 부분적으로라도, 참여하는 기업은, 보다 보편적인 용어인 노동자기업(labor firm) 대신, 근로자기업으로 부르기로 하자.
3) 이런 의미에서 근로자기업은, 자본가기업과 대칭적인 기업형태이다(각주2 참조). 따라서 이 글에서 근로자기업은 노동자관리기업(labor-managed firm)이나 공동결정기업(codetermined firm)을 모두 포괄하는 의미를 가진다. 아래의 논의는 이를 보

자기업을 자본가기업의 대안으로 설정하는 이론적 출발점이다.

근로자기업은 흔히 산업민주화(industrial democracy) 또는 근로자 참여(worker participation)의 구호로 포장되고, 근로자가 소유경영에 참여하는 방식과 범위에 따라 노동자관리기업(labor-managed firm)에서부터 공동결정기업(co-determination, co-determined firm), 종업원지주제(ESOP, employee stock option plan)에 이르기까지 다양한 형태를 취한다. 이들 근로자기업은 그 구체적 형태와 상관없이 기업에서 근로자의 권익보호를 가장 우선시한다. 그러나 근로자기업이, 이념적 주장이나 명분을 떠나서, 성립하고, 성장할 수 있는 이론적, 실증적 근거는 무엇인가?

전형적 자본가기업에서 근로자는 노동의 공급을 전제로 기업에 고용된 종업원이다. 고용계약은 명시적이나 묵시적으로 종업원의 고용조건, 임금, 작업환경과 같은 일상적인 권익을 규정하고, 보호한다. 그러나 주요투자 결정, 기업구조 개편, 적대적 기업인수와 같이 소유경영권의 행사에 속하는 기업행위가 종업원의 (모든 인적 자본[4]을 포함하는 넓은 의미의) 권익에 중대한 영향을 줄 경우, 고용계약이 이러한 권익을 어느 범위까지 보호할 수 있거나, 보호해야 하는지는 분명치 않다. 이런 의미에서 고용계약의 불완전성과 인적 자본 보호의 필요성이 근로자기업에 대한 이론적 근거로서 흔히 제시되고 있다. 그러나 이 논리가 정당화되려면, 먼저 보호하려는 근로자의 권익이 무엇인지, 그리고, 근로자기업이 이를 달성하는 최선의 방법인지에 대한 검토가 필요하다.

대형 현대기업에서 대부분의 자본공급자들은 자신이 소유하고

다 분명히 할 것이다.

4) 종업원의 인적 자본은 기업과 연관된 전문적 훈련, 교육, 숙련을 포함하는 기업전속 인적 자본(firm-specific human capital)이다. 종업원은 또한 고용기간 동안 이웃, 친구 및 지역사회의 연결망에 대한 친숙함과 같은 전속자산을 개발하게 된다. 이들 인적 자본의 대부분은 고용관계가 종료되면, 가치를 잃게 된다(Blair[1996]).

있는 기업에 대해 좁은 이해관계를 가지는 투자자일 뿐이며, 통제권의 행사에도 소극적이다. 이에 비해 근로자, 소비자, 공급자, 지역사회나 국가와 같은 기업의 다른 이해관계집단은 기업의 운영과정이나 경영성과와 보다 밀접한 이해관계를 가질 수 있다. 특히 근로자들은 생산현장에 가장 밀착해 있을 뿐 아니라, 그들의 생계와 생활수준이 고용의 안정 또는 기업의 성과와 직접 연결되어 있다. 또한 근로자의 자부심, 근로의욕이나 생산성은 소유경영에 참여함으로써 증대될 수도 있다. 이와 같이 근로자가 자본공급자에 비해 보다 직접적이고, 아마도 보다 강한, 이해관계를 가진다는 관찰이 근로자의 기업소유를 정당화하는가? 이런 의문에 적절히 답하기 위해서 우리는 기업에서의 자본공급자와 근로자의 역할과 이해관계를 이해해야 한다.

근로자기업에 대한 논의가 활발해진 배경에는 최근의 경제현상이 깊이 관련되어 있다. 기업환경이 급속히 정보기술화, 글로벌화하는 과정에서 기업 간 경쟁이 격화되면서 기업실패, 기업구조조정의 사례가 증가하였다. 이에 따른 고용의 불안정과 근로자 복지의 감소에 대한 우려가 근로자기업을 옹호하는 근거로 흔히 제시된다. 이런 주장은 고용불안정과 근로자 복지감소의 근원을 근로자의 권익을 적절히 보호하지 않는 자본가기업의 구조적 결함에 있다고 주장한다. 이들은 흔히 자본가기업의 이윤추구와 지나친 경쟁이 근로자 복지를 희생하게 만든다고 본다.

그러나 순수근로자기업이 항상 고용을 극대화하지는 않으며[5], 시장경제에서 기업 간 경쟁이나 기업구조조정, 기업실패는 자원배

---

[5] 순수근로자기업은 근로자가 소유자·종업원의 역할을 하며, 자본을 임차하는 '순수임차기업(pure rental firm, Jensen and Meckling[1979])'이다. 이런 기업의 공급함수는 우하향(downward sloping)하는 이론적 특성을 가질 뿐 아니라(Dreze[1989]), 공동재산권 문제로 고용을 줄이는 경향을 보인다(아래의 I. 3절 참조).

분의 효율성을 복원하는 과정이다. 또한 비효율적인 고용의 유지는 근로자의 복지와 반드시 합치되지도 않는다. 이를 이해하기 위해 기술이나 환경의 변화로 어느 기업의 최적 고용수준이 현재보다 낮아지는 경우를 생각해보자. 이 기업이 고용수준을 유지할 수 있으려면, 잉여 노동력에 대해 보조금을 지급하든지 임금을 낮추거나 또는 기업구조의 개편을 통해 현재의 고용수준이 최적이 되도록 해야 한다. 보조금 지급은 기업차원에서 비효율적인 손실을 감수하는 것임에 비해, 후자의 두 방법은 현재의 고용수준이 최적이 되도록 기업의 효율성을 복원시키는 방법이다. 보조금지급은, 누가 이를 지급하든지 상관없이, 기본적으로 자중손실이므로 이를 거시경제학적인 비용[6]으로 대체하고, 새로운 기업활동으로 잉여인력의 일부를 흡수하는 것이 항상 보다 효율적이다.

임금의 하향조정이나 기업구조의 개편을 통한 효율성의 복원과정은, 그에 따른 협상비용이나 부의 효과가 없다면, 기업의 소유지배구조와는 무관할 것이다[7]. 따라서 근로자기업이 효율성 복원이나 유지에 보다 유리하려면, 소유지배구조와 관련한 비용의 합이 전통적 자본가기업의 경우보다 작아야 한다. 이와 같이 보다 효율적인 기업 소유구조는 소유지배의 비용이 보다 작은 경우로 정의할 수 있다. 이러한 소유지배비용은 협상비용 뿐만 아니라, 상실된 산출물에 대한 기회비용이나 지배비용까지 포함하는 광범위한 개념으로서, 이 점은 아래의 논의에서 보다 분명히 드러날 것이다.

근로자기업에 대한 비판은 자본가기업에 비해 높은 소유지배비용을 가진다는 점으로 요약된다. 이런 의미에서의 근로자가 갖는

---

6) 예를 들어, 조세방식으로 조성된 실업보험금을 지급하는 경우를 생각할 수 있다.
7) 기업성과의 배분방식은 기업의 소유지배구조에서 결정되므로, 이는 Coase 정리를 적용한 것이다.

부와 신용의 한계(wealth and credit constraint), 위험회피성향(risk aversion)과 자산 전속성(asset specificity)의 문제와 함께, 근로자 소유권의 시장성 결여나 높은 공동의사결정비용(high collective decision making cost)으로부터 발생한다. 그러나 이들 비효율성 요인의 상당부분은, 최소한 이론적인 면에서 보면, 기업의 조직이나 지배구조의 변경으로 극복할 수 있다는 주장도 제기된다. 따라서 비효율성의 문제는 기존의 자본가기업 지배구조를 초월하는 틀 안에서 재조명될 필요가 있다.

근로자기업은 현실적인 사례가 많지 않기 때문에, 자본가기업에 대비한 근로자기업의 상대적 효율성에 대한 실증적 증거가 충분히 축적되어 있지 않다. 그러나 자본가기업이, 다른 소유구조의 기업 조직에 대한 제도적 장애가 없음에도, 지배적인 기업형태로 남아 있다는 사실 자체가 근로자기업의 상대적 비효율성을 입증한다는 생존검증(survival test)의 증거가 흔히 거론된다. 그러나 피상적인 인식과는 달리, 소비자, 근로자, (중간재 또는 소재)공급자가 소유하는 비자본가기업 또는 소유자가 없는 경제적 조직이 다수 존재하며, 법률, 회계와 같은 전문 서비스, 트럭, 택시, 청소 서비스 업종에서부터 대형 항공사나 목재, 합판 기업에 이르기까지 종업원이 소유권의 일부 또는 전부를 차지하는 기업이 상당수 존재하고 있다. 따라서 근로자기업의 비효율성 문제는 이들 현실적 사례와 함께 재검토될 필요가 있다.

이 글은 위에서 요약한 쟁점을 중심으로 근로자기업의 실행(가능)성(viability)을 비판적으로 검토하는 데 목적이 있다. 이 논의는 순전히 실증적인 논리로 전개되었으며, 규범적 또는 이념적 요소는 모두 배제하고 있다. 그것은 후자의 중요성을 무시하려하기보다는 근로자기업의 성격을 보다 분명히 부각시키려는 데 있다.

논의는 관련된 주요 이론적 또는 실증적 연구 결과들을 재검토 및 재해석하는 방식으로 정리되었으며, 부분적으로 새로운 시각을 포함하고 있다.

다음의 제II절은 기업과 기업소유권의 개념이 근로자기업에 어떻게 적용될 수 있는지를 주로 논의하고 있다. 이를 위해 기업과 기업소유권의 개념을 재산권 이론적 시각에서 재해석하고, 이들 이론적 틀에 근로자기업의 구조를 설명한다. 제III절은 순수근로자기업의 실행성과 상대적 비효율성을 논하고 있다. 논의의 핵심은 근로자기업이 자본가기업의 대칭적 구조가 아니라는 데 있으며, 이와 같은 비대칭성이 근로자기업의 취약한 실행성과 비효율성으로 나타남을 보이고 있다. 제IV절은 근로자기업에 대한 사례와 효율성에 대한 실증적 분석결과들을 소개하고 있다. 제 V절은 자본가기업의 틀을 유지하면서 근로자기업의 특성을 도입하는 방식의 기업구조를 논의하고 있다. 마지막 제VI절은 논의결과를 요약하고, 결론과 함께 제언을 담고 있다.

II. 기업과 기업소유권

근로자기업의 실행가능성(viability)이나 실효성(effectiveness)에 대한 해답은 기업소유권의 배분과 기업의 효율성과의 관계를 분석함으로써 얻을 수 있다. 이를 위한 첫 단계는 분석대상이 되는 기업모형을 설정하는 일이다.

1. 생산함수와 기업모형

전통적인 미시경제학적 분석에서 기업은 이윤 극대화를 목적으로 노동, 자본 및 기타 생산요소를 결합하여 어떤 산출물을 생산하며, 이는 다음과 같은 생산함수로 구체화할 수 있다.

$$Q = F(L, K, N ; T) \tag{1}$$

여기서 Q, L, K, N은 각각 산출물, 노동, 자본 및 기타 투입요소를, T는 생산기술을 나타낸다. 이와 같은 생산함수 모형은 투입
-산출관계를 나타내는 암상자(暗箱子) 모형(Input-output, black box model)일 뿐이며, 기업의 소유권이나 조직구조에 대한 아무런 단서를 주지 않는다. 예를 들어, 식 (1)은 요소공급자가 시장거래의 방식으로 생산요소를 공급하는 경우에도 그대로 적용된다.

생산함수에서 소유구조와 조직구조가 일정한 역할을 갖도록 기업모형을 설정해 보기로 하자. 식 (1)에서 각 생산요소는 어떤 개인이 소유하고 있는 요소자산(input or factor-producing asset)에 의해 산출된다고 볼 수 있다. 이 해석에 따르면, 자본가는 그가 소유한 자본 자산으로부터 산출된 자본 서비스를, 근로자는 인적자산으로부터 산출된 노동서비스를 생산과정에 투입하는 거래주체이며, 그 밖의 다른 생산요소들도 모두 자산소유자에 의해 산출 및 투입된다. 이들 요소자산의 소유자들은 일정한 소유구조와 조직구조를 가진 기업에서, 시장거래가 아닌 기업내부거래의 방식으로 생산요소를 공급할 것에 합의함으로써 기업의 구성원이 된다. 이를 Jensen and Meckling[1979]에 따라 기업생산함수로 나타내면,

$$Q = F_\theta(L, K, N ; T, \varphi) \tag{2}$$

으로 쓸 수 있고, 여기서 θ는 소유구조, φ는 조직구조를 각각 의미한다. 여기서 소유구조란 각 생산요소를 공급하는 자산소유 자 간의 계약관계의 집합의 한 원소를 나타내는 지수로 생각할 수 있다.

식 (2)의 기업생산함수는 투입-산출관계 뿐 아니라. 기업과 생산요소의 소유권 배분과 조직구조를 동시에 나타낸다. 이런 기업 생산함수 모형에 의하면, 기업은 특정 산출물을 얻기 위해 다수의 요소자산이 수직 또는 수평적으로 결합된 복합자산으로 생각할 수 있다. 이와 같은 복합자산으로서의 기업에서 특정 요소자산의 소유자가 다른 (내부)요소자산의 소유자에 대해서, 최소한 부분적으로나마, 일방적인 재량권(unidirectional discretionary power)을 가질 때, 그는 기업의 소유권자로 정의할 수 있다. 다시 말하면, 기업의 소유권자는 특정 요소자산의 소유자로서 다른 요소자산의 소유자인 내부구성원에 대해 부분적이고, 위계적인 재량권, 즉, 통제권을 행사할 수 있도록 위임을 받은 자이다.

따라서 기업 조직은 기본적으로 위계구조(hierarchial structure)이며, 기업소유권자는 기업 조직의 최상층부에서 다른 요소자산소유자에 대해통제권을 행사할 수 있는 위치에 있다. 또한 요소자산 소유자 간의 계약관계는 시장거래가 아닌 내부화된 거래로 이루어진다. 이 정의에 따르면 같은 요소자산들로 구성된 다른 유형의 생산관계라고 하더라도 그러한 내부거래와 또는 재량권의 위임이 없다면, 기업으로 볼 수 없다.[8]

재산권 이론의 시각에 입각한 기업이론들은 식 (2)에서와 같이

---

8) 따라서 여기서 논의하는 기업은 법적인 의미에서 기업과 반드시 일치하지 않을 수 있을 것이다. 예를 들어, 자판기를 유일한 자산으로 가지고 있으며, 배달, 운송, 수금 등 관련된 모든 인력을 아웃소싱으로 충당하는 경우라면, 비록 법적인 기업요건을 갖추었다고 하더라도, 기업이 아니다.

정의된 기업모형에서 투입-산출의 관계가 기업활동으로 내부화되는 과정과 기업구성원 간의 계약관계의 성격에 대한 이론적 근거를 제시한다. 이들 이론 및 그 확장이론들은 근로자기업의 성격과 실효성을 분석하는 데에도 유용하며, 아래에서 이를 보다 구체적으로 논의할 것이다, 우리의 논의를 보다 명료하게 하기 위해 식 (2)의 기업생산함수는 다음의 두 가지 측면에서 보완할 필요가 있다.

2. 이질적 생산요소와 기업모형

식 (2)의 기업모형은 곡물생산과 같이 자본과 노동 그리고 원재료의 유형과 범위가 단순한 기업의 분석에 유효하지만, 생산물의 종류와 규모, 범위가 크고, 이질적(heterogenuous)인 여러 생산요소가 투입되는 현대적 기업을 분석하기에는 적합하지 않다. 기업의 산출물은 여러 단계의 산출물이 결합된 결과인 경우가 많고, 같은 유형의 산출물이라도 흔히 기능, 용도, 품질에서 서로 다른 산출물을 복합적으로 생산한다. 예를 들어 자동차를 생산하는 기업의 산출물은 엔진제작, 차체조립, 도장과 같은 중간재 또는 공정이 수직적으로 결합되어 있을 뿐 아니라, 승용차, 상용차, 화물차와 같은 산출물을 복합적으로 생산한다. 항공회사의 경우, 산출물은 여객수송서비스와 화물운송의 복합 산출물이며, 생산과정에서 기체정비, 기내 및 기타 서비스, 파일럿 서비스가 수직적으로 결합되어 있다. 이와 같이 대부분의 기업은 이질적인 여러 제품이나 공정이 수평적 또는 수직적으로 결합되어 있는 생산구조를 가지고 있다.

한편 이질적인 투입요소의 경우는 같은 공정이라도 흔히 일의 성격이나 숙련도가 크게 다른 노동이 투입되는 데서 잘 드러난다. 예를 들어, 엔진제작에서 엔진의 설계와 조립은 완전히 다른 성격의 노동일 뿐 아니라, 같은 일이라도 해당 노동자의 숙련도에는 큰 차이가 있을 수 있다. 이와 같은 이질적인 투입요소와 복합적인 산출물은 기업의 통제권 행사와 소유권 배분과도 깊이 연관되어 있으며, 아래에서 구체적으로 논의될 것이다.

이제 공통 소유 및 조직구조 아래서 생산되는 기업의 복합적 산출물을 $Q = (Q_1, \ldots, Q_j, \ldots, Q_n)$로 표시하면, 식 (2)의 기업생산함수는

$$Q_j = Q_j(L^j, K^j, N^j; T^j, \Theta, \Psi), j = 1, \ldots n$$
(3)

로 쓸 수 있고, 여기서 L^j, K^j, N^j는 j번 째 산출물의 생산에 투입되는 노동, 자본 및 기타 투입요소의 집합이다. 예를 들어, 승용차 생산에 투입되는 노동 L^j는 엔진조립, 설계, 도장, 용접과 같은 여러 유형 및 숙련도의 노동으로 이루어진 벡터이다.

식 (3)과 같이 일반화된 기업모형에서 고려되어야 할 또 다른 중요 사항은 기업의 통제나 경영과 관련된 무형의 투입요소이다. 기능적 측면에서 보면, 이는 기업의 구성원 또는 내부 요소자산의 소유자에게 각자의 역할과 과업을 조정(coordination)하고 유인을 제공(motivation)하는 기능이다. 이를, 특별히 구별해야 할 경우를 제외하고는, 광의의 기업 통제(control)로 부르기로 하자. 이 통제기능은 위에서 논의한 대로 기업의 소유권자나 그 대리인에 의해 행사되어야 하므로, 소유구조 및 조직구조의 함수이다. 또한 통제권은 불완전계약의 특성상 계약에 명시된 사항을 제외한 부분에 적용된다는

의미에서 Grossman-Hart-Moore의 잔여통제권(Grossman and Hart[1986], Hart and Moore[1990])과 일치한다. 통제기능은 시장거래에만 의존하는 단순 생산과정으로부터 기업생산을 구별하는 가장 중요한 특성으로 볼 수 있으며, 사실상 소유 및 조직구조에 실질적인 의미를 부여한다.

Fama and Jensen[1988]은 통제기능을 기업의 활동이나 구성원 모두에게 적용되는 의사결정 과정(decision process)으로 해석하고, 이를 제안(提案, initiation), 재가(裁可, ratification), 실행(implementation), 감시(monitoring)의 네 단계로 나누고 있다. 또한 이들 중 제안과 실행은(의사결정의) 관리 또는 경영(decision management), 재가와 감시는(의사결정의) 통제(decision control)로 구분될 수 있다고 한다. 그들의 분석은 통제와 경영이 기업의 생산활동에서 필수 불가결한 요소이며, 대부분의 기업에서 이들 두 기능이 분리되는 것은 효율성을 극대화하기 위한 방안임을 주장하고 있다.[9]

뒤따르는 논의에서 우리는 복합적인 산출물과 투입요소, 그리고 명시적인 투입요소로서의 통제는 기업의 소유구조에 결정적으로 중요한 함의를 가질 수 있음을 보게 될 것이다. 이상의 논의로부터 일반화된 기업생산함수를 다음과 같이 요약해 볼 수 있을 것이다.

$$Q = (\ Q_1, \ldots, \ Q_j, \ldots, \ Q_n; M, \Theta, \Psi\ ) = 0$$
$$;\ Q_j = Q_j(\ L^j, K^j, N^j;\ T^j,\ ),\ j = 1, \ldots n \quad (4)$$

위의 기업생산함수는 정태적 기업구조를 나타내기에는 충분하지

---

9) 이런 의미에서 통제나 경영 그 자체를 기업의 생산요소로, 그리고, 통제권의 소유자를 이들 서비스를 산출하는 요소자산의 소유자로 해석할 수도 있을 것이다. 그러나 이하의 논의에서는, 기존의 방식대로 별도의 기능으로 간주한다.

만, 동태적인 의미에서 '성공적인 기업의 모형으로서는 충분하지 않다. 현대적 시장경제에서 성공적인 기업은, 아주 단순한 생산과정이 아니라면, 성능과 기능이 다양한 유, 무형의 자본자산과 인적자산을 결합해야 하고, 흔히 이들 요소자산을 커다란 규모로 투입한다. 또한 성공적인 기업은 지속적인 성장과 발전을 할 수 있어야 하며, 환경변화에 적극적으로 대처할 수 있어야만 한다. 이와 같이 창업(initiation), 유지(sustenance) 및 구조조정(restructuring)의 각 단계에서 능동적이고, 효율적인 적응 능력을 발휘할 수 없는 기업은 궁극적으로 도태할 수밖에 없다. 성공적인 기업의 요건은 그것이 동태적인 생명체와 유사한 특성을 가져야 하며, 통제와 경영의 기능은 그러한 특성을 기업에 부여하는 역할을 한다.

3. 계약집합체 · 거래 비용 및 기업의 소유권

기업화된 생산과정은 소비자, 근로자, 투자자, 원자재 공급자와 같이 관련된 거래주체들 간의 거래과정으로 생각할 수 있다. 위의 기업생산함수 모형에서 이를 해석하면, 기업은 요소자산(input asset)의 소유자인 기업구성원 간의 (기업)내부화된 거래, 즉, 내부계약의 집합이며, 법인체로서의 기업은 모든 거래주체 간의 다중계약(multilateral contracts)을 일련의 (기업과의) 쌍방계약(bilateral contracts)으로 대체함으로써 거래 비용을 줄일 수 있게 하는 법적 수단이다. 따라서 기업은 내부화된 거래, 즉 기업과 구성원 간에 맺은 내부계약의 집합체(nexus of internal contracts)이다.[10]

---

10) 기업과 같은 경제 조직을 '계약, 조약 및 상호이해의 집합체(nexus of contracts, treaties and mutual understanding)으로 이해하는 견해는 Alchian and Demsetz[1972]에 도입된 이래, 계약이론, 대리인이론(Jensen and Meckling[1976]의 기본전제로 사용되

계약집합체의 관점에서 보면, 특정 거래주체가 기업의 내부구성원이나 소유권자의 역할에서 배제될 이론적 근거는 없어 보일 뿐 아니라, 이에 대한 법적 제약이 있는 경우도 찾기 어렵다.[11) 실제로 자본공급자가 아닌 소비자, 생산자, 근로자와 같은 거래주체들이 구성원으로 참여하거나 소유권을 갖는 기업구조가 다수 존재한다. 먼저 기업으로 내부화되는 거래, 즉, 기업의 범위의 문제를 보기로 하자. 기업의 모든 계약은 관련된 거래주체 간의 거래의 산물이며, 이들은 모두 어느 정도 비용 또는 비효율성, 즉 거래 비용[12)을 수반한다. 거래 비용 이론에 따르면, 기업의 성립여부와 범위, 그리고 조직특성은 관련된 모든 거래주체들[13)(transacting parties or agents)의 거래 비용의 합을 최소화하는 방식으로 정해진다(Coase[1930], Williamson[1985]). 이런 거래 비용이 간격시장거래(arm's length market transaction)에서 비교적 낮게 유지될 수 있다면, 그 거래는 시장계약의 방식으로 이루어진다. 그렇지 않을 경우, 그 거래는 기업과 내부 거래주체 간의 거래로 내부화된다.

거래 비용의 크기에 따라 거래의 내부화 여부를 결정하는 주요 요인은 자산의 전속성(asset specificity)인데, 기술적 기회비용 또는 기술적 효율성(technical efficiency)과 내부 계약비용 또는 대

어 왔다.

11) Hansmann[1990, 1996]은 회사법이 대부분의 국가에서 기업 소유권자를 자본 공급자로 제한하지 않는다는 점을 주목한다.

12) 거래 비용은 여러 가지 방식으로 정의될 수 있지만[1), 넓은 의미에서 기술적 기회비용(technical opportunity cost)과 계약비용(contracting costs)으로 나눌 수 있다. 전자는 특정 생산방식을 선택하는데서 오는 기회비용으로, 시장거래가 아닌 기업생산 방식에 따른 규모나 범위의 경제의 기회비용이 포함된다. 계약비용은 계약의 준비, 작성 및 실행과 관련된 비용, 거래주체들의 다양한 선호를 소통하고 절충하는 비용, 계약의 실행에 따르는 기회주의적 행동, 또는 전략적 협상행위로부터 발생하는 실제 및 기회비용 또는 대리인 비용을 모두 포함한다.

13) Hansman[1992, 1996]은 이를 후원자(patron)로 부르고 있다.

리인 효율성(agency efficiency)은 모두 자산전속성의 감소함수이다. 또한 기술적 효율성은 시장거래에서 보다 높지만 대리인 효율성은 자산전속성이 낮을 경우에는 시장거래에서 보다 높고, 자산전속성이 높을 경우에는 내부거래에서 보다 높게 된다. 이는 거래의 내부화가 보다 유리한 자산전속성의 임계값(critical value)이 존재하고, 따라서 생산과정과 관련된 자산의 전속성이 임계값을 넘어서 보다 클 경우에 기업이 성립할 것이다(Williamson[1985]).

이와 같은 거래 비용 이론은 자산복합체로서 기업이 성립하는 근거를 잘 설명하며, 실제 기업의 구조와 대체로 부합한다. 현실적으로 관찰되는 기업의 절대다수는 자본공급자나 근로자만을 내부구성원으로 포함하며, 전자는 소유권자, 후자는 종업원인 구조로 되어있다. 이는 소비자나 생산자의 경우, 시장 계약비용이 비교적 작은 반면에 내부 계약비용은 비교적 크기 때문에 주로 시장거래에 의존하기 때문으로 생각할 수 있고, 따라서 그들이 기업의 내부구성원이나 소유권자가 되는 경우는 드물다. 이들에 비해 요소자산으로서의 자본이나 노동은 자산전속성이 클 경우가 많고, 시장 계약비용이 비교적 크거나 내부 계약비용은 상대적으로 비교적 작은 것으로 생각된다.

그렇다면 기업의 소유권이 왜 자본가 중심으로 나타나는가? 보다 일반적으로, 기업소유권이 배분되고, 요소자산들이 결합하는 방식은 어떻게 해석할 수 있는가? 이 문제에 답하기 위해 기업소유권의 개념을 재검토할 필요가 있다. 법적인 의미에서 기업의 소유권은 기업법인의 소유권을 의미하지만 소유권 행사의 방식이나 내용은 개별요소자산의 경우와는 크게 다르다. 복합자산으로서의 기업의 소유권자는 기업이 체결하는 계약의 직접 당사자가 아닐 뿐 아니라, 다른 요소자산에 대한 제한적인 통제권을 가질 뿐이다.

이런 의미에서 기업소유권이란 다른 요소자산에 대해 위임받은 통제권의 집합체(nexus of delegated control rights over input assets)로 정의할 수 있을 것이다. 이들 통제권은 다른 요소자산을 결합하는 내부계약의 과정에서 기업에 양도되고, 계약으로 명시된 부분이 제외된다는 의미에서 잔여통제권(residual control rights)이다(Grossman and Hart[1986], Hart and Moore[1990]). 잔여통제권은 통제권 행사에 대한 유인을 주기 위해서 통상 기업수익에 대한 권리인 잔여수익청구권(residual claim to earning)과 짝을 이루게 된다(Hannsman[1990, 1996]).14)

이러한 통제권의 배분을 결정하는 근거는, 실증적인 관점에서 보면, 크게 보아 다음의 두 가지 견해에서 찾을 수 있다. 먼저 기업은 요소자산의 결합체이므로, 통제권, 즉, 기업소유권은 모든 다른 요소자산을 결합하는 요소자산의 소유자에게 주어지는 것으로 생각할 수 있다. 이 때 결합의 결과로 생산성이 가장 크게 증가하는 요소자산의 소유자는 다른 요소자산을 결합함으로써 피결합자산에 대한 (잔여)통제권을 양도받게 된다. 대체적인 하나의 설명은 피결합자산일 경우에 자산가치의 손실이 가장 큰 요소자산이 다른 요소자산을 결합함으로써 통제권을 얻을 것으로 생각할 수 있는데, 이는 Williamson의 자산전속성이 큰 자산에 해당한다.

실제로 대다수의 기업에서 자본자산의 전속성이 큰 경우가 많고, 따라서 주로 자본공급자가 소유권을 가지고 있는 사실과 대체로 부합한다. 비슷한 맥락에서 Alchian and Demsetz[1982]는 근로자가, 자본공급자에 비해 낮은 감시비용을 가짐에도 불구하고, 소유권을 갖지 않는 근거를 자본자산의 훼손가능성이 크기 때문이라고 주장한다. 이에 대한 다른 증거로서는 자산 전속성이 비교적

---

14) 이는 소유권에 대한 전제조건은 아니다. 근로자기업의 경우에 나타나는 바와 같이 잔여수익청구권이 잔여통제권으로부터 분리되는 경우도 흔히 발견된다.

낮다고 생각되는 항공사, 택시회사나 법률회사, 회계법인과 같은 서비스 업종에서 근로자기업이 많이 발견되는 점을 들 수 있다. 그러나 이 설명에 부합하지 않는 실제 사례도 자주 발견되는데, 대표적으로 대형소매점이나 금융기업은 비교적 전속성이 작은 자본자산을 가짐에도 불구하고 근로자기업인 경우가 거의 없다.

통제권배분은 각 요소자산의 소유 또는 지배비용(governance cost)의 차이에 따라 소유권이 결정된다고 보는 해석이다. Hansmann[1990, 1996]에 의하면, 기업소유권이 어느 거래주체에게나 주어질 수 있으며, 개인기업이 아닌 모든 기업은 구수의 동질적 내부거래자가 소유권을 공유하는 공동기업(cooperative)으로 볼 수 있다. 따라서 전형적 자본가기업은 투자자 공동기업(investor cooperative)이며, 근로자기업은 근로자 공동기업(worker cooperative)로 볼 수 있다. 이밖에 아파트나 소비자협동조합과 같은 소비자 공동기업(consumer cooperative), 농협, 수협과 같은 생산자 공동기업(producer cooperative)도 흔히 볼 수 있는 기업형태이다.

이들 협동기업에서 소유권은 시장 계약비용이 비교적 크고, 소유권, 즉, 통제기능의 행사에 따르는 비용인 소유지배비용은 비교적 작은 거래주체에게 주어져야 할 것이다. 이와 같은 효율성 원리에 따른다면, 근로자기업이 효율적이라면 근로자의 시장 계약비용이 비교적 커야 할 뿐 아니라, 자본공급자–투자자의 소유지배비용도 상대적으로 커야 한다. 그러나 실제로는, 근로자를 소유권자로 제한할 경우, 소유지배비용을 높일 수밖에 없는 여러 가지 요인이 있다. 예를 들어, Hansmann은 근로자기업의 특히 집단의사결정의 비용에 주목하고, 이 점이 근로자기업의 성립을 어렵게 하는 가장 큰 요인이라고 주장하고 있다.

그러나 근로자의 소유지배비용은 산업 특성에 따라 커다란 편차를 나타낼 수 있을 뿐 아니라, 제도적 장치 또는 지배구조의 개편으로 상당부분 감소될 수도 있다. 이 점은 인적 자본의 보호와 함께 근로자기업 옹호론에 가장 중요한 이론적 근거를 제공한다. 뒤따른 논의에서 우리는 이와 같이 근로자의 소유지배비용을 크게 하는 요인이 무엇인지, 또한 이들 문제를 해소할 수 있는 방안이 있는지의 문제를 구체적으로 검토하기로 한다. 우리의 논의는 Hansmann과 같이 일반적인 소유유형의 기업을 고찰하는 대신, 자본과 노동의 두 가지 요소자산을 결합하는 기업에 대한 상대적인 실행성과 효율성의 문제에 국한하기로 하자.

따라서 아래의 논의는 자본공급자와 노동공급자가 기업의 내부구성원을 이루며, 요소자산의 이질성이 비교적 큰 생산과정에서 소유권의 배분 문제에 초점을 맞추고 있다. 또한 우리는 다수의 자본공급자–투자자와 다수의 근로자–종업원이 소유권을 가지는 투자자협동기업(investor cooperatives), 근로자협동기업(worker cooperatives)을 주로 논의하며, 이들을 편의상 전통적 기업 또는 자본가기업 및 근로자기업으로 각각 부르기로 하자.

Ⅲ. 순수근로자기업의 실행성과 효율성

근로자기업은 근로자가 기업의 소유권을 가지며, 자본을 고용하는 기업이다. Jensen and Meckling[1979]에 따르면, 근로자기업의 소유자는 반드시 노동력을 생산과정에 공급해야 하며, 어떤 형태의 자본을 소유해서도 안된다.[15] 따라서 이들 기업은 모든

---

15) 이럴 경우는 근로자가 자본가·종업원의 이중 역할을 함을 의미하며, 기업은 자본가기업의 성격을 갖게 된다.

자본자산을 임차하는 '순수임차기업'(pure-rental firm)이다. 엄격히 이 정의에 맞는 근로자기업은 현실적으로 찾기 어렵지만, 근로자기업에 대한 쟁점을 명확히 하려면, 먼저 기존의 문헌에서 노동자관리기업(labor-managed or labor-controlled firm) 또는 노동자소유기업(labor-owned firm)으로 불리는 이들 기업을 해부할 필요가 있다. 이하의 논의에서 우리는 이들을 순수근로자소유기업(pure worker-owned firm) 또는 순수근로자기업으로 부를 것이다.

순수근로자기업의 이론적 모형은 대체로 다음과 같이 설정된다. 일단의 근로자가 회원(membership) 또는 동업자(partnership) 그룹을 만들어 기업을 설립함으로써 기업의 소유권자이자 종업원이 된다. 이들 소유자-종업원 그룹은 (자신이 제공하는) 노동력, (임차된 자본자산으로부터 산출되는) 서비스 및 그 밖의 생산요소를 결합함으로써 최종 산출물을 생산한다. 기업의 목적함수는 자본자산에 대한 임차료를 포함한 모든 요소비용을 지불한 후 얻어지는 (종업원 1인당 평균) 순수익 또는 부가가치이다. 이런 추상적 수준에서 순수근로자기업으로 구성된 경제는, 전통적 기업의 경우와 유사한 의미에서, 효율적임을 보일 수 있다(Meade[1972, 1974], Dreze[1989]).

이런 추상적 수준에서 순수근로자기업은 자본가기업과 대칭적 기업구조로 보인다. 실제로 근로자기업에 대한 논의는 거의 모두가 이처럼 자본가기업과 대칭적 소유구조를 가진 순수근로자기업에서 출발한다. 그러나 기업구조를 면밀히 검토하면(<표 1> 참조), 이들은 본질적으로 비대칭적이며, 이러한 비대칭성은 근로자기업과 자본가기업의 상대적 우월성을 결정짓는 요인임을 알 수 있다. 가장 중요한 차이는 순수근로자기업이 소유자의 자격을 종업원으로 제한하며, 소유권이 종업원 신분으로부터 분리될 수 없다는 데 있다. 기능적 측면에서 보면, 소유권자는 통제, 경영 및 노동 서비스를 동시에 제공해야 한다. 이는 서비스의 전문화를 어렵게 할 뿐 아니라, 이들 서비스가 흔히 상충된 성격 때문에 심각한 이해상충의 원인이 될 수 있다.

<표1> 자본가기업과 근로자기업의 대칭성 / 비대칭성

	자본가기업	순수근로자기업
기업 소유권자	자본공급자	근로자(종업원)
고용(되는) 요소자산	인적자산	자본자산
목적함수	이윤 또는 부가가치	종업원 1인당 순수익
소유자 요소자산의 특성		
소유자 요소자산	자본자산	인적자산
소유권(회원) 자격요건	거의 없음	종업원이어야 함
소유권자의 기능/역할	통제, 경영	통제, 경영, 노동서비스 제공
소유권 기능의 분리	용이함	어려움
가치(성능) 측정	용이함	어려움
소유권의 시장성	시장성이 큼	시장성 없거나, 낮음

예를 들어 투자-소비결정의 분리 가능성을 보기로 하자. 완전자본시장에서 기업의 투자결정과 투자성과의 배분은 독립적이다[16]. 현실적으로 이와 같은 분리정리가 엄격하게 성립할 수 없음은 분명하지만, 자본가기업의 경우, 이와 근접한 결과가 얻어질 수 있다. 실제로 전형적인 주식회사에서 자본공급자는 오직 기업의 가치증대에만 관심을 가지는 투자자이며, 투자결정은 그들의 선호체

---

16) 이는 바로 피셔의 분리정리(Fisher Separation Theorem)이다.

계 즉 소비결정과는 무관하게 이루어진다. 이를 가능하게 하는 것은 소유권의 객관적 평가와 시장거래가 용이한 점이다. 여기에는 몇 가지 중요한 요인이 있다. 먼저 자본시장자체가 비교적 효율적인 점을 들 수 있다. 실제로 자본시장이 효율적인 이유는 바로 자본자산의 시장성이 크기 때문이다. 다음은 소유권(또는 회원자격 ownership or membershjp)의 요건이 거의 없고, 양도, 이전이 쉬우며 가치평가가 용이한 점이다. 이와 같은 소유권의 시장성은 기업의 설립, 성장 및 구조개편 자체를 용이하게 함으로써 자본가기업의 중요한 이점으로 작용한다.

이 점은 소유권자의 자격을 종업원으로 제한하는 근로자기업에 대비하면 분명해진다. 인적자산은 그 자체가 소유권자로부터 분리될 수도 없고, 거래될 수도 없다17). 또한 인적자산의 평가는 정보의 비대칭성 때문에 개관적 평가가 어렵거나 불가능하다. 기업의 소유권과 종업원의 자격은 분리할 수 없고, 후자는 인적자산의 가치에 따라 결정되므로, 기업소유권은 원천적으로 거래를 할 수 없거나 극히 어렵게 된다.18) 따라서 극히 단순하거나 동질적인 인적자산으로 구성되는 기업이 아닌 한, 인적자산의 결합, 즉, 기업의 설립자체가 어려워진다. 설령 기업이 설립된다 하더라도, 개별 인적자산의 상대적 크기를 측정하기 어렵고, 개별 구성원의 선호를 통합하는 객관적인 기제(mechanism)가 없으므로, 의사결정은 기본적으로 정치적 과정에 의존할 수밖에 없다. 자연히 투자결정을 포함한 기업의 의사결정에서 이해상충의 가능성과 의사결정의 비용이 커지고, 이 문제는 인적자산이나 노동의 이질성이 클수록 더욱 심화될 것이다. 아래의 논의는 이와 같은 기업소유권의 시장성의 결여가 근로자기업의 설립, 성장 및 구조개편의 각 단계에서

---

17) 즉 노예제도는 법적으로 허용되지 않는다.
18) 근로자는 자신의 직업을 판매하려 하지 않거나, 그런 거래가 매우 어렵다.

끼치는 영향을 보다 구체적으로 검토한다.

1. 기업의 설립과정과 근로자기업

기업은 창업 또는 기존 기업의 인수 또는 소유구조 개편의 두 가지 방식으로 설립될 수 있다. 전자는 기업가 정신(entrepreneurial spirit)을 바탕으로 새로운 기업을 구성하는 과정이고, 후자는 주로 부실화한 기업의 소유구조를 변경하는 과정에서 이루어진다. 여기서는 전자의 경우를 중심으로 논의하기로 하자. 창업과정에서 가장 먼저 만나게 되는 문제는 기업의 소유권의 분할방법 또는 기업성과의 배분규칙(sharing rule)을 정하는 문제이다. 일반적으로 기업 생산에는 다양한 유형과 품질의 노동이 투입되어야 하고, 이를 공급하는 종업원은 연령, 숙련도, 노력 수준에서 이질적일 수밖에 없다.

아마도 가장 이상적인 소유권 분할방식은 이를 인적자산의 가치에 비례하도록 결정하는 방법이지만, 이는 인적자산 가치평가의 어려움 때문에 비현실적이다. 또 다른 방법은 소유권을 균등하게 배분하는 방법이다. 실제로 근로자기업에서의 의결권은 대부분의 경우에 1인 1표제(one vote one member)의 방식으로 배정된다. 그러나 소유권을 통제와 경영이라는 기능에서 해석하면, 균등배분 방식은, 노동의 성격이 극히 단순하거나 동질적인 경우가 아닌 한, 많은 문제를 야기한다. 특히 인적자산의 수직적 결합을 의미하는 위계적 기업구조를 구성하기는 거의 불가능하며, 따라서 그런 특성을 가진 기업은 설립자체가 어렵게 될 것이다. 이러한 문제는 복합자산으로서 기업을 근로자가 공동으로 소유하기 때문에 발생하는 공동재산의 문제(common property problem)의 한 단면이다.

이와 관련된 문제로서 창업자가 공급해야 하는 무형자본자산의 문제를 들 수 있다. 창업을 주도하는 기업가(entrepreneur)는 투자사업의 선정과 기업 조직의 설계, 자본의 조달, 인적자산의 고용과 같은 일련의 창업과정에서 자신의 아이디어 시간 및 자본자산을 투입해야 한다. 극히 단순한 성격의 생산과정을 제외하면 거의 모든 기업은 창업과정에서 다량의 무형자본자산을 필요로 한다. 여기에는 흔히 기업가정신(entrepreneurial spirit)으로 불리는 투자기회의 포착과 선정, 그리고 이들 기업 조직으로 연결시키는 데 들어가는 노력과 자금이 포함된다. 예를 들어 투자자의 모집. 종업원의 고용 및 훈련. 고정자산의 설치 및 배치. 재고자산의 축적과 같은 활동은 무형자본자산의 중요 항목이며, 실제 회계장부상으로는 이연자산 비용으로 상각된다.

무형자산은 전속성이 크기 때문에 임차될 수 없으므로, 창업자가 자신의 비용으로[19] 공급해야만 하는 투자이다. 이 경우에 공동재산의 문제는 심각한 무임승차 문제와 함께, 최적 투자기간의 불일치를 의미하는 계획기간 문제(planning horizon problem)를 일으킨다(Jensen and Meckling[1979]). 공동재산 문제와 계획기간 문제는 계속기업의 경우에서도 발생하므로, 아래에서보다 자세히 검토하기로 한다.

이들 문제들은 모두 투입되는 노동이 택시, 청소업과 같은 단순하거나, 법률 서비스와 같이 동질성이 강한 경우가 아닌 한, 기업의 창업 자체를 어렵게 한다. 실제로 이들 업종이 근로자기업으로 창업되는 경우가 많은 반면, 산업부문 업종의 근로자기업은 거의 모두가 전통적 기업의 구조변경과정에서 설립된다는 사실과 부합한다.

---

19) 자신의 노력이나 금융자산을 또는 차입한 금융자산을 투입할 수 있을 것이다.

2. 계속사업체로서의 근로자기업

소유자-종업원의 이중 역할은 종업원의 위험감수력(risk-bearing capability)을 약화시켜 근로자 개인의 후생에 불리하게 작용할 수 있다. 위험감수력 가설(risk-bearing capability hypothesis)은 근로자가 자본공급자에 비해 보다 위험회피적일 수 있음에 주목한다. 근로자는 상대적으로 작은 부(富)를 가지고 있을 뿐 아니라, 종업원으로서 인적자산의 분산가능성(diversifiability)이 제한되어 있으므로 보다 위험회피적일 수밖에 없다.

따라서 근로자는 기업에 소유권을 양도하는 대신 고정급여를 받는 종업원이 됨으로써 소득위험에 대한 보험을 드는 편이 보다 유리하다. 한편 위험감수력이 보다 큰 자본공급자-기업가는 고정급여를 보장하는 대신 기업소유권을 인수하는 보험공급자의 역할을 하게 된다. 또한 자본공급자는 보험공급자로서, 그리고, 투자한 자본자산의 남용을 방지하려는 입장(Alchian and Demsetz[1972])에서 통제와 경영기능을 행사할 유인을 가지게 된다. 위험감수력 가설은 전통적 기업구조에 대한 주요 이론적 근거의 하나로 제시된다(Meade[1972, 1974], Kihlstrom and Laffont[1979], Dreze[1989]). 근로자기업은 이 가설의 타당성만큼 근로자에게 불리한 기업구조로 해석할 수 있다.

근로자의 위험회피성에 근거한 이러한 해석에 대한 실증적 근거는 그리 분명하지는 않다. 실제로 미국 북서부의 합판기업과 같이 경기에 민감한 업종에서 근로자기업이 비교적 큰 비중을 차지한다는 사실은 위험감수력 가설에 대한 반론적 증거로 흔히 제시된다. 이 가설을 보강하는 다른 해석의 하나는 다음과 같이 근로자기업에서 종업원의 자산이 분산가능성이 낮다는 사실에 주목한다(Putterman[1993]). 소유자-근로자는 그들의 인적자산이 거의 분산불가능할 뿐 아니라[20], 자본자산의 분산능력도 극히 제한된다. 근로자기업은 자본자산을 임차해야 하는 기업구조임을 상기하자. 소유자-근로자가 자본자산을 임차하려면, 자신이 보유하거나 차입한 금융자산을 자기자본으로 확보함으로써 신뢰성 있는 신호를 제시해야 한다. 이는 금융자산과 인적자산이 동시에 기업에 묶이게 됨으로써 이중으로 분산불가능한 자산구성이 되는 셈이다. 위험회피적인 근로자는 그러한 분산불가능한 자산구성을 피하려 할 것이다. 실증적으로 보면, 자본집약적인 업종에서 근로자기업을 찾기 어렵다는 사실은 이런 해석과 부합한다.

기업은 개별투자사업과는 달리. 연속적으로 이루어지는 투자사업의 집합인 계속사업체(going concern)이다. 제품수명주기이론(product life cycle)에 따르면 기업은 유기체와 같이 도입, 성장, 성숙, 쇠퇴기와 같은 성장주기를 가지며, 기업은 이런 주기를 반복해나가는 동태적 조직체이다. 따라서 성공적 기업은 성장주기에 맞게 자본자산과 인적자산을 증식, 수축, 재편할 수 있는 신축성을 가져야 한다.

근로자기업은 경직적 소유구조와 소유권의 시장성 결여 때문에 신축적 자산운용이나 효율적인 의사결정을 하기에 매우 취약한 기업구조이며, 이들 문제는 서로 밀접히 연관되어 있다. 우리는 위에서 기업은 단순한 자산의 집합이 아니며, 유형과 품질이 다양한 다수의 요소자산이 수직적으로 결합하여 여러 제품을 생산하는 자산복합체임(식 (3), (4)참조)을 지적한 바 있다. 따라서 근로자기업은 인적자산의 소유인인 소유자-종업원이 자본자산을 소유하지 않는 방식, 즉, 리스의 방식으로 임차하는 기업이다. 그러나 리스방식은

---

20) 여러 개의 직업을 갖기는 어렵다.

전속성이 극히 낮은 일반성 자산(generic asset) 이외에는 거의 이루어지지 않는다. 이것은 전속성이 큰 자본자산이 남용될 수 있다는 Alchian and Demsetz[1972]의 주장과 부합하며, 그럴 경우, 불완전 계약에 의해 가장 보호되기 어려운 자본자산의 소유자가 인적자산을 결합하는 것이 효율적이다(Williamson[1985], Grossman and Hart[1986]). 다시 말하면, 전속성이 아주 낮은 자본자산의 경우가 아닌 한, 순수근로자기업은 자본자산의 취득 자체가 원천적으로 어렵게 된다.

자명한 문제 해결방법의 하나는 근로자가 자본자산을 소유하게 하는 것이다. 그러나 그런 기업은 이미 순수근로자기업이 아닐 뿐 아니라, 경우에 따라서는, 자본가기업의 성격이 강한 기업이 될 수도 있다. 또한 그럴 경우에는, 위에서 논의한 대로, 근로자의 인적자산과 자본자산이 모두 기업의 위험에 노출되는 문제, 즉, 비분산 자산구성(undiversified portfolio)의 문제가 심화된다.21) 또 다른 해결방식으로 자본자산 소유의 부담을 자본가와 공유하는 복합소유구조의 기업을 생각할 수도 있다. 여기에 대해서는 다음 절에서 다시 논의하기로 하자.

자산의 취득, 처분 또는 개편과 같은 자산운용은 기본적으로 투자결정이다. 자본자산의 취득을 어렵게 하는 근로자기업의 또 다른 취약점은 근로자의 계획기간이 다른데서 발생한다. 소유자-근로자의 고용기간이 유한함에 비해 소유권의 시장성이 결여되어 있으므로 투자사업에 대한 임계자본비용은 자본가기업의 경우에 비해 훨씬 높아진다. 이런 소유구조의 특성 때문에 소유자-근로자는 (자본가기업의 경우보다) 단기 투자사업을 선호하게 되고 자본자산에 대한 투자보다는 단기 실적 배분에 치중하려는 유인을 갖

---

21) 이 문제는 종업원지주제가 갖는 중요한 약점 중의 하나이다. 여기에 대해서는 아래에서보다 자세히 논의하기로 한다.

게 만들 것이다. 이 문제는 소유자-근로자의 계획기간(planning horizon)이 보다 짧은 고령의 종업원 비중이 클수록 더욱 심각하게 된다.

투자사업 선정에서의 근시성 문제는 자본가기업에서 흔히 지적되는 경영자의 근시성 문제와 유사한 면이 있다. 후자는 기본적으로 경영자의 기업에 대한 지분이 작고 근무기간이 짧기 때문에 발생한다. 그러나 경영자의 근시성 문제는 자본가기업의 구조적 특성 때문이라기보다는 경영기능의 전문화에 따른 대리인 문제에서 발생하기 때문에, 근로자기업에서도 발생할 수 있음에 유의할 필요가 있다. 실제로 대형 근로자기업에서 경영기능은 흔히 전문경영자가 맡고 있음을 알 수 있다.[22] 이는 근로자기업에서 근시성 문제는 소유자-경영자의 고용기간의 유한성과 소유권의 시장성 결여로 발생한다는 데서 차이가 있으며, 경영자의 근시성 문제가 여기에 추가될 수 있음을 의미한다.

근로자의 계획기간 문제는, Hansmann[1996]이 지적하는 대로, 다소 과장되어 있을 수 있다. 특수한 경우를 제외하면, 대부분의 기업에서 종업원의 평균 연령은 십수년 이상으로 투자사업의 평균수명보다 클 것이기 때문이다. 보다 심각한 문제는 이질적 노동에 따른 계획기간의 격차에서 발생할 수 있다.

종업원의 연령분포의 이질성이 클수록 임계자본비용의 차이가 커지고, 따라서 투자사업의 선정에서 합의를 이루기가 보다 어려워질 것이다. 이에 따라 투자에 대한 의사결정비용이 증가하고, 자본자산의 선정이나 취득 자체가 어려워질 수도 있다. 결과적으로 근로자기업에서 자본자산의 성장은 보다 어렵게 되고, 근로자기업 경제에서 자본자산의 수요는 상대적으로 낮아질 것이다(Jensen and

---

22) 예를 들어 유나이티드 항공사는 이런 경우이다. 이 사례에 대해서는 다음 절에서보다 상세히 검토할 것이다.

Meckling[1976]).

이러한 공동의사결정비용의 문제는 근로자의 고용연한의 차이뿐 아니라, 연령, 기능, 숙련도에서의 이질성 때문에도 발생한다. 자본가기업에서는 소유권의 시장거래에 의해 이질성의 문제가 해결된다. 그러나 근로자기업에서는 소유권의 시장성이 낮기 때문에 이런 소유권의 이질성을 해결할 수 있는 기구(mechanism)를 갖지 못한다. 결국 근로자기업의 공동의사결정은 일종의 정치적 과정에 의해서 해결될 수밖에 없다. 실제로 근로자기업의 의결권은 거의 모두 일인 일표제(one vote one member)에 의하게 되고, 흔히 의사결정은 독립적인 제삼자에게 위임하기도 한다.23) 이와 같이 높은 공동의사결정비용은 통제와 경영기능을 수행하는데 결정적인 약점일 수 있으며, 계속사업체로서 근로자기업의 실행성을 제한하는 가장 중요한 요인이다(Hansmann[1990, 1996]).

근로자기업의 소유구조는 인적자산의 성장에도 부정적인 영향을 줄 수 있다. 근로자기업에서 기존의 소유자-종업원은, 기업자산 또는 수익흐름에 대한 균등배분율 때문에, 근로자의 충원을 필요로 하는 신규 투자 또는 추가고용 자체를 기피하는 경향을 보일 것이다. 그것은 기존 소유자-근로자가 순현가가 0보다 큰 사업에 투자하기 위해 신규 종업원-소유자를 고용하려면 현재의 지분이 희석되기 때문이다. 따라서 만일 신규 종업원이 정의 순현가를 기존 소유자-근로자에게 지불하는 방식을 찾지 않는 한, 기존 소유자-근로자는 신규 채용을 기피할 것이다. 이와 반대로 순현가가 0보다 작은 나쁜 사업의 경우에는 기존 소유자-근로자가 신규 채용을 하려는 유인이 커질 것이다.

이 문제는 자본가기업에서와 같이 소유권을 자유롭게 거래할

---

23) 이에 대한 구체적 사례와 문제점은 다음 절의 복합소유구조 기업에서 보다 상세히 논의하고 있다.

수 있다면, 쉽게 해결될 수 있을 것이다. 실제로 미국 북서부의 합판기업에서 근로자기업의 회원자격이 거래되고 있다.[24] 그러나 일반적으로 노동의 이질성이 크거나, 전속성이 클 경우에는 회원권의 시장은 극히 얇을 수밖에 없다. 또 다른 해결방법은 신규 근로자로 하여금 기존 소유자-근로자에게 일정한 보상금을 내도록 요구하거나, 신규 근로자-소유자의 자격을 제한하는 방법이다. 법률회사나 회계법인에서 일정한 근무경력을 쌓은 후, 심사과정을 거쳐 파트너의 자격을 부여하는 것은 여기에 해당한다.

이와 같이 근로자기업의 소유구조의 경직성에 따르는 균등배분율의 문제 또는 공동소유권의 문제(common property problem)(Jensen and Meckling[1979])는 정의 순현가를 가지는 사업의 채택을 감소시키거나, 기업의 인적자산이 증가하기 어렵게 만든다. 이러한 경향은 순수근로자기업의 공급함수가 우하향하는 경향을 보인다는 이론적 결과(Dreze[1989], Meade[1972, 1874])와 기본적으로 같은 맥락에서 이해할 수 있다. 결론적으로 계속사업체로서의 근로자기업은 자본자산 또는 인적자산의 확충이 어렵고, 공동의사결정비용이 비효율적으로 높은 문제를 가질 수밖에 없다. 근로자기업은 축소나 재편성에 의한 자산의 신축적 운용에서도 같은 어려움을 겪을 수밖에 없다. 이에 대해서는 다음 절에서 논하기로 하자.

3. 기업구조의 변경과 소유구조

기업 환경의 변화나 제품 수명주기의 진전에 따라 기업의 업종, 최종 산출물 및 생산기술도 끊임없이 변화할 수밖에 없다. 이에

---

24) 이에 대해서는 위의 I. 3절에서 논의한 바 있다.

따라 기업의 자본자산과 인적자산은 모두 팽창과 감축, 재배치 (re-deployment)의 과정을 겪게 되고, 나아가서는 이들 요소자산의 결합방식, 조직구조 또는 요소 자산의 결합방식, 또는 조직구조의 개편이 이루어지기도 한다. 장기적으로 보면, 이와 같은 기업의 기업구조조정(restructuring)은 기업의 최적화 과정이며, 흔히 기업의 경영진이나 소유권 자체의 이전 및 개편을 동반하기도 한다.

자본가기업, 유동성이 크고 효율적인 자본시장의 뒷받침될 경우, 이런 구조조정을 비교적 쉽게 달성할 수 있다. 실제로 1980년대 이후의 인수·합병 열풍은 비효율적인 자산구성을 개편하는 구조조정의 성격을 가진 것으로 이해되고 있다. 자본가기업에서 소유권의 시장성, 이전성이 크다는 사실은 구조조정에서 결정적인 장점으로 작용한다. 자본시장이 덜 발달한 경제의 경우에도 소유권이나 자산구성의 재편성은 주식의 교환, 양도와 같은 방법으로 비교적 쉽게 이루어질 수 있다.[25]

근로자기업은 구조조정을 달성하기 어려운 기업구조임은 자명하다. 소유권의 시장성, 이전가능성이 극히 낮으므로 시장기능에 의한 소유권의 개편은 거의 불가능할 뿐 아니라, 자율적으로 소유권 개편을 할 수 있는 기구도 마련되어 있지 않다. 근로자기업은 소유자-근로자의 계획기간 문제나 공동재산 문제로 팽창과 감축, 재배치와 같은 자산재편성 과정에서 합의를 이루기 어려울 뿐 아니라, 높은 공동의사결정비용을 치를 수밖에 없을 것이다. 아마도 가장 심각한 걸림돌은 소유자-종업원의 이중 역할 때문에 발생하

---

25) 실제로 주식 매수와 같은 방법에 의한 인수, 합병은 잘 발달된 자본시장의 뒷받침을 받아야 할 뿐 아니라, 미국이나 영국과 같은 시장중심형 지배구조를 가진 경제에서 주로 이루어진다(장대홍[2003]). 그러나 한국에서 최근 구조조정 사례에서 볼 수 있는 바와 같이, 사업교환, 주식인수와 같은 방법으로 기업의 구조조정을 달성할 수도 있다.

는 이해상충의 문제일 것이다. 종업원으로서 인적자산의 보호 또는 고용안정에 대한 요구는 구조조정에 대한 저항으로 나타나고, 이에 따라 비효율적인 소유구조, 자산구조가 상당기간 지속될 가능성이 클 수밖에 없다. 이와 같은 구조조정저항 가설에 대한 직접적인 실증적 증거는 찾기 어렵지만, 최근 독일 공동결정기업에 대한 실증적 연구 결과는 이 가설과 부합하는 결과를 보여주고 있다. 여기에 대해서는 아래에서 다시 재검토할 것이다.

Ⅳ. 근로자기업의 장점과 실제사례

우리의 근로자기업은 효율성과 실행성에서 본질적으로 취약하며 자발적인 계약관계를 기반으로 하는 시장경제에서 독자적으로 생존하기 어려운 기업구조임을 주장한 바 있다. 이 점은 피상적인 관찰만으로도 확인할 수 있다. 근로자기업은 이를 옹호하는 희망적인 관측에도 불구하고 일부 특수한 업종이나 기업환경의 경우를 제외하면 어느 시장경제에서나 의미있는 비중을 차지하지 못하고 있다. 이제 근로자기업의 실제사례를 통해 이상의 논의를 확인해 보기로 하자. 이를 위해서는 근로자기업의 상대적인 장점을 요약해 볼 필요가 있다.

위에서 우리는 흔히 거론되는 고용안정이나 인적자산보호, 또는 근로환경의 개선과 같은 문제는 기업구조의 차원에서 정당화하기 어렵다는 점을 주장한 바 있다. 이들 논점 외에 생각할 수 있는 근로자기업의 장점은 대체로 다음의 세 가지로 요약할 수 있다. 그것은 기업소유의 심리적 효과, 상호감시체제의 효율성, 그리고 협상비용의 절감이다. 먼저 자신이 기업을 소유하고 있다는 데서 심리적 만족감, 자신감, 자부심, 그리고 이를 통해 얻을 수 있는 생산성의 향상을 생각할 수 있다. Dreze[1989]는 이를 다음과 같이 표현하고 있다.

> "이러한 심리적 효과는 아마도 근로자의 사기와 근로의욕을 고취하는 유인을 제공할 것이며, 이는 곧 생산성 향상으로 나타날 것이다. 대부분의 사람은 자기가 관여하고 있는 활동에 대해서 발언할 수 있기를 선호한다. 정치적 민주성에 깔려 있는 이 원리는 경제활동의 영역에서 보다 적합하며, 특히 사람이 신체적이나 심리적으로 관여하는 생산활동에서는 더욱 그러하다."

같은 아이디어를 다른 말로 표현하면, 통제와 경영을 행사하는 권리로서의 소유권은 그 자체로서 효용을 가지는 소비재일 수 있으며(Hansmanm[1990, 96]), 근로자기업은 이를 획득하는 하나의 방법이다. 그러나 소비재로서의 소유권은, 다른 재화나 서비스와 마찬가지로, 자원제약 아래 선택한 경제적 행위의 산물이며, 개인기업을 직접 설립해서 운영함으로써 얻어질 수도 있다. 즉, 전통적 기업의 종업원과 개인기업의 소유권은 근로자가 주어진 제약조건 하에 선택한 경제행위의 결과이며, 근로자기업의 형태로서 근로자에게 주어져야 할 근거는 없다.

소유권의 효용성에 관련된 또 다른 주장은 근로자기업이 근로자의 의사결정에 대한 경험을 통해 민주시민의 정치역량을 증대시키는 외부효과를 가져올 수 있다는 해석이다(조영철[1992], Hansmann[1996]). 그러나 근로자가 정치적 의사결정의 경험을 기업내부에서 얻어야 할 당위성도 없고, 직접참여방식이 반드시 긍정적인 효과를 가져다줄지, 또는 비용-수익 측면에서 효과적일지도 의문이다. 그럴 경우의 비용은 통제, 경영에 참여할 때의 직접적인 기회비용 뿐 아니라, 위에서 논의한 집단의사결정의 비용을 포함한다. 이에 대한 간접적 증거의 하나는 근로자기업에서 통제, 경영은 흔히, 자본가기업의 경우와 마찬가지로, 전문경영자에게 위임되는 경우가 많은 데서 발견된다.

근로자의 소유권 효용성 가설이 가장 큰 설득력을 가질 수 있는 근거는 자부심과 근로유인 향상 및 이에 따른 생산성 향상의 가능성이다. 그러나 이 효과는 근로자기업에서 자본자산의 성장속도가 상대적으로 낮기 때문에 생산성이 떨어지는 효과에 의해 상쇄될 가능성이 있음을 유의할 필요가 있다. 생산성 증가효과에 대한 실증적 증거를 보면, 근로자의 심리적 만족도는 향상되는 것으로 나타나지만, 실제 생산성 증가에 대해서는 불분명하게 나타나고 있다(GAO[1987], Klein[1987], Hannig and stern[1990]).

근로자기업의 생산성이 보다 높을 수 있다는 또 다른 근거는 근로자에 대한 감시를 외부자가 하기보다는 스스로 상호 감시하는 방법이 비용-효과 측면에서 보다 유리할 것이라는 근로자 감시가설이다. 근로자 감시가설에 대한 최초의 이론적 해석은 Alchian and Demsetz[1972]의 팀 생산이론이다. 그들의 주장에 따르면, 팀 생산에서 동료감시(peer monitoring) 또는 수평적 상호감시(horizontal or mutual monitoring)는 감시의 유인이 결여되는 문제와 감시효과에 대한 무임승차 문제(free-riding problem)가 있으므로, 잔여수익청구권을 가진 제삼자에게 감시기능을 맡겨야 한다. 이때 감시자는 근로자의 자본자산 남용 가능성을 줄이기 위해 자본공급자(또는 그 대리인)이 되는 것이 유리하다. 따라서 이에 적합한 기업구조는 자본공급자(또는 그 대리인) 이 통제, 경영기능을 수행하는 자본가기업이다.

이런 해석에 대해서 요소자산의 소유권 자체를 결합할 수 있다는 점과 근로자에 의한 감시가 효과적인 업종이 있을 것이라는 대응논리를 생각할 수 있다. 전자는 근로자가 자본자산을 소유하게 함으로써 남용 가능성을 제거하는 방식으로서, 사실상 근로자가 자본가의 역할을 겸하는 기업구조이다. 이런 기업은, 자본자산의 비중이 크다면, 자본가기업에 보다 가깝게 생각될 수도 있다. 또한 이런 소유권 결합방식은 순수근로자기업에서 발생하는 공유재산 문제, 계획기간 문제, 소유권의 시장성 문제, 집단의사결정비용의 문제를 계승할 뿐만 아니라, 소유자로서 자본가-근로자의 이해상충 문제를 추가함으로써 통제, 경영을 더욱 어렵게 할 수도 있을 것이다. 이 문제는 아래에서 구체적 사례를 통해 다시 검토해보기로 하자.

만일 자본자산 남용의 여지가 적고 노동의 이질성이 작다면 수평적 상호감시가 위계적 조직구조 안에서 이루어지는 수직적 감시보다 효과적일 수 있고, 따라서 근로자기업이 상대적으로 이점으로 작용할 수 있을 것이다. 특히 예술창작활동이나 전문서비스와 같이 근로자 이외의 외부 감시자가 인적자산의 가치를 평가하기 어렵거나 감시비용이 클 경우, 수평적 감시가 보다 유리하고, 이에 따른 생산성 증가도 보다 클 것으로 생각할 수 있다.

결론적으로 감시비용 가설이 맞는다면, 노동집약적이며 외부감시비용이 상대적으로 높은 업종에서 근로자기업이 보다 유리할 것이다. 여기에 속하는 업종은 주로 법률, 회계서비스, 경영컨설팅과 같은 전문서비스 분야들이다. 이들 이외의 업종에서 감시비용 가설에 대한 실증적 증거는 뚜렷한 결론을 내리기에는 불충분한 것으로 생각된다. 구체적으로 보면, 근로자기업에서 생산성의 저하가 크지 않으며(Bonin, Jones and Putterman[1993], 근로자기업 또는 이익분배제도(profit sharing plan)를 실시하는 기업에서 별도의 감시자가 없다는 점을 들 수 있다. 이들 증거들은 유사한 구조의 자본가기업의 경우와 대비될 수 없기 때문에 표본선정편의(selection bias)가 있을 수 있고, 감시비용을 직접 측정하지 않으므로 한계가 있다. 한편 근로자기업의 생산성 향상효과가 자본가기업의 경우에 비해 큰 차이가 없다는 결과도 제시되고 있다.

노사협상은 전통적 자본가기업에서 거래 비용이 큰 활동 중의 하나일 뿐 아니라, 때로는 커다란 갈등의 요인이 되기도 한다. 협상과정은 경영진과 근로자 간에 불신, 악감정을 초래하고, 근로의욕에 나쁜 영향을 주기도 한다. 협상비용은 경영진과 근로자 간의 정보비대칭성과 전략적 협상행위에 의해 유발되므로 근로자기업에서도 발생할 수 있다. 그러나 근로자기업에서 협상비용은 제거되거나 크게 감소될 수 있다는 데는 의문의 여지가 없고, 이 점은 근로자기업의 주요 장점으로 거론된다(조영철[1989], Hansmann[1996]).

기업구조에 따른 협상비용의 크기나 기업성과에 끼치는 영향에 대한 일관성 있는 증거를 찾기는 어렵다. 그러나 다음의 이유로 협상비용은 과장되어 있을 수 있다. 먼저 협상은 기업의 일상적 활동이 아니며 흔히 큰 문제없이 타결된다. 또한 협상비용은 상당부분 협상기술이나, 갈등조정방식에 좌우되며, 그것은 정치적, 법적, 경제적 환경에 따라 크게 달라질 수도 있다. 이에 대한 간접적인 증거는 협상비용이 클 것으로 생각되는 대형공업부문에서 근로자기업이 거의 없는 반면, 협상비용이 가장 작을 것으로 생각되는 소규모 서비스 업종에서 오히려 근로자기업이 자주 발견된다는 점이다(Hansmann[1986]).

1. 근로자기업의 실제 사례와 유형

순수근로자기업에 가까운 기업구조가 가장 흔히 발견되는 부문은 자본자산의 비중이 인적자산에 비해 상대적으로 미미하고, 노동의 숙련도가 낮거나 동질적인 큰 서비스업이다. 여기에 속하는 업종은 청소 또는 환경정화업, 단순 건설업, 택시업, 삼림재생업(reforestration) 등을 들수 있다. 이들 기업을 설립에는 별다른 무형자본자산을 투입할 필요가 없고, 노동이 단순, 동질적이므로 계획기간 문제, 공유재산 문제, 공동의사결정비용도 별로 중요하지 않다. 인적자산의 전속성이 크지 않고, 진입, 퇴출 장벽이 낮으므로, 소유권의 양도나 시장성도 거의 문제가 되지 않는다.

이런 유형의 기업으로 비교적 규모가 큰 사업은 미국 북서부지역의 합판기업을 들 수 있다. 이들은 평균 200명 전후의 규모를 가진 근로자 협동기업(worker corporate)의 기업구조를 가지고 있는데, 전성기인 1950년대에는 미국 합판산업의 약 25퍼센트의 비중을 차지하였으나. 이후 10퍼센트 수준으로 쇠퇴하였다. 합판 사업은 비교적 자본자산의 비중이 크고, 사업의 연속성이 요구되므로 소유권의 시장성이 문제가 될 수 있다.

이들 기업은 소유권을 일종의 회원권 형태로 거래하는 방식으로 이 문제를 해결하였는데 이는 근로자기업의 소유권 이전 문제를 가장 성공적으로 해결한 경우로 알려져 있다. 26) 이밖에도 단순제조업이나 건설업 같은 부분에서 비슷한 유형과 규모의 근로자기업이 발견되며, 이런 패턴은 다른 시장경제에서 공통적으로 나타난다. 근로자기업 비중이 가장 큰 부문은 전문서비스 동업회

---

26) 이들 합판기업의 회원권 가격은 한때 $9000 수준에 달했던 것으로 보고되어 있다.(Hansmann[1988])

사(partnership)인데, 여기에는 법률, 회계, 광고, 마케팅, 건축, 엔지니어링, 경영컨설팅, 의료와 투자은행업이 포함된다. 이들 업종은 노동의 집약도와 동질성이 크며, 소유자-근로자는 높은 숙련도나 전문지식을 보유하고 있으므로 인적자산의 전속성과 지대(rent)가 높은 특성을 가진다.

이런 특성 때문에 수평적 감시비용이 상대적으로 보다 효과적이며, 집단의사결정의 비용은 상대적으로 낮을 것으로 생각되지만, 계획기간 문제, 공유재산의 문제, 소유권의 시장성 결여와 같은 문제는 여전히 남아 있다. 이들 기업에서 회원자격은 흔히 신규 파트너에게 무상으로 주어지고, 기존회원의 동의 아래 회원권을 기업이 재매입하기도 한다. 후자의 경우는 회원의 은퇴나 사망과 같은 경우, 또는 회원의 자발적인 탈퇴에 의해 일어날 수 있다. 이와 같은 기업의 팽창 및 축소방식은 소유권의 낮은 시장성을 반영하는 하나의 증거로 볼 수 있는데, 최근 투자은행이나 법률서비스회사에서 전통적 기업으로 기업구조를 변경하는 추세는 이런 약점을 개선하려는 시도로 생각된다. 그럼에도 불구하고 전문서비스 업종은 근로자기업이 지배적인 위치를 차지하고 있는 유일한 업종으로 남아 있다.

2. 복합소유구조 방식의 근로자기업 : 유나이티드 항공사

서비스 업종이 아닌 부문에서의 근로자기업은 거의 모두가 근로자가 자본공급자와 종업원의 역할을 동시에 떠맡거나, 근로자와 자본공급자가 기업의 소유권을 나누어 가지는 복합소유구조 근로자기업의 형태를 취하고 있다. 근로자가 회사주식의 전부를 소유하는 경우는 전자에 해당하며, 출판업, 철강공업, 렌트카업과 같은 분야에서 발견된다.[27] 후자의 대표적인 사례는 유나이티드 항공사이다. 이들 복합소유구조의 기업이 가진 가장 중요한 특징은 자본가기업의 소유권 구조를 그대로 유지하고 있다는 점이며, 이는 소유권의 시장성 문제를 해결하는 중요한 역할을 한다. 근로자가 기업을 100퍼센트 소유하는 경우는 위에서 논의하였으므로, 여기서는 종업원과 자본공급자가 공동으로 소유하는 기업의 경우를 유나이티드 항공사의 경우를 통해 검토해 보기로 하자.

유나이티드 항공사는 종업원노조가 ESOP(Employment stock Option Plan)를 통해 부실화된 회사주식의 과반수를 인수함으로써 근로자기업으로 전환한 대표적 사례로 손꼽히고 있다. 이 회사를 소유구조 측면에서 보면 근로자와 기존의 일반주주가 각각 53퍼센트, 47퍼센트의 지분을 보유하고 있고 주식회사체제를 그대로 유지하고 있으므로, 사실상 근로자가 대주주의 역할을 동시에 수행하는 셈이다. 그러나 대주주인 근로자가 개인주주가 아닌 종업원노조이며 ESPO에 참여하는 종업원 자격이 제한되어 있기 때문에 근로자기업의 소유특성이 자본가기업의 구조와 결합된 복합소유구조 기업으로 볼 수도 있다.

이러한 기업구조는 급격한 구조의 변동을 필요로 하지 않으며, 자본가기업 주요장점인 소유권의 시장성을 활용할 수 있는 이점을 가질 수 있다. 일부 근로자기업 옹호론자들은 바로 이 점을 들어 복합소유구조 기업이 근로자기업의 취약점을 보완할 수 있으며, 따라서 실행성을 높여줄 수 있다고 주장한다. 그러나 복합소유구조 기업은 사실상 자본가기업의 구조를 가진다는 소유권의

---

27) 대표적인 사례는 노튼출판사(Norton Publishing), 위어톤철강회사(Weirton Steel), 에이비스렌트카(Avis Rent Car)이다. 에이비스는 자본가기업에서 100퍼센트 종업원 소유기업으로 전환하였다가, 다시 자본가기업으로 바뀌었다.

개념상 문제를 안고 있을 뿐 아니라 소유권의 시장성을 감소시키는 부작용을 초래할 수도 있다. 또한 이중적 소유구조는 주요 취약점인 집단의사결정의 비용과 이해상충의 문제를 더욱 심화시킬 수도 있다.

유나이티드 항공사는 이런 쟁점들을 여실히 드러내고 있는 중요한 사례이다. 유나이티드 항공사는 그 규모와 업계에서의 비중이 크고 전환이후 경영실적이 급격히 호전되었기 때문에 성공적인 대형 근로자기업으로서 주목을 받아왔다. 이 회사의 실제 기업구조 변경은 길고, 어려운 협상과정을 통해 이루어졌으며 기업의 지배구조도 매우 복잡하게 짜여져 있다. 그 주요부문은 요약해 보기로 하자.

기업인수의 시도는 1988년 조종사노조(pilot union)에 의해 처음 이루어졌으나, 성공하지 못하였고, 이후 기계공노조(machinist union)가 합류하여 진통 끝에 1994년 인수협상이 타결되었다. 인수과정에 동참한 조종사노조와 기계공노조에 소속된 종업원의 규모는 각각 7000명, 23,000명 수준에 이른다.

그러나 실제 기업의 통제와 경영권행사에서 이들 노조의 직접적인 참여는 배제되어 있으며 준자율적(quasi-autonomous board) 기구의 성격을 가진 외부이사로 구성된 이사회와 외부에서 선임된 전문경영인이 이들 기능을 수행하도록 하고 있다. 인수 협상안 타결에서 핵심적인 역할을 한 주요사항의 하나는 고용유지를 전제로 6년간 임금인상 요구를 억제하고 파업을 금지한다는 양보안을 근로자측이 수용한 점이다. 이는 유나이티드 항공사가 경영안정을 회복하고, 이후 항공업계 최고의 수익성을 달성하는데 결정적으로 기여한 것으로 평가되고 있다. 그러나 최근 수년간 임금인상 요구와 파업의 문제가 재연되고, 2002년 9.11사태로 경영수지가 급속히 악화되었으며, 이 논문이 작성되고 있는 시점에서 파산(Chapter 11 Bankruptcy)신청으로 보호관리를 받고 있다.

근로자기업으로서 유나이티드 항공사는 다른 대형 산업부문 기업의 경우에서 볼 수 있듯이 창업이 아닌 부실기업의 인수과정에서 전환된 기업이다. 따라서 창업에 필요한 무형자산이나 이후의 자본조성 그리고 소유권의 시장성 결여에서 어려움을 극복할 수 있었다. 또한 근로자-소유자가 통제와 경영기능을 수행함으로써 경영진-근로자 간의 의사소통문제와 협상비용의 문제를 해소함으로써 생산성 향상에 기여한 측면이 있음은 분명하다. 그러나 앞서 지적한 대로 경영안정은 협상과정에서 근로자단체 행동을 잠정적으로 동결시킨 점이 큰 역할을 하였으며, 이후의 단체협약과정에서 노동불안정의 문제가 재발한 점은 근로자기업이 이해상충 문제를 근본적으로 해결할 수 없음을 보여준다. 사실상 근로자기업은 소유권을 근로자집단에게 부여한다는 점만 명시할 뿐, 이질적 근로자가 그들의 다양한 선호나 이해를 조정하고 통합하는 메카니즘을 가지고 있지 않다. 이는 이사회 구성에서 독립적인 외부이사로 한정한 데서 잘 드러난다. 이 문제는 근로자-주주가 소유권의 처분 양도에 있어 자본가기업의 특성인 주식을 보유하고 있음에도 불구하고 유동적이지 못한 데 일부 원인이 있다.

유나이티드 항공은 또한 복합소유구조 기업으로서 개념상의 문제도 안고 있다. 만일 소유권의 시장성이 크고 경영성과가 올라간다면 그것이 자본가기업으로서의 특성 때문인지 근로자기업의 장점 때문인지가 불분명해질 것이다. 고용유지의 측면에서 보더라도, 최근 항공산업 불황의 현실을 감안하여, 유나이티드 항공사는 대규모 감원을 수용하였다. 또한 이러한 항공산업의 특수성으로 인해 신규 자본의 필요성이 제기되지도 않고 있다. 유나이티드 항공이 향후 어떤 경로로 발전할지는 현재로선 예측하기 어렵지만 이런 문제들을 어떻게 극복하는가에 따라 근로자기업의 실행가능성에 중요한 시사를 해줄 것으로 생각된다.

V. 부분적 소유권과 기업지배구조

순수근로자기업이나 복합소유구조 근로자기업에 대한 또 다른 대안은 전통적 기업구조에서 자본공급자-소유자가 통제권이나 수익청구권의 일부를 종업원과 공유하게 하는 방식이다. 종업원지주제나 독일식의 공동결정기업은 각각 수익청구권과 통제권의 일부를 종업원이 가지는 경우에 해당한다. 이들 두 방식은 의도하는 효과가 다르지만, 모두 복잡한 내용과 구조를 가지고 있으며. 자발적 계약의 산물이라기보다는 강력한 제도적 장치에 의해 유지된다는 공통점을 가지고 있다. 또한 이들은 순수근로자기업에서 상정하는 근로자의 소유권과는 거리가 있지만, 현실적으로 실행가능한 가장 구체적인 형태의 근로자기업으로 옹호되는 경우가 많다. 이들 두 기업구조의 제도적 특성과 성과는 그 자체로서 커다란 논의의 대상이지만, 여기서는 상세한 논의를 피하고 위에서 검토한 실행성과 효율성과 관련된 문제를 중심으로 이들 기업의 경우를 각각 검토해 보기로 한다.

1. 공동결정기업

전통적 기업구조에서 근로자가 통제와 경영에 참여해야 한다는 주장은 일찍부터 제기되어 왔다. 노사협상과정에서 노조나 근로자협의회(work council)의 경영참여 요구나 산업 민주화의 명분으로, 또는 이해관계자 기업모형(stakeholder model of firm)의 논리로 기업 이사회에 종업원 대표를 포함시키려는 주장은 좋은 예이다. 그러나 이런 '참여'는 종업원으로부터 잔여통제권을 인도받은 자본공급자-소유권자가 이를 다시 되돌려주는 모순된 계약방식일 뿐 아니라, 자발적으로 합의되기 어려운 방식임은 자명하다. 또 다른 문제는 종업원은 조정과 (근로)유인제공의 주요대상일 뿐 아니라, 이들은 흔히 전문화된 기능이므로 종업원의 직접참여가 비효율적이라는 점이다. 이런 이유로 실제로는 통제와 경영권의 공유는 법적 강제규정에 의해 실행되며, 일부 기능인 통제기능 즉, 재가와 감시활동에 종업원이 참여하는 방식을 취한다.

이러한 기업구조의 가장 구체적인 형태는 독일의 공동결정기업이다. 독일 공동결정기업은 전형적인 이해관계자 기업모형의 성격을 가진 기업지배구조의 산물로서, 외형상 모든 이해관계자가 기업이사회에 참석하도록 고안되어 있다. 이들 이사회는 경영위원회(Vorstand, management board)와 감독위원회(Aufschigstrat, supervisory board)의 이중이사회구조(two-tier board system)로 되어있으며, 전자는 일상적인 경영의사결정을, 후자는 주요 기업정책의 심의 및 감시에 관련된 업무를 수행한다. 이들의 기능은 대체로 소유권의 통제와 경영기능에 각 각 부합된다. 실제의 감독이사회구조는 일정 규모 이상의 기업에서 주주와 근로자 대표를 각각 절반씩으로 하여 구성하도록 법적으로 의무화되어 있다.

근로자 대표는 감독위원회에만 참석하여 경영활동의 재가와 감시의 기능을 수행에 제한적으로 참여하게 된다(<표 3> 참조).

역사적으로 독일 공동결정기업은 1951년에 석탄과 철강기업에서 주주-근로자 동수의 감독이사회 구성을 의무화한 이래, 1976년의 법개정으로 모든 주식회사(AG, Aktiengesellshaft)와 2000명 규모 이상의 유한회사(GmbH, Gesellsnhaft mit beschrankter haftung)로 확대되었다.[28]

<표 2> 독일 공동결정기업의 이사회 구성(Parity Board 기준)

주주 대표		근로자 대표	
주주 및 주주협회	7.2	근로자평의회	14.7
기업	40.4	경영자대표	13.7
은행	22.3	외부노조	29.0
컨설턴트	13.5	종업원노조	1.2
정부대표	13.2	기타 종업원	58.6
기타	5.9		
계	100.0	계	100

자료: Gorton and Schmidt[2000]으로부터 재구성

그러나 외형상의 동등대표권 이사회(parity Board)는 실제로는 매우 복잡한 이해계층의 대표자로 구성되어 있음을 알 수 있다. 먼저 명목상 주주대표로 간주되는 비근로자 이사는 은행, 경영컨설턴트가 1/3 이상을 차지하고 있을 뿐 아니라, 정부측 대표도 13.2퍼센트를 차지한다. 근로자 대표는 특정 근로자단체에 소속되지 않는 종업원이 58.6퍼센트로 과다수를 차지하지만, 근로자평의회, 노조, 경영자대표도 각각 14.7, 30.2 및 13.7퍼센트를 이루고 있다. 이와 같은 근로자 대표의 구성은 다양한 근로자 이해를 반영하려는 의도이지만, 근로자 간의 이해상충의 가능성을 크게 할 수도 있으며 노동의 이질성이 클수록 이 문제는 보다 심각해 질 것

---

28) 500-2000명 규모의 GmbH는 감독이사회의 1/3을 근로자 대표로 구성해야 한다.

이다. 동등대표권 그 자체도 명확하지 않는데, 이사회 의장인 주주대표는 동수로 의견이 갈릴 경우에 캐스팅 보트를 가지고 있다.

이러한 구조의 감독 이사회가 경영진과 연속적으로 통제활동과 관련된 업무를 수행한다. 실제로 감독이사회의 근로자 대표는 적극적인 감독기능보다는 근로자-경영진 간의 대화통로의 역할에 그치는 경우가 많을 뿐 아니라, 그 중 일부는 경영진 또는 주주의 입장에 동조하는 경우가 많다고 한다. 이런 의미에서 독일의 감독이사회는 소수의 근로자 대표가 이사회에 참석하는 스칸디나비아 국가의 경우와 별반 다르지 않다는 견해도 있다. 이런 다양한 근로자 대표 구성은, 근로자의 이질성이 그리 크지 않은 석탄, 철강 기업과 같은 초기의 공동결정기업(original Montan codetemininacion)의 경우와는 달리 노동의 이질성이 클 경우에는 근로자-경영진. 근로자-주주 사이의 이해상충뿐 아니라 근로자 간의 이해상충 문제를 조정하기 어렵게 될 수도 있을 것이다. 실제 공동결정기업에서 근로자 대표의 소극적인 역할은 이에 대한 간접적인 증거로 해석할 수 있을 것이다.

2. 종업원지주제도

종업원지주제 또는 사원지주제는 공동결정과는 대칭적으로 근로자가 통제와 경영과정에 참여하지 않고 수익청구권만 가지는 방식이다. 근로자가 별도로 기업에 투자하지 않고 기업이익의 일부를 배정받는 방식인 이익분배제도(profit sharing plan)와 달리, 종업원지주제는 참가하는 근로자가 회사주식의 일부를 매입하게 한다. 그러나 대부분의 종업원지주제는 종업원의 자사주식 매입자금을 지원하거나 무상으로 배분하는 반면에 이들 주식의 의결권 행사를 제한하고 있으므로, 소유권의 양도라기보다 변형된 이익배분계획의 성격이 강하다. 실제 매입과정은 한국의 우리사주방식처럼 유상증자시에 근로자에게 우선적으로 주식을 배분하든지, 무상으로 자사주를 배분하는 ESOP(Employee Stock Option Plan)방식, 기업이 주식매입자금을 자사주 매입자금을 지원하는 종업원주식매입제도(ESPP, Employee Stock Purchase Plan), 401K방식과 같은 여러 유형으로 보급되어 있다(<표 2> 참조).

종업원지주제는 원래 종업원에게 수익청구권을 부여함으로써 기업에 대한 소속감을 크게 하고 이에 따른 근무의욕 향상을 거둘 수 있다는 취지에서 도입되었다는 점에서 이익분배제도와 유사하다. 뿐만 아니라 사회적으로는 기업의 이익을 종업원에게 되돌려 준다는 사회정의 측면에서 장려되어 왔다. 또한 종업원지주제는, 원래의 취지와는 달리, 종업원을 장기 안정적인 주주로 확보할 수 있기 때문에 기업의 경영권 방어수단으로, 또는 자본시장의 수요 확대정책의 하나로서 이용될 수도 있다.

<표 3> 미국 종업원지주제도의 개황 (2002 말 현재)

	지주제의 수	참여근로자 수	자산규모
ESOP *1	11,000	8.8million	$400 billion+
401K *2	2,200	11million	$160 billion+
Broad-based stock option	4,000	8-10million	–
ESPP	4,000	15.7million	–

자료: The National Center for Employee Ownership, U.S.A
주: *1. ESOP, stock option plans & profit sharing plans primarily invested in employer stock.
*2. Plans primarily invested in employer stock.

ESOP(Employee stock Option Plan)으로 잘 알려진 미국의 종업원지주제는 1950년대에 도입된 이래 널리 확산되지 못하다가 1970년대에 이후부터 급성장하기 시작하였다. ESOP는 현재 약 11,000여 개의 기업이 채택하고 있고, ESOP이 과반수 이상의 지분을 확보하고 있는 기업도 약 1000개 이상인 것으로 보고되어 있다(<표 3> 참조). 이러한 급속한 성장은 1974년부터 ESOP에 대한 연방정부의 감세혜택이 확대된 점과 1980년대 이후의 합병인수 열풍이 크게 기여한 것으로 알려져 있다. 후자의 경우 근로자가 기업구조개편을 좋아하지 않는다는 점을 이용해 기업인수에 대한 방어전략의 하나로 경영자 우호지분으로서 ESOP을 활용하기 시작한 데 기인한다.

한국의 종업원지주제는 1950년대부터 도입되었고, 1974년 이후 자본시장육성법이 개정되면서 본격적으로 확산되었다. 한국의 경우도 국가차원에서 종업원에 대한 배려가 우선적으로 고려되었음은 우리사주제도의 도입과 이에 대한 감세혜택이 주어진 데서 확인할 수 있다. 그러나 이들 제도가 노동법이 아닌 자본시장법에 의해 도입된 점은 정부의 자본시장육성정책이 중요한 계기가 되었음을 알 수 있다.

<표 4> 우리사주조합 결성추이

연도	상장법인수	상장법인	조합결성수 비상장법인	계	B/A(%)
1974	128	8	–	8	6.3
1980	352	346	69	385	98.3
1985	342	339	70	409	99.1
1990	669	666	118	784	99.6
1995	699	696	203	899	99.6
2000	702	198	554	752	

자료: 한국증권금융

<표 5> 우리사주조합 가입 현황

(단위: 사, 명, %)

구분		상장법인	등록법인	기타법인	계
우리사주결정조합	조합수	679	376	672	1,727
	조합원수(A)	718,851	61,650	139,833	920,334
	조합원수(B)	928,279	81,567	174,778	1,184,623
	가입률(A/B)	77.4	75.6	80.0	77.7
주식예탁조합	조합수	161	196	376	733
	조합원수(A)	117,939	24,471	60,658	201,068
	조합원수(B)	332,812	40,012	88,090	460,914
	가입률(A/B)	35.4	56.2	68.9	43.6

자료: 한국증권금융(2001. 7. 현재)

근로자기업의 이상에 부합하는 시각에서 보면 종업원지주제는 근로자가 부담을 최소한으로 하면서 기업지배구조에 참여하는 기회를 가능한 크게 해야 할 것이다. 현실적인 종업원지주제는 그와는 정반대로 작동한다. 즉, 종업원지주제로 소유한 주식지분에 대해서는 의결권 행사를 허용하지 않든지 신탁인에게 의결권행사를 이양하도록 제한하고 있는 것이다. 이러한 의결권 제한은 ESOP가 회사주식을 100퍼센트 소유하고 있는 전형적 근로자기업으로 잘 알려진 위어톤철강회사(Weirton Steel)의 경우에서도 잘 나타난다. 한국의 종업원지주제에서도 종업원의 지분행사는 허용되지 않는다.

소유권행사에서 종업원지주제가 역설적으로 수익청구권에만 국한된다는 사실을 Hansmann[1996]는 시혜적소유권(beneficial ownership)으로 해석한다. 즉 종업원지주제는 근로자의 기업소유권 참여기회를 확대하는 장점을 가능한 확대하되 통제권의 직접

행사는 제한함으로써 그에 따르는 비용을 최소한으로 억제하려는 접근방법이다. 전자는 근로자의 소속감과 근로의욕 고취 및 이에 따른 생산성 향상효과나 경영권방어에서의 이점을 활용하려는 것이다. 사회 정치적인 시각에서 보면 기업이익을 근로자에게 가능한 크게 환원시킨다는 취지에도 부합한다. 반면에 단점은 근로자의 직접적인 통제권에 따르는 비용 특히 집단의사결정의 비용과 근로자 간의 이해상충 가능성 근로자-경영자 간의 갈등에 따른 비용을 들 수 있다. 이러한 설명은 노동의 이질성이 큰 대형 산업부문의 기업(large industrial firm)에서 종업원지주제에 의한 지분의 통제권 행사를 배제한다는 사실과 부합한다.

종업원지주제는 기존 전통적 기업구조에 근로자의 제한된 지분소유를 가미한 구조이므로, 여기에 대한 다수의 실증적 연구 결과가 축적되어 있다. 그러나 이들 결과는 생산성 향상 가설을 분명하게 지지하지는 않고 있으며 대체로 불분명한 방향으로 나타난다(박상수[1997], Gordon and pound[1990], Chang and pound[1990]).

3. 노조의 경영참여

근로자가 기업 소유권의 행사에 부분적으로 참여하는 방식에는 명목상의 소유권을 나누어 가지는 대신에 기업경영에 실질적인 영향력을 행사하는 방식을 들 수 있다. 노동의 경영참여는 임금, 업무환경이나 방식, 고용과 같은 노동자 복지에 직접 관련된 사안에서부터 투자와 재무정책, 기업전략, 구조변경과 같은 경영권행사에 속하는 사안에 이르기까지 광범위한 문제에 대해 노조와 같은 노동자 기구로부터 제안, 조언, 또는 승인을 구하거나, 이들과 사전협의를 하게 하는 방식으로 이루어진다.

　노동자 경영참여는, 기업 소유권을 제도적으로 배분하지는 않지만, 종업원이 통제기능을 부분적으로 담당하게 하는 것이므로, 근로자기업의 비효율성을 부분적으로나마 계승할 수밖에 없다. 이는 노동 운동 또는 노조활동이 기업성과에 미치는 영향을 검토한 연구결과에서 드러난다. 예를 들어 노조활동이 활발한 기업일수록 기업의 시장가치나 수익률이 그렇지 않은 기업에 비해 떨어지거나, 설비투자나 연구개발비 투자가 상대적으로 낮아지는 것으로 나타난다(Hirsch[1991]). 한편 노조가 결성된 기업의 경영성과는 그 이전이나 노조가 없는 경우에 비해 하락하고, 유형고정자산이나 투자자산의 증가가 둔화되는 반면에 임금이나 배당성향은 상승하는 것으로 나타나기도 한다(박상수[1997, 1998]).

4. 부분 소유권 기업구조에 대한 결론

　부분 또는 복합소유권의 기업구조는 기본적으로 순수근로자기업의 단점을 보완하기 위해 근로자로 하여금 소유권의 일부 또는 전부를 자본공급자와 공유하게 하는 방법이다. 이런 접근방법에는 두 가지 문제가 있다. 먼저 그러한 기업구조가 자본가기업과 근본적으로 구별되지 않는다는 점이다. 그것은 근로자가 자본가기업의 특성을 유지하기 위해 자본공급자의 역할을 동시에 수행함으로써 이해상충 문제를 증폭시킬 수 있기 때문이다. 그러한 기업구조가 소유권의 시장성 문제를 해결할 수 있겠지만, 근로자-자본가의 이해상충 문제는 자본가기업에서 어느 정도 기대할 수 있는 소유경영의 분리가 이루어질 가능성을 크게 저하시킬 수 있다. 이 점은 통제권 행사를 극히 제한적으로 허용하는 부분 소유구조일 경우에서 잘 드러난다.

또한 이런 기업구조에서 집단의사결정비용이 크게 증가할 수 있고 이는 근로자기업의 다른 장점을 상쇄시킬 수도 있을 것이다. 아마도 가장 설득력 있는 증거는 이들 기업구조가 자발적인 계약관계의 산물이라기보다는 기업부실화 경영진-근로자 간의 협상실패와 같은 비정상적 상황에서 발생하며 부분소유구조 기업일 경우 복잡한 법과제도에 의해서만 유지된다는 점이다. 이러한 법적규제는 수많은 경제현상에서 나타나는 바와 같이 근로자기업의 원래 의도와는 다른 경로로 기업성장을 초래하고 따라서 자원배분의 왜곡을 일으킬 수 있다. 그 좋은 본보기는 종업원지주제에서 발견할 수 있다. ESOP은 생산성향상보다는 경영권 방어용으로 악용되거나 근로자의 포트폴리오가 실패한 경영과 연계됨으로써 근로자 복지를 크게 손상시키는 경우는 이에 해당된다.[29]

VI. 맺는 말

근로자기업의 이상은 근로자에게 기업의 소유권을 부여함으로써 소외감의 극복, 생산성 향상, 인적자산의 보호 및 고용안정을 추구하는 데 있다. 이러한 목표는 사회주의 경제가 추구하는 이상과 본질적으로 같다. 그러나 근로자기업을 옹호하는 주장은 이들 목표가 왜 기업구조 안에서 이루어져야 하는지, 또한 어떤 방식으로 그런 기업을 구성해야 하는 것이 가장 효율적인지를 명쾌히 설

---

29) 최근 Enron 사태나 Worldcom 회계부정 사건의 경우에서 드러난 바와 같이, 종업원은 ESOP 보유주식의 주가폭락으로 엄청난 손실을 경험하였다.

명하지 못한다. 그 대신 근로자기업의 이론과 현실적 사례들은 전통적 자본가기업의 구조를 대칭적으로 답습하려고 있다. 이런 기업구조를 가진 근로자기업의 실행성과 효율성은, 몇몇 특수한 업종을 제외하면, 전통적 자본가기업에 비해 현저히 떨어질 수밖에 없다. 가장 근본적인 이유는 근로자기업의 소유권이 시장성이 극히 낮다는 점과 집단의사결정비용이 비효율적으로 높을 수밖에 없다는 데 있다.

근로자기업은 소유자-종업원의 이중 역할 때문에 근로자의 위험감수력을 떨어뜨림으로써 근로자 개인의 복지를 감소시킬 수 있을 뿐 아니라, 공유재산의 문제로 인적자산, 즉, 고용의 확대에도 소극적이므로 전체적인 고용확대에도 부정적인 영향을 끼칠 수 있다.

현실적으로 가장 두드러진 근로자기업의 문제점은 자본자산의 취득, 확대 및 재편성에서 극복하기 어려운 어려움을 겪을 수밖에 없다는 점이다. 기업의 설립에 소요되는 무형자산은 무임승차, 계획기간, 공동재산권의 문제로 조성하기 어렵고, 이들 문제와 함께 소유자-종업원의 이해상충, 자본조달의 어려움 및 집단의사결정비용의 문제는 자본자산의 확충과 재편성을 어렵게 한다. 서비스 업종을 제외한 대부분의 근로자기업이 부실화한 자본가기업을 근로자가 인수하는 과정에서 성립되는 가장 큰 이유는 아마도 여기에 있는 것으로 생각된다. 관련된 또 하나의 문제는 근로자기업이 부채성 자본에 의존하는 경향이 커질 수 있고, 이는 기업부실화의 가능성을 증대시킨다는 점이다.

이런 문제들은 근로자의 이질성이 크고 생산성의 자본의존도가 클수록 더욱 심각해질 것이다. 반면에 노동의 동질성이 크고 소유권의 시장성이 별 문제가 되지 않는 부문에서 근로자기업의 장점은 현실성이 있는 대안적 기업구조가 될 수 있을 것이다. 이는 대부분의 성공적인 근로자기업이 전문서비스 동업회사나 단순노동을 필요로 하는 노동집약적 업종의 경우에 국한되어 있는 데서 잘 드러난다. 그러나 이들 업종을 제외하면, 순수근로자기업은 거의 찾아보기 어렵다.

순수근로자기업에 대한 대안적인 기업구조는 순수근로자기업의 성격을 자본가기업구조에 가미하거나, 이들 기업구조를 결합하는 방법이다. 오늘날 근로자기업으로 간주되는 대형 기업은 거의 예외없이 이와 같은 절충형 소유구조를 가진 기업이다. 전자는 자본가기업의 소유권의 한 부분인 통제권이나 수익청구권의 일부를 근로자에게 할애하는 방식을 취한다. 이들 기업의 공통점은 이런 기업구조가 법적으로 의무화되었거나, 조세특혜와 같은 정책적 지원의 산물이라는 점이다. 또한 실제로 이들 부분적인 소유권의 행사는 극히 제한적으로 이루어지며, 진정한 의미에서의 자산소유권과는 거리가 멀다. 실증적 증거들은 순수근로자기업에서 발견되는 비효율성의 문제가 이런 현상의 원인일 수 있음을 시사한다.

소유권이 결합된 형태의 근로자기업은 대부분이 근로자가 부실화된 자본가기업을 인수하는 과정에서 만들어진다. 이런 유형의 근로자기업은 자본가기업의 성격을 유지하고 있다는 개념상의 문제를 안고 있을 뿐 아니라, 소유권의 시장성을 감소시키거나 순수근로자기업의 비효율성 문제를 심화시킬 가능성을 가지고 있다. 이들 기업의 성과를 판단하기는 아직 이르지만, 전통적 기업보다 우월한 기업구조임을 시사하는 증거는 찾기 어렵다.

근로자기업은 노동의 동질성이 크고, 무형자본자산의 투입을 거의 필요하지 않으며, 노동집약적인 업종에서 실행 가능한 기업형태로 존속할 것이라는 데는 의문의 여지가 없다. 그러나 종합적으

로 보면, 근로자기업이 자발적 계약관계를 기초로 하는 현대적 시
장경제에서 실행 가능하며, 효율적인 기업형태로 발전할 수 있는
전망은 그리 밝지 않다. 거의 모든 근로자기업 모형이 법적 제도
적 지원 없이는 생존하기 어렵다는 점을 이를 반증한다.

< 참 고 문 헌 >

이정우, 남상섭, 「한국의 노동조합이 임금분배에 미치는 영향」, 『경제학연구』, 41
　　집 4호, 1994.
장대홍, 『기업지배구조에서 금융기관의 역할』, 한국금융연구원, 2003.
장대홍, 김경수, 김우택, 박상수, 『재벌의 효율성』, 소화출판사, 2000.
장대홍, 김경수, 김우택, 박상수, 「기업의 지배, 조직 구조 및 가치」, 『금융학회지』,
　　제4권, 제1호, 1999.
조영철, 「기업소유권과 노동자관리기업」, 『경제학연구』, 45집 3호, 153-186, 1999.
박상수, 「노동조합이 기업의 성과와 자원뱁분에 미치는 영향」, 『재무연구』, 1998.
＿＿, 「사원지주제도가 기업의 경영성과에 미치는 영향」, 『재무연구』, 131-167,
　　1997.
한국증권금융, 『종업원지주제-실무안내』, 1995.

Aghion, P. and P. Bolton, 1992, 'An Incomplete Contracts Approach to
　　Financial Contracting', *Review of Economic Studies*, 59, 473-494.
Alchian, Armen(1950), 'Uncertainty, Evolution, and Economic Theory',
　　Journal of Political Economy, 58, 211-21.
Alchian, Armen and Harold Demsetz(1972), 'Production, Information Costs and
　　Economic Organization', *American Economic Review 62*, 777-795.
Aoki. Masahico(1980), 'A Model of the Firm as a Stockholder-Employee
　　Cooperative Game', *American Economic Review 70*, 600-610.
Baldwin, C.(1983), 'Productivity and labor unions: an application of the theory
　　of self-enforcing contracts', *Journal of Business*, LVI 1983, 155-185.
Barclay, Michael and Clifford Holdemess(1989), 'Private Benefits from Control
　　of Public Corporations', *Journal of Financial Economics 25*, 371-395.
Benelli, Giuseppe, Claudio Loderer, and Thomas Lys(1987), "Labor
　　Participation in Corporate Policy Making Decisions, West Germany's

Experience with Codetermination," *Jounal of Business 60*, 553-575.

Bentolila, Samuel and Giuseppe Bertola(1990), "Firing Costs and Labour Demand, How Bad is Eurosclerosis?," *Review of Economic Studies 57*, 381-402.

Berle, A. A. and G.C. Means(1991), originally published in 1932, *The Modern Corporation and Private Property*, Transaction Publishers, New Brunswick, New Jersey.

Berman. Katrina and Matthew Berman(1989), 'An Empirical Test of the Theory of the Labor-Managed Firm', *Journal of Comparative Economics 13*, 281-300.

Blair, Margaret M.(1995) *Ownership and Control*, The Bookings Institution, Washington, D. C.

Bronars, Stephen and Donald R. Deere(1991), 'The Threat of Unionization, the Use of Debt, and the Preservation of Shareholder Wealth', *Quarterly Journal of Economics 106*, 231-254.

Bronars, Stephen and Donald R. Deere(1990), 'Union Representation Elections and Firm Profitability', *Industrial Relations 29*, 15-37.

Bruyn Severvn T. and Litza Nicolau-Smokovitis(1979), 'A Theoretical Framework for Studying Worker Participation, The Psychosocial Contract', *Review of Social Economy 37*, 1-23.

Chandler, A.D.(1990), Scale and Scope, *The Dynamics of Industrial Capitalism*, Harvard University Press.

_____ (1992), 'What is a Firm?, A Historical Perspective', *European Economic Review, 36*, 483-994.

Chang, Chun(1992), 'Capital Structure as an Optimal Contract Between Employees and Investors', *Journal of Finance 47*. 1141-1158.

Chang, S.(1990), 'Employee stock ownership and shareholder wealth : an empirical investigation', *Financial Management 19*, 87-127.

Clark, Kim(1984), 'Unionization and Firm Performance, The Impact on Profits, Growth, and Productivity', *American Economic Review 74*, 893-919.

Craig, Ben and John Pencavel(1992), 'The Behavior of Worker Cooperatives, The Plywood Companies of the Pacific Northwest', *American Economic Review 82*, 1083-1105.

Coase, Ronald, (1937), 'The Nature of the Firm', *Economica*, 4, 386-405.

Demsetz, H.(1983), 'The Structure of Ownership and the Theory of Firm', *Journal of Law and Economics*, 26, June 1983, 375-90.

Dow, Gregory and Louis Putterman(1999), 'Why Capital(Usually) Hires Labor,

An Assessment of Proposed Explanations', in *Employees and Corporate Governance* edited by Margaret Blair and Mark Roe Brookings Institution Press; Washington D.C.

Dreze, J.H.(1989), *Labour Management, Contracts and Capital Markets, Yrjo Jahnsson Lectures*, Basil Blackwell, Ltd.

Fama, E. F.(1980), 'Agency Problem and the Theory of Firm', *Journal of Political Economy*, 88, 288-307.

Fama, E. F. and M. C. Jensen, June(1983a), 'Separation of Ownership and Control' *The Journal of Law and Economics*, 26, 301-325.

_____ (1983b), 'Agency Problems and Residuals Claims', *Journal of Law and Economics 26*, 327-49.

FitzRoy, Felix and Kornelius Kraft(1993), 'Economic Effects of Codetermination', *Scandinavian Journal of Economics 95*, 365-375.

Freeman, Richard and Edward Lazear(1995), 'An Economic Analysis of Works Councils', in *Works Councils Consultation. Representation. and Cooperation Industrial Relations*, edited by Joel Resets and Wolfgang Streek(University of Chicago Press; Chicago).

Freeman, Richard and James L. Medoff(1981), "The Impact of Collective Bargaining, Illusion or Reality?" in *U.S. Industrial Relations 1950-1980: A Critical Assessment* edited by Jack Shebat et al. (IRR.A; Madison, Wisconsin).

Gordon, L. and J. Pound(1990), 'ESOP and Corporate Control', *Journal of Financial Economics 27*, 525-555.

Gorton, Gary and Frank Schmid(2000), 'Class Struggle Inside the firm: a Study of German Codetermination', *NBER Working Paper 7945*.

Grossman, Sanford and Oliver Hart(1986), 'One Share-One Vote and the Market for Corporate Control', *Journal of Financial Economics 20*, 175-202.

_____ (1986), 'The Costs and Benefits of Ownership : A Theory of Vertical and Lateral Integration', *Journal of Political Economy*, 94, 691-719.

Gurdon, B.A. and A. Rai(1990), "Codetermination and Enterprise Performance, Empirical Evidence from West Germany," *Journal of Economics and Business 42*, 289-302.

Hansman, Henry(1996), *The Ownership of Enterprises*, Harvard University Press.

_____ (1990), 'When Does Worker Ownership Work? ESOPs, Law Firms, Codetermmation and Economic Democracy', *Yale Law Journal 99*,

1749-1816.

Hart Oliver(1989), "Air Economist's Perspective on the Theory of the Firm," *Columbia Law Review 89*, 1757-17-4.

_____ (1995), *Firms. Contracts and Financial Structure*(Clarendon Press, Oxford, UK).

Hart, Oliver and John Moore(1990), 'Property Rights and the Nature of the Firm', *Journal of Political Economy 98*, 1119-1158.

Holmstom, Bengt and Jean Tirole(1989), 'The Theory of the Firm', in *Handbook of Industrial Organization*, edited by R. Schmalensee and R, Willig(North Holland)

Jacobson, Louis. Robert LaLonde, and Daniel Sullivan(1993), 'Earnings Losses of Displaced Workers', *American Economic Review 83*, 685-709.

Jensen, M.C. and W.H. Meckling(1976), 'Theory of the Firm, Managerial Behavior, Agency Costs and Ownership Structure', *Journal of Financial Economics 3*, 305-360.

_____ (1979), 'Rights and Production Functions, An Application to Labor-Managed Firms and Codetermination', *Journal of Business 52*, 469-506.

Kahn, Charles and Andrew Winton(1998), 'Ownership Structure, Speculation, and Shareholder Intervention.' *Journal of Finance 53*, 99-129.

Kihlstrom, Richard and Jean-Jacques Laffont(1979), 'A General Equilibrium Theory of Firm Formation Based on Risk Aversion', *Journal of Political Economy 87*, 719-748.

Kraft, Kornelius(1989), 'Empirical Studies on Codetermination, A Selective Survey and Research Design', in *Codtermination, A Discussion of Different Approaches*, edited by Hans G. Nutzinger and Jurgen Backhaus(Springer-Verlag, Berlin).

La Porta, R., F. Lopez-de-Silanes, A. Shleifer, R. W. Vishny(1999), 'Investor Protection , Origins, Consequences, and Reform', *NBER Working Paper W7428*.

_____ (1998), 'Corporate Ownership around the world', *Journal of Finance 54*, 471-517.

_____ (1996), 'Law and Finance', *NBER Working Paper W5661*.

Meade. James(1974), 'Labour-Managed Firms in Conditions of Imperfect Competition', *Economic Journal 84*, 817-824.

_____ (1972), 'The Theory of Labour-Managed Firms and Profit-Sharing', *Economic Journal 82*(supplement), 402-428.

Miyazaki, Hajime(1984), 'Internal Bargaining Labor Contracts, and a Marshallian Theory of the Finn', *American Economic Review 74*, 381-393.

Monissen, Hans(1978), 'The Current Status of Labor Participation in the Management of Business Firms in Germany', in *The Codetermination Movement in the West*, edited by Pejovich, Svetoyar(Lexington Books Lexington, Massachusetts).

Monks, Robert A.G., and Nell Minow. (1991), *Power and Accountability*, Harper Collins.

Mueller, D.C., (1992), 'The Corporation and the Economist', *Journal of Industrial Organization*, 10, 147-170.

Nutzinger, H. G. and J. Backhaus, editors(1989), *Codetermination, A Discussion of Different Approaches*(Sprinter-Verlag Berlin).

Park, S. and M. Song, (1995), 'Employee stock ownership plans, firm performance and outside block', *Financial Management 24*, 52-65.

Pejovich, Svetozar(1978), editor. *The Codetennination Movement in the West* (Lexington Books Lexington, Massachusetts).

_____ (1978), 'Codetermination, A New Perspective for the West', in *The Codetermination Movement in the West*, edited by Svetozar Pejovich (Lexington Books Lexington, Massachusetts).

Pencavel, John and Ben Craig(1994), 'The Empirical Performance of Orthodox Models of the Firm, Conventional Firms and Worker Cooperatives', *Journal of Political Economy 102(4)*, 718-744.

Pistor, Katherina(1999), "Co-determination in Germany, A Socio-Political Model with Government Externalities," in *Employees and Corporate Governance*, edited by Margaret Blair and Mark Roe, Brookings Institution Press Washington D.C.

Rajan, Raghuram and Luigi Zingales(1998). 'Power in the theory of the firm', *Quarterly Journal of Economics*, May.

Rippey, Linda(1988), 'Alternatives to the United States' System of Labor Relations, A Comparative Analysis of the Labor Relations Systems in the Federal Republic of Germany, Japan, and Sweden', *Vanderbilt Law Review 41*.

Ruback, Richard S. and Martin B. Zimerman(1984), 'Unionization and Profitability, Evidence from the Capital Market', *Journal of Political Economy 92*. 1134-1157.

Shleifer A. and R. W. Vishny(1997), 'A Survey of Corporate Governance',

Journal of Finance 52, 737-783.

_____ (1986), "Large Shareholders and Corporate Control," *Journal of Political Economy 94*, 461-488.

Spiro, Herbert(1958), *The Politics of German Codetermination*(Harvard University Press Cambridge, Massachusetts).

Svejnar, Jan(1981), 'Relative Wage Effects of Unions, Dictatorship and Codeterminationn Econometric Evidence from Germany', *Review of Economics and Statistics 63*, 188-197.

_____ (1982a), 'Codetermination and Productivity, Empirical Evidence from the Federal Republic of Germany', in *Participatory and Self-Managed Firms*, edited by D. Jones and J. Svejnar(Heath Lexington, Massachusetts).

_____ (1982b). 'Employee Participation in Management, Bargaining Power and Wages', *European Economic Review 18*, 291-303.

Svejnar, Jan(1982c), 'On the Theory of a Participatory Firm', *Journal of Economic Theory 27*, 313-330.

U.S. GAO(1987), 'Employee stock ownership plans : Little evidensce of effects on corporate performance', *GAO/PEMD-88-1*.

Voos, Paula and Lawrence Mishel(1956), The Union Impact on Profits, Evidence from Industry Price-Cost Margin Data', *Journal of Labor Economics 4*, 105-133.

Williamson, Oliver(1988), 'Corporate Finance and Corporate Governance, *Journal of Finance*, 567-591.

_____ (1985), *The Economic Institutions of Capitalism, Firm, Markets, Relational Contracting*(Free Press Few York).

_____ (1975), *Market and Hierarchies, Analysis and Antitrust Implications*, New York, Free Press.

Windolf, Paul(1993), 'Codetermination and the Market for Corporate Control in the European Community', *Economy and Society 22*, 137-158.

Zingales, Luigi(1997), 'Corporate Governance', *The New Palgrave Dictionary of Economics and the Law*.

_____ (1995), 'What Determines the Value of Corporate Votes?' *Quarterly Journal of Economics 110*, 1047-1073.

선교(仙敎)와 자유

강위석

(전 중앙일보 논설위원)

I. 들어가기

한국의 고래(古來) 종교를 선교(仙敎)라고 부르는 것을 따르기
로 하자. "선(仙)"은 말할 것도 없이 최치원이 난랑비서(鸞郞碑序)
에서 그것을 풍류(風流)라고 부르고 그 역사를 선사(仙史)라고 불
렀던 바를 따르려는 것이다. (김부식 지음, 이병도 역주, 삼국사기
(상), 을유문화사, p74) 화랑도(花郞徒) 또는 선도(仙徒)는 이 종교
의 젊은 엘리트에게 붙인 신라식 이름이었다. 이를 따라서 선교를
따르는 사람들은 선도(仙徒)라고 부르기로 한다.

기복(祈福)과 수양(修養)은 선교의 두 축이다. 기복(祈福)은 선
교의 언어로는 "치성(致誠) 드리기"다. 자연세계와 집안 어디나 있
는 신령(神靈)들과 조상신(祖上神)에게 액운을 막아 주고 복을 가
져다 주기를 비는 것이 치성이다. 생활 전체가 치성이었다. 하루
하루를 치성 드리는 마음으로 살았다.

이런 치성(致誠)은 자신이 착한 사람이 아니고서는 효험이 없다
고 믿는 것이 선교다. 그래서 자신을 수양하는 것은 기복과 함께

선교의 안과 밖을 이룬다. 몸과 마음을 깨끗하고 편안하게 가지는 것이 수양의 대강(大綱)이다. 한 마디로 말하여 자기자신을 자연과 마찰을 빚지 않도록 다듬는 것이 선교의 수양이다. 몸과 마음을 깨끗하게 하지 않고는 치성이 효험을 내지 않는다고 믿었다. 아니, 치성(致誠)이라는 말 자체가 수양 그것이다.

다시 말해 수양은 기복을 위한 조건이기도 하다. 남에게 악행을 하거나 욕심이 과도한 자의 기구(祈求)는 신령이 들어주지 않는다. 그러므로 적극적인 영달(榮達)을 구하기보다는 소극적으로 액막이를 빈다. 따라서 기구하는 사람은 인간으로서 가지고 있는 자기의 최소한의 소원, 즉 자기의 본능들이 횡액(橫厄) 때문에 저지(沮止) 당하는 일이 없기만 빈다.

선교의 수양은 자신이 남을 해하지 않고 분에 넘치는 욕심을 내지 않겠다는 서원이기도 하다. 선교의 기복은 다른 사람, 사회, 관청, 악운, 자신의 실수 등 때문에 자신과 가족이 화(禍)나 흉(凶)을 입는 일을 피하게 해 달라는 소극적인 욕망을 신령에게 속삭이는 것이다. 사회적으로 보면 수양은 사회와 자신에 대하여 책임을 지는, 그리고 질 수 있는 자신을 만들어 가는 일이다. 기복은 자신의 본능, 현대적으로 말하면 자신의 소극적 자유가 억압되는 일이 없기를 바라는 마음이다. 수양은 책임이고 기복은 소극적 자유이다. 그리고 책임과 소극적 자유는 18세기에 로크와 흄, 20세기에 하이에크가 생각한 자유와 그 골격이 일치한다. 집안에서 치성을 맡는 것은 대체로 여성이다. 가족의 평안과 행복을 빈다. 이때 가족은 대체로 직계가족이다. 한국의 가족개념에는 대가족과 핵가족이 중첩되어 있다. 대가족은 부계(父系)로서 대체로 형식상의 것이다. 4대 봉사(奉祀)의 틀에서 생각하면 8촌 이내는 가족이다. 시제(時祭)는 1년에 한 번 5대 이상의 부계 조상에게 지내는 제사다.

거기에 참가하는 사람들을 일가(一家)라고 부르는데, 일가는 매우 확대된 가족이다.

　핵가족은 경제활동을 하는 부부와 그들의 자식, 그리고 남편의 부모로 구성된다. 형제는 장성하여 결혼한 다음에는 핵가족에서 제외된다. 종전에는 핵가족이 이와 같이 3대로 구성되어 왔으나 최근 30년 사이에 핵가족의 정의(定義)는 2대로 이루어지는 가족만으로 바뀌고 있다. 즉 부모와 그 자녀들만으로 구성되는 가족 말이다.

　한국에서 대가족은 경제적으로는 한 식구가 아니다. 친형제 사이라고 하여도 장성하면 경제적으로는 간헐적인 상부(相扶)는 있으나 동일 가계 안에서 공동생산, 공동소비하는 가족관계는 없어진다. 흥부전에서 형인 놀부가 아우 흥부식구를 자기 집에서 쫓아내는 것은 이러한 사정을 반영하고 있다.

　인간의 본능 쪽에서 본다면 가족이란 것은 부부의 번식 본능과 자녀들의 개체 보호 본능을 가장 잘 지켜 주고 발휘하게 주는 제도다. 특히 3대 혹은 2대 등 핵가족제도가 그러하다. 연장 확대된 대가족제도는 국가가 외적이나 범법자의 침입을 효과적으로 대처하고 있는 한 그 필요성이 감소한다. 대가족제도는 국가에 대한 잠재적 대체물이나 보완물로서 그 필요가 존속할 수 있다.

　선교는 신라시대 한때 국가적 종교 노릇을 한 일이 있으나 어디까지나 그 본연의 모습은 핵가족을 위한 종교다. 그 가족의 주부가 이 종교의 주된 신자이고 종교 행위자다. 한편으로 생각하면 선교의 주된 신자가 한 가족의 주부라는 점이 핵가족화를 추진한 힘이 된 것도 사실일 것이다. 그들이 치성 드리는 범위는 핵가족의 구성원을 위한 것을 넘지 않는다. 이것이 대가족으로부터 핵가족을 분리해내는데 기여하였을 것이다.

선교의 주부 중심 전통은 한국에서 불교와 기독교에 그대로 유전(遺傳)되었다. 그래서 불교와 기독교도 가족의 안녕과 번영을 위한 기복종교로 변했다. 다만 치성을 드리는 대상이 조상신과 자연의 신령들에서 "하나님"이나 "부처님"으로 바뀌었을 따름이다. 수양에 관해서는 다른 사람들에게 착하게 대하고 자신의 마음을 편안하게 가지라는 점에서 선교와 이 두 종교가 다를 바가 없다. 기복과 수양 이외에 "종교를 위한 종교"나 "신학을 위한 신학"은 한국인들에게 종교의 부수물로서 그다지 관심이 없다.

선교는 신학을 발전시키지 않았을 뿐만 아니라, 신화(神話), 교리(敎理), 경전(經典), 계율(戒律), 의례(儀禮), 사제(司祭)제도, 교회도 거의 발전시키지 않았다. 아예 없다고 하여도 과언이 아니다. 그런 의미에서 선교는 신앙이 아니라 한국인들의 생활의 방식, 내지 태도라고 볼 수 있다. 자신들의 행복이 죽은 조상들 및 자연과 연결되어 있다고 보아 이들에게 항상 빌며 살아야 한다는 생활태도 말이다. 이것은 또 다른 불립문자(不立文字)적인 생활의 원형(原形)일 수도 있다.

Ⅱ. 선교와 샤머니즘

선교의 치성 가운데서 전문가가 등장하는 것은 무꾸리, 푸닥거리, 굿이다. 여기에 등장하는 전문가인 무당이나 박수를 사제(司祭)라고 볼 수도 있다. 아니, 선교를 굿종교나 무교(巫敎)라고 불러야 한다는 사람들도 있다. 굿과 무격(巫覡)은 내외인의 눈과 귀에 띄기 좋다.

특히 외국에서 온 여행자나 기독교 선교사들은 굿판과 거기 모이는 사람들을 중심으로 한국과 다른 아시아 지방의 종교를 논한다. 그들은 무격을 샤만이라고 부른다.

샤머니즘이란 용어는 1704년 네덜란드의 상인 이데스(E. Y. Ides)에 의해 처음으로 유럽학문계에 등장한다. 그는 1692-1695년 사이 러시아 피터 대제의 사신 자격으로 모스크바에서 북경까지 여행하였다. 그 길에 바이칼 호수의 서북부에서 퉁구스족의 박수무당을 만나 그의 굿을 관찰하였다. 그 듣도 보도 못한 희한한 행사와 이름을 묻는 이데스의 물음에 퉁구스인들은 샤먼이라 일러주었던 것인데, 그는 1704년 그것을 포함하여 그의 여행기를 네덜란드어로 출판하였다. 그리하여 이 용어가 급기야 학술용어로 굳어지고, 이래 평생을 다 바쳐도 읽어내지 못할 만큼 많은 엄청난 양의 논저가 발표되어 온다. 그리고 이 관계의 수많은 보고와 이론이 제기되어 오늘날 우리의 샤머니즘 개념을 이루어 주고 있다. (조흥윤 지음, 巫, 한국 무의 역사와 현상, 민족사, p16)

무격과 굿, 그리고 그에 대한 연구는 그것대로 매우 훌륭한 의미가 있을 것이다. 문제는 무격과 굿이 한국 고래종교인 선교의 전부라고 보는 데 있다. 굿을 선교라고 생각하는 것은 기독교 교회의 찬양대 찬양을 기독교라고 생각하는 것과 같은 오류로 보인다. 일부분을 전체로 보는 오류 말이다. 선교를 무교(巫敎)라고 부르자는 것은 기독교를 찬양대교라고 부르자는 것과 비슷하다.

굿이 선교에서 차지하는 비중은 매우 작다. 선교적 삶은 굳이 사제를 필요하지 않는다. 일상생활에서 조상이나 만물의 영(靈)과 대화하고 기도하는 것이 선교이기 때문이다. 무격은 결코 선교의 사제가 아니다.

경전, 교리(敎理), 의식이 필요없는 것도 그 까닭이다. 우리나라의 음악이 본질적으로 즉흥성(卽興性)의 것이듯이 선교는 즉물적(卽物的)이고 즉흥적이다. 우리 음악에는 연주법은 있어도 악보는 그다지 필요하지 않았다. 지휘자도 존재하지 않았다. 선교도 그러하다. 춘향전에서 월매가 옥에 갇힌 딸이 풀려 나오기를, 그리고 소식없는 사위가 영달하여 돌아주기를 정화수 떠놓고 축원하는데, 그리고 이런 축원 드리기가 선교에서 절대적 비중을 차지하는 바, 거기에는 사제가 필요하지 않다. 선교는 보통사람인 기자(祈者) 겸 수양자(修養者)가 몸소 주재하는 종교다.

> 이렇게 하여 신령과 전문적으로 교제할 수 있게 된 무당은 일반적으로 사제 (司祭), 치병자(治病者), 예언자의 기능을 감당하는 것으로 얘기된다. 시베리아 샤먼의 경우—이미 수십년 전 러시아화의 과정을 겪으면서 집단농장의 일원으로 몰락하고 말았지만—재판관의 기능까지 거론되었으나 우리네 무당에게는 그 기능이 매우 약하다. 필자는 그 밖에 가무 오락 내지 전통문화 계승자로서의 기능을 하나 더 추가하고자 한다. (조흥윤 지음, 앞의 책, p20)

앞의 인용문에서는 무격을 사제라고 주장하고 있다. 무격을 사제라고 하는데 동의한다고 하여도 그 사제 역할은 무꾸리, 푸닥거리, 굿 등의 행사에 한정된다. 선교를 일반적으로 주관하는 사제는 아닌 것이다. 일상생활이 종교 그 자체인 선교에서 무꾸리, 푸닥거리, 굿은 회중(會衆)이 아니라 대체로 한 집안의 흉화(凶禍)를 물리치고 복길(福吉)을 축원하는 한정된 목적으로 무당에게 의뢰하여 집행된다.

이 중에 굿의 경우, 다른 참가자는 그야말로 다만 굿구경만 할 뿐이다. 굿은 선교적인 가무(歌舞)행사다. 집안굿이 아닌 동네굿은 더욱 그러하다. 앞의 인용의 끝부분에서 말하는 가무 오락기능은 무격의 치병자, 예언자 역할과 함께 전통적인 것이다.

선교는 핵가족 중심의 종교다. 개인이 조상과 자연의 영혼에 빌어 복을 구하고 자연을 본받으려고 수양하는 종교이다. 자기자신을 자연의 한 부분이라고 보려는 종교다. 궁극적으로는 자기자신을 자연 속으로 놓아주는 것이 선도(仙徒)가 바라는 바다.

이런 점에서 선교는 수렵인이나 유목인의 원초적 가족 단위 자유를 보존해 온 종교로 보인다. 종교라기보다는 한국인, 아니 더 넓게는 동북 아시아인들이 인간의 본능을 저장해 온 사회적 유전자 저장장치라고 보아도 좋을 것이다. 인체에 비한다면 선교는 기관이나 세포보다 더 기초적인, 아니 세포핵보다도 더 기본적인 유전물질과 같은 것이라고 할까.

한국인들이 불교를 믿게 되거나 기독교를 믿게 되거나 불문하고 이들 종교를 기복(祈福)과 심신수양의 종교로 돌려놓고 그 종교의 사제들로 하여금 무격(巫覡)의 역할을 할 것을 강요하는 것은 이 유전자의 놀음으로 보인다. 한국인이 별 거부반응 없이 거의 모든 종교를 수용하는 성향을 보이는 것도 이 까닭일 수 있다.

소옹(邵雍)이 "사람도 또한 자연이고 어떤 위대한 사람도 또한 사람이다"라고 한 말이야말로 한국의 고래(古來) 선교인의 태도를 서술하는데 차용해 올 만하다. 다음 인용에서 그가 물(物)이라고 일컫는 것, 즉 물체는 바로 자연이다. 설문자해(說文字解)에 "物"은 천지 사이에 있는 일체의 만물(萬物)이라고 풀고 있는 바, 요새 말로는 자연에 해당한다.

> 그런 즉 사람 또한 물체이고 성인 또한 사람이다(然則人亦物也, 聖亦人也)
> (소강절 지음, 노영균 옮김, 황극경세서, 대원출판, p119, 관물내편(觀物內篇))

> 반관이라는 것은 나를 가지고 물체를 보는 것이 아니다. 나를 가지고 물체를 보는 것이 아니란 것은 물체를 가지고 물체를 보는 것을 이른다. 이미 능히 물체를 가지고 물체를 볼 수 있다면 어찌 그 사이에 내가 또 있을 수 있겠는가?
> (所以謂之反觀者 不以我觀物也 不以我觀物者 以物觀物之謂也 既能以物觀物 又安有我其間哉) (소강절 지음, 같은 책, p186, 觀物內篇)

선교는 "이물관물(以物觀物)"의 길(道)이다. 사람을 포함하여 만물은 제각끔의 길(道)을 가지고 있다. 이물관물은 물(物)과 물(物) 사이에 나의 편견이 개재하는 것을 용납하지 않으려는 도(道)다. 이런 뜻에서 선교라는 이름보다는 선도(仙道)라고 부른 것이 더 적절할 수 있다. 물(物), 또는 자연(自然)이란 것은 사람에 있어서는 본능 내지 천성(天性)을 말한다. "以物觀物"은 본능을 가지고 본능을 보는 것이다. 개인이 자신의 천성을 따르는 것이 자유다.

한 번 더 요약컨대 선교(仙敎)는 치성(致誠)과 수양(修養) 두 가지로 이루어진다. 이 가운데 치성은 다시 둘로 나눌 수 있다. 이 둘 가운데 주가 되는 것은 개인의 일상생활적 기도다. 다른 하나는 특별한 때 개인의 요청에 따라 이루어지는 무꾸리, 푸닥거리, 굿, 등 무축(巫祝)행사다. 무축은 무격이 주재한다. 무격에게는 몸주라고 부르는 자기들의 전문적 신이 있다. 보통사람들의 치성은 조상신과 자연신에게 드리는 기도행위다. 수양은 자연을 본받는 것이다. 조상은 가족이다. 가족과 자연이 선교의 절대적 대부분을 이룬다.

Ⅲ. 도(道)에 관하여

선교라고 부를 것인가, 선도라고 부를 것인가. "교(敎)", 즉 가르침과 "도(道)", 즉 길은 서로 다른 점도 있고 같은 점도 있다. "교"에는 권위가 있다. 이 권위는 신이나 교주에게서 나온다. "교"는 권위와 권위에 대한 복종을 가르친다. 이 가르침을 대리하는 사람이 사제다. 사제는 그 종교의 계율, 신화, 의례, 교리를 장악하여 신도에게 강요한다. 신도로 있는 한 이 강요는 받아들여진다. 그

받아들임을 믿음이라고 부른다.

종교, 즉 "가르침"은 유토피아를 지향한다. 기독교는 사랑의 유토피아를 가르친다. 선(禪)불교는 돈오(頓悟) 일체지(一切智)의 유토피아를 가르친다. 기독교에서는 사랑이 강제된다. 선종불교에서는 돈오가 강제된다.

선종불교는 "조사를 만나면 조사를 죽이고 부처를 만나면 부처를 죽인다(逢祖殺祖 逢佛殺佛)"라는 공안(公案)을 내어 걸고 있을 만큼 유례가 드물게 자유로운 정진(精進)을 강조하지만 이 모두가 돈오라는 유토피아를 강제하는 기구(機構)에 지나지 않음도 또한 명백하다.

"도(道)"는 유토피아를 제시하지 않는다. 선불교에는 "왜 달을 보지 않고 손가락을 보느냐"라는 기초적 공안이 있다. 손가락으로 달을 가리키는데 달은 보지 않고 손가락을 보고 있는 것을 경계하는 말일 것이다. 여기서는 달이 유토피아다.

그런데 "도"에는 그 유토피아인 달이 없고 오히려 손가락만 있다. 그 손가락이 바로 "도" 즉 "길"이다. 이 길은 어디로 가는가 목적지가 없다. 혹은 사람마다 다른 목적지가 있을 수 있다. 도는 그야말로 길일 뿐이다. 사람을 포함하는 만물은 각자의 길을 가지고 있다. 따라서 그것은 스스로 가는 것이지 그 누구의 가르침도 아니다. 소옹은 도에 대해서 다음과 같이 설명을 가하고 있다.

> 도는 소리도 없고 형체도 없어 볼 수가 없는 것이다. 그러므로 도로(道路)의 도(道)를 빌려서 이름을 삼았는데, 사람은 다닐 때 반드시 길(道)을 거치게 된다. 일음일양(一陰一陽)이 천지(天地)의 도(道)다. 만물은 이를 거쳐 생겨나고 이를 거쳐 이루어진다. 일은 크고 작은 것 없이 모두 그 속에 도를 가지고 있다. (소강절 지음, 앞의 책 p297)

도는 만물의 자연스러움 그것이다. 만물은 자기의 도를 걸어가고 있다. 자기의 길을 가는 것으로 족하다. 그리고 자기의 길을 걸어가지 못 하는 것이 결함의 모든 것이다. 어디로 가는 것인지는 질문할 것이 못 된다고 보는 것이 "道在其間"이고 "以物觀物"이다. 일은 크고 작은 것 없이 모두 그 속에 도를 가지고 있다(事無大小皆有道在其間)는 것과 오직 물체를 가지고 물체를 본다(以物觀物)는 것은 같은 말이다.

중국에서는 "道"라는 말이 유교를 지칭한 일도 있고 불교를 지칭했던 일도 있다. 물론 도교를 지칭하기도 했다. "道敎"라는 말 또한 유교를 가리키기도 했고 불교를 도교라고 불렀던 사례도 많다. (酒井忠夫 外 지음, 崔俊植 옮김, 도교란 무엇인가, 民族社, p19) 5세기에 이르러서야 지금의 도교만을 도교라고 부르게 되었다. 도교가 중국에서 하나의 큰 세력을 이룬 것이 이 이름이 정착되는 계기가 되었다. (酒井忠夫 外 지음, 같은 책, p24)

Ⅳ. 선교(仙敎)와 도교(道敎)

중국의 역사시대는 은(殷)왕조의 창업(1751 B.C.) 이후다. 황제(黃帝)에서 하왕조(夏王朝)의 말년까지 9백여 년 역사는 증명할 자료가 없는 전설의 시대다. 은인(殷人)의 발상지는 지금의 허베이성(河北省) 발해만(渤海灣) 일대였다. (傅樂成 著, 辛勝夏 譯, 中國通史, 宇鐘社, p15) 은인? 동이(東夷)족, 즉 한(韓)민족과 같은 종족이었다는 주장을 하는 사람들도 많다.

이런 주장을 검토하는 것은 이 글이 다룰 바가 아니다. 그러나 한국 고래의 선교(仙敎)와 후에 중국의 도교(道敎)로 발전되는 고대 은인의 종교가 서로 차이를 발견하기 어려울 만큼 같다는 점은 주목하지 않을 수 없다. 그리고 중국의 고대 국가 가운데 하(夏)와 주(周)는 서쪽에서 온 종족이 세웠고 은(殷)은 동쪽 종족이 세웠다는 점도 주목할 만하다. 은(殷)나라의 종교적 전통은 주(周)대와 춘추전국시대로 내려오면 연(燕)나라와 제(齊)나라를 중심으로 이어진다. 도교는 모든 중국인의 종교, 내지 종교적 유전자가 되어있다. 다음은 은인의 종교에 관한 서술을 좀 길게 인용한 것이다. (傅樂成 저, 앞의 책, p21-22)

은인(殷人)의 사상은 거의 종교로 덮혀 있었다. 자연적인 현상도 신화(神化)되어 무수한 신이 천지간에 충만되어 있었다. 인간과 신 사이에는 엄격한 한계가 없고 사람이 죽은 후에도 영혼은 여전히 존재하며 또한 경건하고 정성스러운 자손의 공경이 필요하다고 생각하였다. 따라서 천신(天神)과 사직(社稷), 죽은 사람의 영혼은 모두 은인들에게 숭배의 대상이 되었고 후자는 특히 은인들의 신앙의 중심이 되었다. 그들의 마음속에는 귀신의 세계와 인간의 세계가 밀접한 관계를 맺고 귀신이 온 인간의 운명을 조종하고 있다고 생각하였다. 그러므로 그들은 일상생활 중에서 어려운 일 또는 해답을 풀 수 없는 의문을 만나면 점을 쳐서 귀신의 지시를 구하였다.

은인들은 천신(天神) 중의 최고 주재자는 "帝"이고 그 지위는 인간의 왕과 잘 비교된다고 생각하였다. 이들은 여러 가지의 권력과 능력이 있어서 비를 내리게 명령할 수 있다든지 길흉화복(吉凶禍福)이나 기근(饑饉) 재화(災禍) 등을 내리게 할 수 있다고 믿었다. 땅에는 "河", "岳"에 제사를 지냈는데 어떤 이는 태산(泰山)과 황하(黃河)를 가리킨다고 하고, 또 어떤 이는 일반적인 산천(山川)

을 말한다고 하고 있다. 이 밖에 대지의 神(즉 "社") 사방(四方)의 신, 풍신(風神), 월신(月神) 등을 숭배하였다. 조상에 대하여는 祖, 妣를 막론하고 매년 일정에 따라 경건히 제사를 지냈으며 제사에는 많은 것을 사용하게 되어 실로 사람이 놀랄 정도로 성대하였다. 그런데 은인이 조상에게 제사 지내는 목적은 조상의 복이 나리기를 구하고 그 귀신의 재앙을 방지하기 위한 것이었다.

현존하는 10만 조각의 갑골문자(甲骨文字)는 그 대부분이 조상에 대한 제사 때 점복(占卜)으로 사용된 것이다. 그 복사(卜辭) 중에는 그들이 조상에게 풍년과 득남을 구하고 비와 질병의 치료를 구하는 등의 여러 가지 기록을 볼 수 있다. 그들은 비가 오지 않는 것, 혹은 질병 등은 조상이 내리는 재앙으로 생각하고 있다. 더욱 이상한 것은 그들이 풍년과 비를 구하는데 직접 帝에게 청원하지 않고 조상에게 먼저 부탁하여 전달하려고 한 것이다. 점치는 일은 武丁시대에는 제일 성하였고 祖甲시대에는 없어졌다. 그러나 조상숭배와 宗法관념은 殷대에서부터 오늘에 이르기까지 계속되어 중국문화에 있어서 하나의 특색을 이루고 있다. (宗法에 대하여는 傅樂成 지음, 같은 책 p40-41을 참고)

殷나라가 발해 부근에서 성립된 것이나, 그 후의 燕과 齊가 한반도와 접경해 있는 것에서 보아 殷이나 燕, 齊가 韓민족이 세운 국가인가의 여부와는 관계없이 고대 한반도의 선교(仙教)와 은이나 연, 제의 자연 및 조상 신 숭배종교는 같은 뿌리를 가지고 있다. 어느 한쪽에서 다른 한쪽으로 전파된 것일 필요는 없다.

殷의 종교에서 주목되는 것은 天神과 帝의 출현이다. 이것은 국가의 탄생과 그 때를 같이 하였으리라고 본다. 국가가 탄생하면서 왕이라는 절대 권력자가 생기자 덩달아 自然神들 사이에 계급이 생긴 것이다. 신들 사이에 최고의 권력을 가진 신이 있는 것과 같이 사람들의 세계에서도 똑같이 절대자가 있다는 설득이 이로써 강화될 수 있었다. "땅에서 매면 하늘에서도 맨다."라고 예수가 베드로에게 한 말도 이와 유사하다.

은나라와 단국조선은 시기가 대체로 같다. 한국사에서도 환인(桓因)은 천신이고 그 자손이 단군이다. 천신숭배는 국가와 군왕의 행복과 권위를 위한 것이었다. 이것은 주(周)시대에 천신에 대한 제사, 즉 교사(郊祀)는 오직 주나라 천자(天子)와 노(魯)나라 군주만이 받들 수 있도록 예법이 정해진 것으로 보아 알 수 있다. 천신은 일반사람들과는 아무 관련이 없었다.

주나라의 일반사람에게는 토지의 신인 사(社)와 곡식의 신인 직(稷)이 가장 중요했다. 이 둘은 경제의 신이다. 그 가운데서도 사(社)가 더 중요했다. 무당들은 자기네의 특별한 신을 가지고 있었다. 백성들은 이 같은 무당의 신에게 빌려고 할 때는 반드시 무당을 통해야 했다. (傅樂成 지음, 같은 책, p43)

> 은(殷), 주(周) 대의 도교는 한국의 선교와 다름이 없다는 것을 알 수 있다. 현대는 어떨까. 대만의 도교에서는 한국의 무격에 해당하는 사람을 도사와 법사로 불린다. 대만에도 도교 외에 한국과 같은 민간 종교와 무당이 있다. 이런 민간 종교는 발달한 종교인 도교에의 편입을 거부하고 잔존하는 중국 고대 전통 종교일 것이다. 도교의 도사들은 이런 민간 종교의 무당과 경쟁을 벌인다. (酒井忠夫 外 지음, 같은 책, p163)

도교는 그 성립부터가 어떤 종교적 천재가 설한 교리를 중심으로 하는 이른바 창도적 종교와는 다르다. …… 도교의 의례면은 크게 신선술(神仙術)적인 것과 무축(巫祝)적인 것으로 나누어진다. 신선술적인 것은 신선이 되는 것을 목적으로 하는 다양한 행법(行法)을 가리키는데 금단(金丹)의 제조와 복용, 도의 체득을 목적으로 신들과의 교감을 행하는 수일(守一), 존사(存思) 등과 같은 각종 명상법, 자신의 몸을 단정(丹鼎)으로 삼고 정(精), 신(神), 기(氣)를 세 가지 약(三藥)으로 삼아 단(丹)을 수련하는 내단술(內丹術) 등이 여기 속한다. 반면 무축적인 것은 이른바 부록재초(符籙齋醮)라고 부르는 것을 가리키는데 재초(齋醮)와 같은 대규모의 의식이나 제사를 포함해서 치병(治病), 구사(驅邪), 기우(祈雨), 액막이를 주된 목적으로 하는 세계 각지의 샤만이 행하는 것과 같은 다양한 주술을 그 내용으로 한다.

이러한 두 종류의 의례는 서로 밀접하게 연관되어 있으며 이 의례들을 성립시키는 배경이 되는 세계관에는 도교의 독자적인 특성이 명확하게 나타나 있다. 전자의 의례는 스스로의 수행을 위해서 하는 것이지만 후자와 같은 주술의례, 제사 등은 사람들의 요청에 따라 행하는 것으로 그 행사를 통해 도사들이 갖고 있는 사제, 주술사, 샤만으로서의 사회적 역할이 드러나게 된다.

> 현재 대만에는 도관에 해당되는 것은 발견되지 않으며 따라서 그곳에서 수행하는 도사는 존재하지 않는다. 그런 까닭으로 모드 재가(在家)생활을 하는데…… (酒井忠夫 外 지음, 같은 책, p162-163)

위의 인용에서 알 수 있는 것은 대만의 현행 도교도 선교처럼 두 가지 부분으로 구성된다는 사실이다. 그 중에서 도교의 신선술은 선교의 수양에 해당한다. 특히 내단(內丹)은 지금 한국에서 단전호흡 수련의 형태로 복구되어 널리 보급되어 있다.

도교가 수양에 신선이 되려는 목표를 도입한 것은 신선을 무엇이라고 정의하느냐에 따라 평가가 달라질 것이다. 신선이 산천(山川)처럼 극히 자연스러운 사람을 의미한다면 자연의 도를 추구하는 도교로서는 합당한 목표라고 할 것이다. 한국의 선교의 수양도 같은 목표를 가진다.

그러나 진시황이 원했던 것처럼 불로장생(不老長生)을 위하여 신선이 되려는 것이라면 이것은 자연에 반할 뿐만 아니라 그 도(道)는 하나의 사술(邪術)로 타락한다. 수양은 기복과 균형을 이루는 역할을 한다. 자연은 여러 가지 힘들이 균형작용을 하기 때문에 생명이 살 수 있는 안정적 상태를 가지게 된다. 인체도 또한 몸 안의 여러 가지 화학적인 물질들이 서로 상반되는 기능을 일으킴으로써 인체의 호메오스타시스(homeostasis, 恒常性)를 유지하게 한다. 기복(祈福)은 욕심이 이루어지도록 비는 것이고 수양은 욕심을 절제하는 기능을 갖는다. 만일 신선 수양이 불로장생을 원하는 것이 되면 이런 수양은 절제의 기능을 하는 것이 아니라 욕심 가운데서도 가장 극단적인 욕심이 되고 만다. 그리고 불로장생이라는 것은 하나의 미혹(迷惑)에 지나지 않는다. 중국에는 역사상 장생불로를 쫓는 신선술이 여러 차례 풍미하였다. 그러나 현재로서는 대만에서도 한국에서도 이런 미혹은 사라지고 없으며 오직 마음과 육체를 연단하고 가장 자연스러운 인간으로서의 신선상(神仙像)을 추구하는 도(道)가 있을 뿐이다.

대만 도교의 무축행사에 관해서도, 도사나 법사가 도관(道觀)에서 수행(修行)하지도, 거처하지도 않으며 자기 개인 집에서 산다는 사실은 주목할 만하다. 도관이 모두 없어진 것이다. 그들은 부록재초(符錄齋醮)행사를 사람들의 청을 받아 행할 뿐이다. 한편, 일반사람들의 대부분 기복행사는 도사나 법사를 부르지 않고 자기 나름대로 자기 개인 집에서 가족끼리 또는 기자(祈者) 홀로 행한다. 한국의 무격(巫覡)이 선교 신앙에서 차지하는 비중이 대수롭지 않은 것처럼 대만의 도교에서 도사나 법사가 차지하는 비중도 대수롭지 않다.

이런 점을 보면 고대만이 아니라 현대에서도 한국의 선교와 대만의 도교는 대체로 같은 종교라고 보아야 할 것이다. 두 종교가 같이 기복과 수양을 두 축으로 삼으며 가족 중심이고 공식적 행사와 사제는 종교의 핵심이 아니라는 점에서 그러하다. 신들은 중요하지마는 너무도 많은 신이 있으므로 그 신들이 누구인가는 중요하지 않은 점도 양쪽이 같다. 불교는 말할 것 없고 기독교까지도 오직 기복을 위하여 신앙하는 사람이 많다. 그들에게 불교는 선교(仙敎)적 불교이고 기독교는 선교(仙敎)적 기독교인 것이다. 그들에게 부처나 여호와는 선교의 신들과 비슷하다. 심청전에는 부처, 용왕, 옥황상제가 심청의 일가족에게 복을 내리는 프로젝트에 각각 참가하는데, 이와 같이 선교적 신앙은 신을 귀하게 모시되 차별하지 않는다.

은(殷), 주(周) 대의, 특히 서민 사이의 자연신 및 조상신 숭배 종교가 중국에서는 방술(方術), 음양학(陰陽學), 신설술(神仙術), 무복(巫卜)이 첨가되고 거기에 매우 세련된 철학 사상상과 불교적 요소도 가미되었다. 더 후세에 오면 이런 복합된 종교가 도교라고 불리게 된 중국서민의 종교다. 후한(後漢) 시기에 이르면 교단(敎團) 조직과 도사(道士), 도관(道觀) 등 사제와 지도자를 갖추게 되고 귀족과 황실도 도교신앙에 열중한 시대도 있었다.

중국의 도교가 또 한 가지 한국의 선교와 크게 다른 점은 경전을 가지게 되었던 점이다. 이미 후한 때 태평교단(太平敎團)은 태평경(太平經)을 가지게 되었고 오두미교단(五斗米敎團)에서는 노자도덕경(老子道德經)을 경전으로 채택하였다. 도교의 경전은 그 이후 도장(道藏)이라 불리게 되었는데 교단이나 시대에 따라 새로운 것이 추가되기도 하고 개편되기도 해 왔다. (酒井忠夫 外 지음, 같은 책, p71-106)

다른 한 가지 중요한 것은 도가(道家)와 도교(道敎)의 관계다.

어떤 사람들은 도가는 노자와 장자의 전통을 이은 사상과 철학이고 도교는 중국의 민간신앙이라고 구분한다. 어떤 사람은 도가는 신선지학(神仙之學), 방사지학(方士之學), 황로지술(黃老之術), 황생지학(黃生之學)과 같은 도교, 즉 후한(後漢) 이후 북위(北魏)시대에 이르기까지의 소위 도교라는 것과는 별개의 것이라고 말한다. 신선가는 본래는 자기의 생명을 장악하려 한 것이지만 현실로 옮아오면서 더 이상 자기를 장악하지 않고 오히려 다른 사람의 생명을 장악하려 했다는 것이다. (方東美 지음, 남상호 옮김, 원시 유가 도가 철학, 서광사, p257)

현실적으로 타락한 종교가 된 적이 있었던 도교인지라 맞는 말일 수도 있다. 그러나 편의상으로는 도가와 도교를 구분하는 것이 가능할지라도 노장(老莊)사상이 종교로서의 은(殷), 제(齊)의 도교의 세계관을 설명하는 철학이기도 하다는 점에서는 이 구분은 틀린 것이 되고 만다. 노장철학은 도교의 연장이고 도교의 일부분이라고 보는 견해가 더 타당한 것 같다. (酒井忠夫 外 지음, 같은 책, p24)

노장(老莊)의 철학은 황제(黃帝)시대 또는 은대(殷代)의 소박한 민간신앙인 도교를 가장 덜 사변적(思辨的)으로, 또는 문학적으로 사변(思辨)한 것이라고 보아야 할 것이다. 다시 말해서 노장철학은 도교 안에서 일어난 도교의 사변적 연장이다. 그리고 만일 고대의 중국 도교와 한국 선교가 실제로 동일한 것이라면 노장철학은 한국 선교(仙敎)에 대한 사변적 연장이기도 할 것이다.

언어로 쓴 교리(敎理) 텍스트가 없는 선교(仙敎)를 하나의 평행선을 그리며 대변하는 것이 노장사상이라고 나는 본다. 고대의 선교와 도교는 같은 뿌리에서 나온 나무였었고 노장사상은 고대 도교의 생물적 가지였다고 보려는 것이다. 그래서 노장사상은 한국의 선교에 대해서도 설명 언어역할을 한다는 것이다. 노장사상 자체가 극히 절약된 언어이긴 하지만 말이다.

그러나 이 모든 것은 하나의 억측에 그치는 것일 수도 있다. 노장사상은 한국의 선교와는 아무 관련이 없는 것일 수도 있다. 이렇게 되면 노장사상이 가지고 있는 자유주의는 노장사상의 것으로서만 끝난다. 비록 그렇다고 하여도 노장사상의 자유주의는 선교의 자유주의를 설명하는 다른 산의 나무로 만든 지렛대 역할은 할 수 있다. 자유란 말은 유럽에서 구워 낸 도자기인데 비하여 동아시아에도 이름은 다르지만 같은 도자기가 일찍부터 널리 구워지고 있었다는 점을 말하고자 한다. 다시 말하지만 자유란 것은 다름 아니라 개인마다 사람의 본능 내지 천성을 좇고자 하는 것을 이를 뿐이다.

한국 경제헌법의 오류와 자유의 헌법

민경국

(강원대 교수)

I. 머리말

우리사회는 현재 정치제도 개혁을 무엇보다도 우선하고 있다. 정당의 민주화, 하향식 공천제도, 의회 구성원 수의 조정 등이다. 그리고 의원 내각제로 정치제도를 개혁하자는 주장도 심심찮게 들린다. 선거구 조정 문제, 불법 선거자금 문제, 부정부패 등을 해결하기 위한 정치제도를 찾아내자는 것이다.

이렇게 정치제도를 개혁하자는 주장은 정치에 대한 불신 때문이다. 정치인들을 부도덕하고 몰지각하다고 비판한다. 그런 정치인은 낙선시켜야 한다는 낙선운동도 벌이고 있다. 도덕적으로 청렴하고 부지런하게 의회활동을 하는 정치인을 당선시키자는 당선운동도 벌린다.

이런 정치제도 개혁이나 운동이 중요한 것은 사실이다. 그러나 이런 개혁이 현재의 당면한 문제를 해결하기에 적합한 개혁인가? 그렇지 않다는 것을, 정치제도 개혁이 아니라 경제헌법 개혁이 중요하다는 것을 보여주기 위해 이 글을 썼다.

모두가 자유롭고 평화롭게 번영을 누리면서 살아보자는 것이 이런 정치제도의 개혁의 취지일 것이다. 다시 말하면 모든 시민들이 자유롭고 평화롭게 번영을 누리면서 공존할 수 있는 사회질서를 어떻게 구성할 수 있는가의 문제에 대한 해답이 정치제도의 개혁일 것이다. 그런데 우리가 주목하고자 하는 것은 이 문제를 이론적으로나 실천적으로 다룰 때, 인간과 관련된 두 가지 엄연한 사실을 전제해야 한다는 것이다[1].

(1) 모든 인간들이 가지고 있는 지식은 불완전하고 불확실하다는 것이다. 말하자면, 인간 이성은 제한되어 있다는 사실이다. 모든 것을 완전히 알고 있다고 자부하는 인간이 있다면, 그는 인간이기를 스스로 거부하는 사람이다. 따라서 언제나 지식의 문제를 안고 있다(Hayek, 1952). 인간 삶의 근원적인 문제로 여겨도 무방하다. 인간 삶이란 지식의 습득과정으로 이해해도 무방하기 때문이다. "삶은 지식습득과정이다. 삶은 학습이다."(Riedl, 1987)

(2) 모든 인간은 천사가 아니라는 사실이다. 천사인 체 하는 사람이 있다면, 그는 스스로 인간이기를 거부하는 사람일 것이다. 비록 이타적이라고 하더라도 그 이타심은 매우 선별적이다(Epstein, 1998, 147쪽). 근본적으로 인센티브에 따라 인간은 행동할 수밖에 없다. 따라서 행동제한의 문제가 제기된다.

이 두 가지 사실은 자명하고도 부정할 수 없는 사실이다. 이것은 바로 인간의 본성을 구성하는 요소이자, 인간 삶의 고칠 수 없는 조건이라고 보아도, 그리고 지극히 인류 보편적이라고 보아도 무방하다. 이런 사실을 부정하는 것은 지식의 가장(假裝)이자 도덕적 위선(僞善)일 뿐이다. 그런데 사생활에서의 이런 가장과 위선은 문제가 아니다.

---

1) 이 글은 원래 필자가 월간지 『에머지』 2000년 3월호 <잘못된 경제헌법이 IMF의 주범>이라는 기고문을 확대 발전시킨 논문이다. 그 기고문은 그동안 인터넷의 여러 웹사이트에 올려 있었다가 사라지기도 했다. 한국 헌법에 대한 나의 이 접근법은 아직도 유효하다고 믿고 있기 때문에 그 기고문을 확대하고 싶었다.

문제가 되는 것은 정치적인 맥락이다. 그런 위선과 가장의 정치적 결과는 치명적이다. 동유럽사회의 붕괴가 그런 결과였다. 북한이 그런 결과이다. IMF금융 위기도 마찬가지이다. 현재 서유럽, 특히 독일 경제가 겪고 있는 제로성장에 가까운 경제위기도 바로 그런 결과이다. 남미의 경제위기도, 한국경제가 겪고 있는 성장잠재력의 손상도 그런 결과이다.

한 사회의 경제질서의 '상부구조'는 국가헌법이다. 국가헌법은 최고이다(Vorlaender, 2000). 정부의 입장에서 볼 때 헌법은 두 가지 의미를 가지고 있기 때문이다(Mestmaecker, 1985). 첫째로 그것은 정부에게 법률과 정책을 생산하는 데 필요한 방향을 제시하는 역할을 한다. 법률이 법관들의 판결을 통해 분권적으로 생산하든, 의회에 의해 중앙집권적으로 생산하든 그것은 중요하지 않다. 중요한 것은 의회나 법관들에게 법률생산을 위한 방향을 제시하는 헌법의 역할이다.

둘째로 헌법은 정부의 이런 법률생산활동을 구속하는 역할을 한다. 정치가나 관료는 시민들의 봉사자가 되려는 것이 아니라 언제나 주인이 되려는 성향을 가지고 있기 때문이다.

따라서 우리가 주목해야 할 것은 정치 및 경제와 관련된 사회적 문제가 발생할 경우에는 우선적으로 헌법이라는 제도를 보아야 한다는 점이다. 그런데 이런 역할을 하는 헌법을 이론적으로나 실천적으로 다룰 때에도 인간과 관련된 두 가지 사실에서 출발해야 할 것이다.

만약 어느 한 헌법이 정부가 사심을 버리고 오로지 국익을 위해 헌신하는 천사와 같고, 또한 복잡한 사회 경제를 소망스러운 방향으로 조종하고 통제할 수 있을 만큼 전지전능하다는 전제 위에 작성된 헌법은 '낭만주의적' 생각에서 비롯된 헌법(Buchanan,

1998, xi)이고, 이러한 헌법은 치명적인 오류를 내포한 비현실적 헌법이 아닐 수 없다. 그런 헌법은 정부의 지적인 가장과 위선만을 북돋아주고 정당화해 줄 뿐이다.

실제로는 도덕적이지도 못하고 지적이지도 못하면서 도덕적인 체 하고 지적인 체 하면서 위세를 부리는 모습은 정말로 역겨운 일이다. 포퓰리즘이란 이런 것이다. 지적 가장과 도덕적 위선에 우리의 경제를 맡긴다는 것, 이것도 정말로 참을 수 없는 일이다 (Popper, 1956, Bd.1, 147쪽).

이런 관점에서 경제헌법을 분석하고자 한다. 이 글의 주제는 다음과 같다.

(1) 경제헌법은 지식의 문제를 고려하고 있지 못하다. 오히려 국가(구체적으로 정부)를 전지전능하다고 전제하고 있다. 그리고 정부를 천사처럼 도덕적이라고 전제하고 있다. 이런 헤겔적 정신이 우리의 경제헌법을 관통하고 있다는 것, 그렇기 때문에 정치의 핵심 문제로서 공권력을 제한하는 효과적인 헌법적 장치를 가지고 있지 못하다는 것이 이 글의 첫 번째 입장이다.

(2) 경제헌법의 이런 두 가지 오류 때문에 원칙에 의한 정치(Politics by Principle)가 아니라 '무제한적 민주주의'(Hayek, 1969)의 특징인 이해관계에 의한 정치(Politics by Interest)가 지배하고 있다는 것, 그리고 이것은 헌법의 잘못에 기인한 것, 즉 "헌법실패" 때문이라는 것이 두 번째 입장이다.

(3) 우리에게 시급한 것은 민주정부의 공권력을 효과적으로 제한할 수 있는 헌법개혁이다. 그리고 공권력 행사가 효과적으로 제한된 민주정부 하에서만이 자유주의와 민주주의는 양립할 수 있다. 이 글에서 이해되고 있는 "법의 지배" 원칙에 의한 공권력의 제한이 중요하다는 것, 한국경제의 급선무는 법의 지배 원칙의 헌법적 명문화라는 것, 그리고 정치제도 개혁은 근원적인 개혁이 될 수 없다는 것이 우리의 세 번째 주제이다.

Ⅱ. 헌법이 전제하고 있는 시장경제관

한국 헌법은 법 앞에서의 평등, 직업선택의 자유, 거주이전의 자유, 언론출판의 자유, 통신비밀 보호권, 학문과 예술의 자유, 사생활의 자유, 사적 소유권을 기본권으로서 보장하고 있다. 이러한 모든 자유권은 "인간의 존엄성"이라는 헌법의 최고가치로부터 도출되고 있다. 경제적 자유와 창의를 존중해야 한다는 것도 빼놓지 않고 있다.

이런 가치들은 시장에서 교환을 용이하게 하는 행동규칙들의 기반이다. 국가가 이런 행동규칙들을 제대로만 집행하고, 내부나 외부의 침입으로부터 개인의 자유와 재산을 제대로 지켜주기만 하면 자유시장경제를 확립하기에 충분하다. 이 행동규칙들은 외부의 간섭이 없이도 "자생적 질서"의 형성을 가능하게 하는 고귀한 조건이기 때문이다.

그러나 한국 헌법에는 이것으로 끝나는 것이 아니다. 시장경제의 교환과 관련된 수많은 조항들이 있다. 조항들이야 많지만 공통된 내용이 하나가 있다. 자생적으로 형성되는 시장과정의 분배(distributive)결과와 배분(allocative)결과를 "인위적으로" 수정하거나 바꾸려는 목적을 내포하고 있다는 점이다. 헌법조항에서 사용되는 법 개념이나 경제개념들이 모두 시장과정의 결과를 지칭하고 있다. 헌법이 인간들의 상호관계를 아래에서 위로 보는 것이 아니라, 마치 거만 떠는 사람처럼 위에서 아래로 훑어보고 있는 것처럼 보인다. 경제헌법이 인간들을 어떻게 보고 있는가? 시장경제와 국가를 어떻게 보고 있는가?

이 문제를 다루기 위해 헌법조항의 내용을 개관해 보자[2]

---

2) 헌법조항을 전부 다 열거한 것은 아니다. 임의로 선별한 것이다.

1. 경제헌법의 개관

— 경제력 집중 및 남용 방지
— 균형있는 국민경제의 성장과 안정을 위한 국가의 개입
— 과학기술의 혁신과 정보 및 인력의 개발을 통한 국민경제의 발전
— 국토와 자원의 효율적이고 균형있는 개발과 이용을 위한 토지소유권의 제한
— 중소기업 보호 육성
— 지역 간 균형발전을 위한 지역경제 육성
— 경제민주화의 실현
— 노동의 권리와 국가의 고용증진 노력
— 적정한 소득분배 유지
— 주택개발정책을 통한 쾌적한 주거생활 보장
— 사회보장과 사회복지증진
— 교육의 평등
— 농어민 보호
— 모든 시민들의 건강에 대한 국가의 보호
— 여자의 권익과 복지 향상

시장과정의 결과를 수정하거나 개선하여 국가목적을 달성하려 하기 때문에 이런 목적으로부터 도출된 법이나 정책은 투자의 자유, 재산의 사용과 처분 그리고 교환의 자유 등, 개인의 행동자유를 제한하고 규제하는 것은 필연적이다. 자유경제의 소중한 가치들이 무색하게 될 정도로 국가계획과 규제조항이 너무 많다. 시장경제를 몹시 불신하고 그 대신 정부를 몹시 신뢰하는 증거다. 특

히 우리가 주목하는 것은 정부의 계획과 규제의 목적이 대부분 인적, 지역적, 그리고 산업 간, 분배의 균등실현에 치중하고 있다는 점이다.

2. 자유경제에 대한 불신

경제헌법은 자유경제를 어떻게 보고 있는가? 열거한 헌법조항들이 사용하는 개념들과 그리고 달성하고자 하는 입법정책적 또는 경제정책적 목표들로부터 이 질문에 대한 답을 도출할 수가 있다. 경제헌법이 자유경제를 보는 눈은 이렇다.

첫째, 시장참여자들을(평민이라고 부르자) 전부 이분법적으로 분류하고 있다는 점이다. : 농어민과 도시인, 노동자와 사용자, 지방과 중앙, 중소기업과 대기업, 여자와 남자, 청소년과 기성세대, 빈자와 부자. 등, 요컨대 약자와 강자로 사회를 둘로 나누고 있다.

두 번째로 시장경제는 수많은 불미스런 현상을 야기한다. 독점문제, 지역적 그리고 산업부문 간의 불균형 발전과 불균형 성장, 빈익빈-부익부, 소득 불평등, 경기불안과 공황, 환경파괴 등이다.

세 번째가 보다 더 근원적인 관점이다. 시장경제는 무계획적이기 때문에 질서가 없고, 그렇기 때문에 불합리한 결과가 생겨난다는 것이 그것이다.

요컨대 인간들의 자유로운 상호작용에서 자생적으로(말하자면, '무계획적으로') 형성되는 분배결과와 배분결과는 손봐야 할 대상이지 그냥 받아들일 수 없다는 것이다[3]. 손을 봐도 단단히 손을

---

3) 이런 이론은 마르크스와 케인즈주의의 자본주의 분석과 흡사하다. 우리 헌법은 이런 분석뿐만 아니라 그 밖의 자본주의 비판들의 입장과 매우 흡사하다. 예를 들면 베블렌(Veblen)도 시장과정의 자생성을 부정하고 직접 전문가와 엔진이어들

봐야 하겠다는 것이다.

이런 비판적 입장의 결과를 반영하고 공공정책을 규정한 것이 경제헌법이다. 경제헌법은 '무질서한' 시장경제를 목적 지향적으로 국가가 정확하게 계획하고 이 계획에 따라 규제해야 할 것을 요구하고 있다.

어떤 국가목적을? 국민경제의 균형적 성장, 지역 간 균형, 농어촌, 중소기업 보호육성, 사회적 기본권 실현, 분배정의 등이다. 이들이 공공복리이다. 모두 불확정 개념이다. 그러나 분명한 것이 하나가 있다. 그것이 공공복리개념이 결과지향적이라는 것이다. 구체적인 내용은 계획과 규제를 담당한 국가기관에 의해 결정된다.

시장경제에 대한 비관적인 입장은 헌법학자한테서도 찾아 볼 수 있다. 예를 들면[4] :

― 朴一慶(1964, 545) : "자본주의는 원래가 기업가 개인의 이기심을 토대로 한 무계획적 무정부적 체제이기 때문에 그대로 방치하면 주기적인 공황이 필연적으로 야기되어 이로 말미암아 국가 생산력의 저하, 근로자의 실업 기타의 타격, 국민대중의 경제생활의 불안정 등, 이 역시 막심한 폐단을 나타내게 된다"(강조는 필자).

― 文鴻柱(한국 헌법, 해암사, 1975, 549) : "개인적 이해타산에 의거하는 자본가의 경제활동은 경제적 사회적 입장에서 볼 때 완전히 무계획적이다"(강조는 필자).

에 의한 직접통제를 주장했다. 이런 유행을 추종한 많은 사람들이 있었다. 대표적인 인물이 골브레이스(K. E. Galbraith)이다. 그도 역시 베블렌처럼 가격기구를 강자에 의해 조작된 것으로 따라서 매우 부적합한 제도로 여겼다. 이것이 집요하게 영향을 받아 한국 헌법의 기초가 된 것이다.

4) 이 문제에 대한 답을 찾기 위해서 한국의 제3공화국 헌법과 경제질서에 관한 필자(민경국, 1999)의 글에서 인용한 헌법학자들을 다시 인용하고자 한다.

— 金哲洙(1970, 612쪽, 민경국, 1999, 15) : "자본주의 발달과 함께 농민이나 어민의 경제적 지위가 도시민에 비해 상대적으로 저하하여, 그리고 대기업의 집중과 독점으로 인하여 중소기업의 도산이 이루어지기 때문에 … 농민 어민 상인 중소기업들을 특별히 보호하는 경향이 있다".

시장경제에 대한 이런 비판은 경제헌법이 지향하는 경제질서를 천명한 헌법재판소의 판결에서 뚜렷하게 나타난다.

"우리나라 헌법상 경제질서는 … 자유시장경제를 바탕으로 하면서도 이에 수반되는 갖가지 모순을 제거하고 사회복지·사회정의를 실현하기 위하여 국가적 규제와 조정을 용인하는 사회적 시장경제를 채택하고 있다."(92헌바47, 강조는 필자에 의한 것)[5]

경제헌법은 시장경제를 지독하게 불신하면서도[6]. 다른 한편 국가에 대해서는 지독히 신뢰한다. 시장과정의 분배결과와 배분결과를 수정하고 통제하기 위한 광범위한 경제계획 권한과 이에 따른 대폭적인 규제 권한을 부여하고 있는 것이 그 증거다.

3. 정부에 대한 무한한 신뢰

헌법이 정한대로 정부가 성공적으로 시장결과를 통제하고 조종하기 위해서는 우선 두 가지 조건이 갖추어져 있어야 한다.

  (1) 계획과 규제에 필요한 완전한 지식을 가지고 있어야 한다. 우리가 특히 주목하고자 하는 지식은 과학지식만이 아니라 특정의 구체적인 사회 경제적 상

---

5) 김현식(1998) 15쪽에서 재인용. 이와 유사한 헌법재판소의 판결(88헌가13).
6) 자유시장경제에 대한 부정적인 견해를 가장 최근에 극명하게 집약한 것은 아마도 권영성(1995, 156쪽), 김정호(2003, 123쪽).

황과 관련된 현장지식이다.

정부가 국가목표를 위해 복잡한 시장경제의 분배나 배분결과를 수정하기 위해서는 시시각각으로 변동하는 구체적인 상황에 관한 지식이 필요하다. 특정의 시장결과는 구체적인 시간과 장소와 결부된 상황에 의해 결정되기 때문이다.

국민경제 전체를 위한 계획만이 이런 지식을 필요로 하는 것이 아니다. 부분적인 계획과 규제, 예를 들면 특정상품의 가격을 규제하는 경우에도 마찬가지이다. 따라서 사회주의 계획경제와 부분적 계획과 규제는 이런 차원에서는 구별의 의미가 없다.

(2) 정부의 계획과 규제가 성공하기 위해서 충족되어야 할 두 번째 조건은 정부는 사심을 버리고 공익을 위해 헌신하는 극히 이타적인 동기를 가지고 있어야 한다는 것이다. 아주 도덕적이어야 한다는 말이다.

헌법이 허용한 계획권한과 규제를 자신의 사적인 이익을 위해 활용하는 경우 국가목적 달성은 고사하고 자원낭비만을 초래할 것이다.

이런 조건이 정말로 충족될 수 있는가? 다음에 설명하겠지만 바로 이 문제에서 경제헌법은 치명적인 오류를 범하고 있다. 정부는 도덕적이고 선량하며, 전지전능하다고 믿고 있기 때문이다.

그렇다면 경제헌법은 시민들을 어떻게 보고 있는가? 경제헌법은 사회계층을 다양한 방법으로 이분하고 있다. 하류층과 부유층, 도시와 농어촌, 지역과 중앙, 대기업과 중소기업, 여자와 남자, 노동자와 자본가 등이 그것이다. 이른바 약자와 강자의 분류이다. 약자를 적극적으로 보호해야 한다는 것이다[7].

그런데 우리가 주목하는 것은 경제헌법이 강자를 이기적이고 자신의 이재(利財)에 매우 밝은 부도덕한 집단으로, 이에 반하여 약자는 무지몽매하여 제것도 챙기지 못하는 인간으로 취급하고 있다는 점이다.

---

7) 정치적으로 필요한 때는 언제나 임의로 모든 부문에서 약자와 강자를 찾아내어 분류할 수 있다. 의사와 환자, 약사와 환자, 임대자와 임차자 등이 그것이다.

경제헌법은 약자계급과 강자계급으로 세상을 분류하면서 새로운 계급을 탄생시키고 있다. 국가계획과 규제 권한을 가진 관료와 정치가 그리고 지식인 그룹이 그것이다. "사회기술자(social engineer)"라고 불러도 무방하다. 마치 공학기술자들이 다리를 놓고 건물을 건축하는 것처럼 국가목적에 합당하게 사회구조를 건축하는 이타적이고 전지전능한 전문가 그룹이다.

경제헌법은 다 같은 인간이라고 하더라도 우열을 가리고 있다. 새로운 계급으로서 정부의 계획과 규제를 담당하는 사회기술자(관료나 정치가 그리고 학자)는 전지전능하고 선의를 가진 인간으로 취급하고 있다. 그러니까 강자는 약자를 희생시켜 제것만 탐욕스럽게 챙기기 때문에 부도덕하고 따라서 규제의 대상이고 약자는 제것도 못 챙기는 바보이니 보호의 대상이다.

세상은 극히 불공평하다고 보고 있다. 도덕적 그리고 지적 차원에서 그렇게 보고 있다. 더욱 듣기 거북한 것은 정부(구체적으로 정부의 계획과 규제 담당자)를 지적으로 전지전능하고 도덕적으로 우월하다는 전제이다. 경제헌법은 엉터리 같은 플라톤-헤겔의 국가관을 전제하고 있다.

경제헌법처럼 세상이 불공정하다고 보는 시각이 또 하나가 있다. 좌파의 시각이다. 노동자는 바보이고 자본가는 부도덕하고 좌파 지식인은 전지전능하고 도덕적이니 자기들이 집권하여 정부를 세우면 그 정부는 도덕적이고 전지전능한 정부라는 것이 좌파의 사고가 아니던가?

경제헌법처럼 평민을 우습게 보는 시각의 몇몇 대표자를 열거하면, 일반 대중을 "어리석고 무기력한 환자"라고 본 루소(Rousseau, 1968, 89쪽), 노동자들은 혁명을 주도할 수 있는 지적 능력이 없으니까 지식인들이 이들을 훈련시켜야 한다는 하버마스, "농민대중(평민, 필자)은 희망이 없는 낙오자이다. 교육받은 엘리트의 헌신적인 노력에 의해서만 구제될 수 있는 존재"라고 본 미르달(G. Myrdal, 1972).

모두가 자유시장경제의 적들이다8). 한국의 경제헌법이 이런 인물의 생각과 함께 하고 있다!

Ⅲ. 경제헌법과 지식의 문제

정말로 정부가 전지전능한가? 학자가 정말로 전지전능한가? 시장참여자들이 학자 전문가나 관료와 정치가 등보다 정말로 지적으로 열등한가? 정부가 시장보다 현명한가? 세상은 경제헌법이 보는 것처럼 그렇게 불공평한가?

인간들이 살아가는데 가장 중요한 문제는 "지식의 문제"이다. 이것은 모든 인간의 근원적인 삶의 문제이다. 지식의 문제는 하이에크가 1940년대 사회주의 경제계산 논쟁에서 제기한 문제이다. 지식의 문제는 다음 세 가지 차원을 가지고 있다:

1) 지식은 한군데로 모여 있는 것이 아니라 현장에서 일하는 개개인들 각자에게 존재.

2) 인간들이 자신의 삶의 계획에 성공하기 위해서는 타인들이 각자 가지고 있는 지식을 가지고 있어야 한다. 그러나 이것은 가능하지 않다.(지식의 분산, 암묵성) 사회의 각처에 흩어져 존재하는 모든 지식을 전부 가질 수 있는 것은 불가능하다.

---

8) 군나르 미르달(1972) 68-69, Sowell, Th.(1987) 136쪽에서 재인용, 루소에 대해서는 Sowell, Th.(1987) 136쪽에서 재인용.

3) 인간들이 가지고 있는 지식은 항상 오류 가능하고 불완전하고 부분적이고 선별적이다.

이런 점에서 인간은 구조적으로 무지하다. 이런 무지는 모든 인간들에게 똑같이 해당된다. 이런 의미에서 세상은 공평하다. 우리의 이런 입장이 경제헌법을 평가하고 비판하기 위한 무기이다.

1. 계획·규제와 지식의 문제

사회개혁가가 시장과정의 결과를 수정하기 위해서는 무엇보다도 경제와 관련된 모든 구체적인 상황에 관한 완전한 지식을 가지고 있어야 한다. 왜냐하면 분배결과나 배분결과는 구체적인 장소 그리고 시점과 관련된 경제상황에 의해 결정되기 때문이다. 그러나 사회에 존재하는 모든 "현장 지식"을 전부 습득하는 것은 불가능하다.

불가능한 이유는 이렇다. 즉, 현장지식은 국민경제의 각 현장에서 상이한 일에 종사하는 수백만 수천만의 경제주체들 사이에 흩어져 존재한다. 어느 한 경제주체는 어느 한 상황, 즉 자신과 관련된 상황에 관한 지식을 가지고 있고, 또 어떤 사람들은 그와는 상이한 자신의 고유한 상황에 관한 지식을 가지고 있다.

이런 지식은 계량화할 수 있는 지식으로부터, 계량화는 고사하고 말로조차 표현할 수도 없는 암묵적인 지식에 이르기까지 다양하다[9]. 특히 주목하는 것은 이 후자이다. 알고는 있지만 말로 표

---

9) 지식의 암묵성은 매우 중요하다. 이런 지식이 인간들이 알고 잇는 지식의 대부분을 차지하고 있기 때문이다. 그리고 이런 지식의 발전의 원천이기 때문이다. 이 문제에 관해서는 민경국(2004) 31쪽에서 48쪽까지 참조. 암묵적 지식의 사회적 역할을 논의했다. 그리고 특히 암묵적 지식에 대해서는 Polany(1966), M. *The*

현할 수 없는, 때로는 의식의 영역 너머에 존재하는 지식이다. 이런 암묵적 지식이 우리의 지식의 대부분을 차지한다(재주와 능력, 순발력, 착상 등이 그것이다).

정부관료나 정치가들이 이런 모든 지식을 전부 수집·가공하는 것은 원천적으로 불가능하다. 지식이 분산되어 있고 그리고 암묵적 성격을 가지고 있기 때문이다. 이런 불가능성 때문에 사회주의 계획경제는 비효율적인 것이 아니라 불가능하다10). 전반적인 경제계획은 물론이거니와 국지적인 계획과 규제에도 타당하다.

이런 관점에서 본다면 정부의 가격규제와 정부의 소유 사이에는 구별의 실익이 없다. 시장의 유용성을 주장하면서도 소위 "시장실패"를 수정하기 위해 사적 기업들이나 사적 병원 또는 그 밖의 인간그룹들에 대한 정부규제가 필요하다는 성급한 이론도 지식의 문제를 간과한 것이다(Epstein, 1995, xii-xiii).

현장에서 뛰는 개별 경제주체는 자신과 관련된 현장지식만을 알고 있을 뿐이다. 다른 경제주체들 사이에 분산되어 존재하는 모든 현장지식을 전부 알 수가 없다. 이런 면에서 관료와 정치가, 그리고 시장참여자는 동등하다. 각처에 흩어져 존재하는 모든 지식을 전부 아는 사람은 이 세상에 아무도 없다.

사회과학자도 마찬가지이다. 인과관계의 결과로서 국민경제의 구체적인 상황을 예측할 수가 없다. 근본적인 이유는 결과에 미치는 수많은 개별적인 요인들을 완전히 알 수 없기 때문이다. 개별 경제주체들의 각자의 머릿속에 흩어져 존재하는 지식을 전부 수

Tacit Dimension New York(1966).

10) 사회주의가 몰락한 것도 관료나 정치가들의 이기적인 행동 때문에 실패한 이유도 있지만 특히 우리가 이 대목에서 강조하는 것은 경제계획을 담당한 사회주의 개혁가들에게 필요한 지식의 완벽한 습득이 불가능했기 때문이었다. 일반적으로 말해서, 특정의 결과를 얻기 위한 어떤 규제라도 성공적인 규제란 지식의 문제 때문에 결코 가능하지 않다.

집 가공하는 것 역시 불가능하기 때문이다. 사회과학자가 할 수 있는 유일한 것은 "원리의 설명" 또는 "패턴 예측"의 도출뿐이다 (Hayek, 1967). 도출된 것은 정부의 계획이나 규제에는 전혀 도움이 되지 못한다. 오히려 정부의 계획과 규제는 있어서는 안된다는 것을 보여줄 뿐이다. 왜냐하면 무엇이 발생할 것인가의 적극적인 예측이 아니라 일어나지 않는 것이 무엇인가의 소극적 예측에 국한된 것이다11).

우리가 여기에서 확인하고자 하는 것은 정치가나 관료 그리고 지식인으로서의 학자는 구조적으로 무지하다는 점에서 모두 동일하고 이런 의미에서 인간들은 소비자이든 생산자이든 노동자이든 그리고 자본가이든 농민이든 어민이든 모두 매우 평등하다.

우리는 이런 관점에서 아담 스미스와 프리드먼 그리고 하이에크의 고전적 자유주의자들의 입장에 전적으로 같이 한다. 그들은 엘리트들의 지적(그리고 도덕적) 우월성을 매우 비관적으로 보았다. 그럼에도 불구하고 정치가와 관료 그리고 학자, 또는 지식인들이 "평민"보다 우월하다고 자부한다면, 그것은 알지도 못하면서 아는 체 하는 지적 위장일 뿐이다12).

개별 경제주체들이 각자 가지고 있는 현장지식을 정부가 수집 가공하기가 불가능하다면, 지식의 문제를 해결하는 것은 간단하다. 각자에게 그런 지식의 이용을 전적으로 맡기는 것이다. 지식을 가진 당사자인 경제주체들 스스로가 자유롭게 이용하도록 내버려두는 것, 이것이 최선이다.

이것이야말로 자유의 존재 이유이다. 될 수 있는 대로 정부의

---

11) 이런 소극적 예측의 대표적인 것이 다윈의 진화이론이다.
12) 하이에크가 그의 저서 『치명적 기만(*The Fatal Conceit*)』에서 보여주고 있듯이 지적으로 기만하려 든다면, 이런 지적인 가면을 쓰고 경제를 규제하려 든다면, 그것은 치명적인 결과를 초래한다.

계획과 규제는 줄여야 한다는 자유주의 원리의 존재 이유도 정부
는 각처에 흩어져 존재하는 현장지식을 전부 습득할 수 없다는 사
실 때문이다.

2. 한국 헌법과 자생적 질서

시장경제에 대한 비판으로서 무계획성과 무정부성을 지적하는
것, 이것만큼 오래된 비판도 없다. 시장경제는 정부의 계획과 규
제를 통해 손을 봐야 한다는 것이다. 질서는 항상 질서를 잡는 손
이 있어야 한다는 것이다.

이것은 질서란 오로지 외적인 힘(전지전능한 힘)에 의존해서만
창출될 수 있다는 믿음에서 비롯된 것이다. 질서가 있는 곳에는
항상 외부에 질서 잡는 사람이 있기 마련이라는 생각에서 비롯된
것이다. 이런 믿음과 생각이 옳은가?

질서는 매우 중요하다. 질서가 없이는 인간 개개인들이 살아갈
수가 없다. 무질서 속에서는 타인들의 행동에 대한 기대형성이 전
혀 가능하지 않기 때문이다13). 무질서 속에는 개개인들의 행동을
안내하는 안내판이 없다는 것을 의미한다. 그러니까 "질서가 없는
세계에서는 가장 기본적인 욕구마저도 충족될 수 없다"14). "질서
없는 세계는 상상할 수도 인식될 수도 없고 또 의미도 없다. 질서
가 있을 때 비로소 추론도 가능하다"15).

---

13) 우리가 주목해야 할 것은 개인들이 각자의 계획을 성공적으로 달성하기 위해
  서는 그들의 계획이 타인들의 계획과 서로 조정되어야 한다는 것이다. 이런 행동
  이 조정되기 위해서는 그 무엇보다도 필요한 것이 개개인들이 구체적인 상황에
  서 타인들의 행동에 대한 기대를 형성할 수 있고 이 기대가 적중할 수 있는 가
  능성이 높아야 한다(Hayek, 1973, 36쪽). 이런 상태가 바로 "질서"이다.
14) Evans-Pritchard, E.E. : Social Anthropology, London 1954, 49쪽.

질서를 위해서는 정부의 계획과 규제가 필요하다면, 정부의 규제가 적으면 적을수록(질서의 정도가 그만큼 낮다) 그런 경제는 그만큼 무질서할 것이고 따라서 먹고사는 것이 그만큼 더 어려워질 것이다. 그러나 현실은 그렇지 않다. 시장경제를 가진 나라들 모두가 예외없이 번영을 누리고 있다. 한국도 그렇다. 미국도 그렇다. 유럽사회도 그렇다. 이를 어떻게 설명할 수 있는가?

따라서 제3자가 볼 때는 보이지 않지만 자본주의에는 질서가 있음이 분명하다. 계획하지 않은 질서가 그것이다. 이것이 하이에크의 "자생적 질서"이다16). 그렇다면 "계획하지 않고서도 어떻게 질서가 가능한가?" 정부의 계획과 규제에 의해 만들어진 질서에서는 질서 잡는 사람(질서 잡는 힘)이 보이기 때문에 질서가 눈에 보인다.

그러나 자생적 질서는 질서 잡는 힘이 보이지 않는다. 그러니까 정부의 계획과 규제가 없이 저절로 형성되는 질서의 존재를 믿으려 하지 않는다. 보이지 않기 때문에 이론적으로 질서의 원리를 찾는 수밖에 없다.

두 가지 메커니즘에서 시장경제의 질서가 자생적으로 형성된다.17) 그 하나가 수백만 수천만 경제주체들의 복잡한 행동들을 외

---

15) Riedl, R. *Die Ordnung des Lebendigen: Systembedingungen der Evolution*, Hamburg 1975, 20쪽.

16) 이 자생적 질서의 발견은 스코틀랜드 계몽주의자들의 공로이다. 그리고 이 발견을 확장하고 현대적 의미로 해석한 것은 하이에크의 공로이다.

17) 정부의 계획과 규제를 통한 질서는 눈에 보인다. 계획이 질서이고 규제가 질서이다. 제3자(학자)가 위에서 내려다보면 질서 잡는 사람이 완장 차고 이리저리 뛰어다니는 것도 보인다. 법전을 통하여 알 수도 있다. 그러나 자생적 질서는 눈에 보이지 않는다. 따라서 이런 질서를 이해하기가 매우 어렵다. 이론적으로 재구성하는 수밖에 없다. 아래에서 위로 올라가면서 재구성하는 수밖에 없다. 우리는 인간들이 행동하고 있다는 사실을 안다. 눈에 보이는 행동을 하는 인간으로부터 출발하여 자생적 질서의 패턴을 재구성하는 수밖에 없다. 그 결과가 질서형성의 요소로서 가격기구의 역할과 행동규칙의 역할의 규명이다.

부의 간섭이 없다고 해도 저절로 조정(self-coordination)하는 메커니즘이다. 다른 하나는 수많은 경제주체들의 행동을 시장 내부에서 통제(self-control)하는 메커니즘이다(Kasper/Streit, 1998). 이 두 가지 메커니즘을 통하여 수많은 불특정 다수의 행동을 조정하고 동시에 그들의 잘못된 행동을 벌하고 성공한 행동에는 보상하는 식으로 행동을 통제한다. 이 두 가지 메커니즘 때문에 시장경제에서 질서가 저절로 잡힌다(Jantsch, 1979).

수많은 시장참여자들의 행동이 외부의 의도적인 노력이 없이도 저절로 조정되는 것은 각처에 흩어져 존재하는, 그 어느 누구도 전부 수집 가공할 수 없는 지식을 전달하는 메커니즘 때문이다. 이 메커니즘은 두 가지이다. 그 하나가 가격기구이고 다른 하나가 행동규칙이다. 이 두 가지가 개개인들이 수많은 타인들의 행동에 대한 기대의 형성을 가능하게 하는 요소들이다. 행동을 안내하는 안내자 구실을 하기 때문이다.

이런 가격기구는 수백만, 수천만 명의 경제주체들이 각자 가지고 있는 경제상황에 관한 구체적인 지식(현장지식)을 반영한다. 그렇기 때문에 자생적으로 형성된 가격은 인간행동을 안내하는 안내자로서 정부가 규제한 가격 또는 계획된 가격과 비교할 수 없을 만큼 믿음직하다.

수많은 경제주체들이 타인의 행동에 대한 기대를 가능하게 하는 두 번째가 행동규칙이다. 개개인들이 추구하고자 하는 목적과는 아무 관계없이 특정의 행동을 당연 금지하는 내용의 행동규칙이다. 이런 행동규칙은 개개인들이 자유로이 행동할 수 있는 틀을 제공한다. 이런 규칙들 속에는 특정의 행동을 해서는 안된다는 것을 말해주는 지식을 전달해준다. 따라서 우리가 주목하는 것은 자생적 질서에는 분배정의, 경제성장 목표, 균형발전 등과 같은 공동의 국가목표란 있을 수 없다는 것이다. 그 대신에 공동으로 지키는 행동규칙이 있을 뿐이다. 자생적 질서를 "사법사회(private law society)"라고 불러도 무방하다.

행동규칙들 중에는 시장과정을 통해 저절로 생겨나는 행동규칙들이 있다. 이 규칙들 자체도 자생적 질서이다. 언어나 화폐처럼 말이다. 어느 정신에 의해 언어를 만든 것이 아니다. 수많은 사람들의 상호작용과정에서 예기치 않게 생겨난 것이다.

흔히 "사회규범"이라는 것이 이런 속성에 속한다. 도덕규칙, 관습, 관행 등이 그것이다. 이들 중에는 암묵적 규칙들도 수없이 많다. 정의감이나 법 감정이 그것이다. 계약의 자유와 재산권 보호를 위한 성문화된 법 규칙들도 있다. 특히 보이지 않는 수많은 자생적 행동규칙들이 두꺼운 층을 이루고 있다.

우리가 주목하고자 하는 것은 이것이다. 즉, 자생적 행동규칙은 수 세대를 거쳐오는 동안 수많은 사람들이 가지고 있었던 지식을 반영한 것, 그리고 역사적 과정에서 시행착오과정을 거쳐 진화되어 온 것이라는 점이다. 인위적으로 만든 법보다 이렇게 자생적으로 형성된 행동규칙이 믿을 만한 안내자라는 것은 이 때문이다. 인위적으로 만든 법은 소수의 지식만을 반영할 뿐이다. 인위적으로 만든 언어로서 에스페란토와 그리고 우리가 사용하는 자생적 언어를 비교해 보라!

수백만 가지의 가격들 그리고 우리가 전부 파악할 수 없는 수많은 자생적으로 형성된 규칙들을 통하여 복잡한 지식들이 유통된다. 이런 지식의 소통은 정부나 관료 또는 학자 등 어떤 인간그룹도 흉내낼 수가 없다.

한국 헌법이 정부나 관료에게 이 거대한 지식전달체계를 계획하고 규제할 권한을 부여한 것은 얼마나 황당한 일인가?

지식의 문제의 첫 번째 국면은 각처에 흩어져 존재하는 수많은 현장지식을 전부 수집하여 이용할 수 있는 것은 불가능하다는 것이다. 시장경제에서 이런 역할을 하는 것이 복잡한 수십만 가지의 가격과 그리고 복잡하게 얽혀있는 자생적으로 생겨난 행동규칙들이다.

지식의 문제의 두 번째 국면은 통제메커니즘과 관련되어 있다. 이 국면은 개별 경제주체들이 각자 가지고 있는 지식은 부분적이며 오류 가능하다는 것이다. 만약 오류 가능한 지식의 사용을, 또는 낡은 지식의 사용을 묵인한다면 시장경제는 질서가 유지될 수 없다. 따라서 시장경제에서는 잘못된 지식의 사용을 처벌하고 새로운 지식의 창출과 성공적인 지식의 습득을 위한 메커니즘이 필요하다. 통제메커니즘이 그것이다[18].

지식의 잘잘못은 시장을 통해 이윤과 손실(인센티브 시스템)의 형태로 알려진다. 손실과 그리고 궁극적인 시장퇴출의 위험성 때문에 다시 말하면 경쟁으로부터 밀려나지 않기 위해 경제주체들은 지식의 오류를 제거하고 지금까지 알려져 있지 않은 지식을 발견하고 이를 테스트하거나 성공적인 지식을 모방하려고 한다(발견적 절차). 인센티브 시스템과 시장의 발견적 절차에 의해 경제

---

18) 한국의 경제위기의 맥락에서 시장경제의 이런 자기통제기능은 각별한 의미를 갖는다. 기업을 통제하는데 중요한 역할을 할 은행과 금융권이 정부의 손에 있었기 때문에 이런 역할을 수행할 수 없었다. 은행은 자신의 수익성과는 관계없이 정부의 지시에 따라 도산할 기업을 살리거나 정부의 마음에 드는 기업에 특혜를 부여했다. 그 결과가 금융위기였다. 재벌기업의 해법은 무엇보다도 금융기관의 자율화이다. 도산할 기업, 수익성이 없는 사업에 투자하려는 기업에게 돈을 빌려주지 않는 것이다. 금융시장의 자유경쟁 확립은 재벌 문제의 해결을 위한 첩경이다. 이것이 미제스의 지혜가 아닌가?(Mises, 1949) 이 자율화는 금융기관 자신의 도산에 대해 스스로 책임지는 것을 포함한다. 그러나 유감스럽게도 정부의 정책은 그렇지 않다. 앞에서 이미 설명한 바와 같이 기업에 대한 중요한 통제기능을 행사할 금융시장에 대한 정부간섭은 과거나 지금이나 거의 달라진 것이 거의 없다. 또 정부는 법적 장치를 통하여 기업의 퇴출을 막고 있다. 워크아웃이나 법정관리가 그것이다.

주체들의 지식사용을 통제한다.

시장은 스스로 질서를 잡을 수 없다는 의미의 시장 실패이론은 잘못된 이론이다. 시장경제가 질서 잡기를 실패하는 것이 아니라 시장경제를 비판하기 위한 이론 자체가 실패한 것이다.

3. 시장경제에 대한 비판의 허실

이 맥락에서 우리가 주목하는 것은 시장경제에 대한 비판의 허와 실이다. 앞에서 인용한 헌법학자들의 시장경제에 대한 비판 전부를 분석할 수 없다. 그리고 많은 사람들이 그런 비판의 허와 실을 지적했다[19]. 몇 가지 선별적으로 비판의 허와 실을 생각해 보자. 많은 사람들은 시장경제의 불안정과 위기를 비판한다. 이 비판의 허와 실은?

금융시장의 불안정에서 보듯이 특정의 시장이 때때로 변덕스러운 변화와 불안정성을 보여주고 있다는 것은 전적으로 부정할 수는 없다. 기술혁신과 문화적 변동은 기존의 경제활동의 패턴을 붕괴시킬 수 있다는 것도 역시 부정할 수 없다. 인간들의 취향과 선호구조, 그들의 지식이 다양하게 변동할 경우 시장경제가 이에 적응하지 못하면 이 경우에도 역시 불안정이 야기된다는 것도 분명하다.

흔히 사람들은 이런 상황을 극복하기 위해서는 정부의 계획과 규제가 필요하다고 주장한다. 그러나 정부의 이런 개입은 또 다른 혼란만을 야기할 수 있다는 것에 유의를 해야 한다. 개입에 필요한 지식의 문제 때문이다. 위기상황일수록 정부가 경제에 개입하

---

19) 매우 명쾌하게 보여준 예를 들면 김정호(2004) 126~132쪽 참조.

기보다는 경제주체들의 행동을 제약하는 기존의 법적 규제들을 해체하는 일이 더 중요하다. 새로운 행동을 개발하고 실험할 수 있는 자유의 영역을 확대하는 일이 중요하다.

경제헌법은 시장을 균형으로 파악하고 있다. 균형발전, 균형성장 등이 그것이다. 시장과정이 균형상태로 가는 과정은 시장이 동질화되어 가는 과정이다. 균형은 정태적 상황이다. 그러나 우리가 주목해야 할 것은 시장은 매우 이질적이라는 것, 그리고 역동적이라는 것이다. 그 역동성이 번영과 발전의 원동력이다. 역동의 세계에서는 균형이란 존재할 수 없다.

그럼에도 불구하고 이런 균형을 공공정책을 동원하여 창출하려고 노력 할 경우 그것은 결코 가능하지 않다. 균형 경로에 사회적 과정을 올려놓는데 필요한 지식을 결코 가질 수 없기 때문이다.

시장과정과 그리고 사회적 과정은 균형 대신에 새로운 지식의 창출과정과 성공적인 지식의 모방과정이다. 이것이 진화과정이다. 따라서 시장은 균형과정이 아니라 진화과정이다.

라마키즘이라는 점에서 시장의 진화과정은 생물학적 진화(다윈주의)와 다르지만 시장은 자연의 유기체와 유사하다. 외부의 환경변화에 적응할 수 있는 능력이 유기체만큼이나 탁월하다. 지식의 문제를 매우 효과적으로 해결해 주기 때문이다.

자연의 유기체에서 외부환경이 변하면 내부에서 자율적으로 이런 변화를 흡수하려는 메커니즘이 작동하는 것과 마찬가지로 시장경제도 마찬가지이다. 내부의 작동메커니즘은 앞에서 언급한 바와 같이 두 가지이다. 가격기구 그리고 자생적인 행동규칙에 의한 자기 조정메커니즘이 그 하나이고, 인센티브시스템과 발견적 절차에 의한 자기 통제메커니즘이 두 번째이다.

이런 메커니즘의 중요한 기초는 말할 것 없이 행동의 자유이다.

사회가 복잡하면 복잡할수록 또는 분업의 범위가 확장되면 될수록 사회에 존재하고 있는 전체 지식 중에서 우리가 제각기 알고 있는 지식의 상대적인 분량이 점차 감소한다.

정부의 계획과 규제의 성공 가능성도 영(零)에 가까워진다. 따라서 우리는 점차 자생적 질서의 힘에 의존하는 수밖에 없다. 이런 의미에서 시장경제 앞에서는 지식인이라 칭하는 계층의 역할은 거의 필요가 없다.

Ⅳ. 경제헌법과 공권력 제한의 문제

경제헌법의 두 번째 치명적 오류는 정치가와 관료는 사심을 버리고 공공이익을 위해 헌신하는 지극히 이타적인 인간을 전제하는 것, 그리고 이들에게 터무니없이 광범위한 계획과 규제권한을 부여하는 것이다.

중요한 문제는 이런 접근법은 무엇을 정치의 핵심 문제로 보는가의 문제이다. 그 대답은 플라톤이 제기한 <누가 지배해야 하느냐>의 문제와 그리고 포퍼가 제기한 <지배자를 어떻게 교체할 것인가>의 문제로 본다는 것이다.

여기에서는 한국의 정치적 헌법으로서 민주헌법이 정치의 핵심 문제로 여기고 있는 이 두 문제는 잘못 제기된 문제라는 것을 보여주고자 한다. 정치의 핵심 문제는 그런 문제가 아니라 될 수 있는 대로 지배자의 권력을 제한하는 방법에 대한 문제라는 것을 설명하고자 한다.

1. 민주주의를 부정하는 경제헌법

경제헌법이 민주주의를 어떻게 보고 있는가? 이 문제는 경제헌법이 제기하는 정치의 핵심 문제와 관련되어 있다. <누가 지배해야 하는가>가 그것이다. 그러나 물어보는 것조차 의미가 없을 정도로 대답이 뻔하다. 누구나 이렇게 답할 것이다. 즉 "가장 선량하고 가장 현명한 인물"이라고. 이런 대답은 계획과 규제의 중요성을, 그래서 엘리트의 중요성을 강조한 죤 스튜어트 밀(J. S. Mill)의 대답이다.[20]

따라서 경제헌법은 민주주의를 공공이익을 위해 헌신할 수 있는 도덕적 인물, 풍부한 지식을 가진 인물을 선출하는 효과적인 제도라고 이해하고 있다고 해석할 수 있다. 이것이 경제헌법이 민주주의를 보는 첫 번째 눈이다. 민주적 방법에 의해서 '제대로 된 인물'을 대통령과 국회의원으로 선출하자는 것이다. 헌법에 정한 여러 조항들(선거방법, 계획과 규제를 담당할 국가기관의 구성 방법, 그리고 그 밖에도 다수결 표결제도)은 이런 의도와 관련되어 있다.[21]

이와 같이 경제헌법이 "이상적인 엘리트"를 전제하는 이유는 훌륭한 동기와 의도를 가진 사람(도덕적 인간)이 훌륭한 정치를 한다는, 그리고 공권력의 남용과 오용은 정치가의 자질의 탓이라는 믿음 때문이다. 말하자면 동기가 중요하다는 것이다.

경제헌법이 민주주의를 보는 두 번째 눈은 포퍼(Popper, 1956,

---

20) 그 밖에도 밀은 다음과 같이 표현하고 있다. 나라에서 "가장 교양있는 지식인", "사려깊은 정신", "진정으로 탁월한 지식과 성품을 지닌 사람", Sowell(1987) 47쪽에서 재인용.

21) 이런 민주주의이론이 주권재민이론과 같은 권력의 원천에 관한 이론이다. 법의 원천에 관한 이론도 이런 종류의 민주주의이론에 속한다. 이런 모든 유형의 이론이 다수의 지배의 원칙과 관련되어 있는 민주주의이론이다

144쪽) 가 제기한 문제이다. 민주주의는 마음에 들지 않는 지배자를 마음에 드는 지배자로 교체하는 민주주의이다. 그때 피를 흘리지 않고 수행되는 교체이다. 정부의 민주적 선거와 나란히 민주적 정권교체이다. 이런 교체의 위험성 때문에 지배자는 유권자들의 마음에 드는 정책을 펼치지 않을 수 없다는 것이다. 이런 민주주의 시각은 민주주의는 다수의 지배를 의미하는 것이 아니라, 주로 권력의 통제장치로 이해하는 시각이다. 민주주의는 유권자에 의해 지배자를 통제하는 장치이다[22].

그러나 민주주의의 권력교체론도 사실상 누가 지배해야 하는가의 문제를 완전히 회피할 수 없다[23]. 민주적 정권교체이론에서 제기하는 정치의 핵심 문제는 누구로 교체해야 하는가의 문제이다. 언제나 가장 선량한 그리고 현명한 사람이 지배해야 한다는 것이 그 대답이다.

민주주의에 대한 경제헌법의 이런 이해가 적합한 이해인가? 경제헌법은 세상이 매우 불공평하게 짜여져 있다고 보고 있다. 그 세상에는 약자가 있다. 이들은 무지몽매하고 강자로부터 속임만 당하고 그래서 희생만 당한다. 강자는 부도덕하기 짝이 없다. 무지하지만 제것 챙기는 데에는 일가견이 있다. 이들이 유권자다. 그런데 그 세계의 지배자는 도덕적이고 전지전능하다.

어떻게 이런 유권자들이 전능하고 도덕적인 지배자를 선택할 수

---

22) 우리가 다수의 지배와 다수의 통제를 시장경제의 두 가지 사회적 메커니즘과 대비할 수 있다. 다수의 지배란 시장경제의 자기 행동조정(self-coordination) 메커니즘, 그리고 다수에 의한 통제란 시장경제의 자기 통제(self-control)메커니즘과 대칭을 이룬다.

23) 포퍼도 이런 문제에 대한 해답으로서 사회기술자(Social Engineer, Sozialtechniker)를 전제하고 있다. 그의 '점진적 사회 기술'이란 바로 시장경제에 대한 정부의 계획과 규제의 방법을 말해준다. 그는 자유시장경제의 반대자였다. 복지정책을 위해서 기회균등을 위해서는 정부의 계획과 규제가 필요하다고 역설한 사람이다. 이런 의미에서 포퍼는 열린사회로서의 자유시장경제의 적이다.

있단 말인가? 이런 지배자를 어떻게 그들이 통제할 수 있단 말인가? 이것은 논리의 모순이다24). 이런 모순이 생겨난 이유는 간단하다. 좌파가 보는 것처럼 경제헌법도 정치를 교환의 문제로 여기지 않고 (과학적) 진리 찾기 게임으로 보고 있기 때문이다(Buchanan, 1998, 4쪽). 예를 들면 좋은 법, 좋은 도덕이란 무엇인가의 문제는 정치-사회과정과 무관하게 존재하고 있고, 능력있는 어떤 정신이 찾기를 기다리고 있는 것이 아니다. 비로소 정치과정을 통해 규정된다. 이런 것들은 주관적인 세계의 요소들이다.

선민사상의 세계에서는 시장경제도 필요없고 민주주의도 필요 없다. 전능하고 도덕적인 탁월한 재능을 가진 어느 한 인간이 좋은 법, 좋은 도덕 그리고 좋은 공익을 찾아내고 평민은 이를 지키면 된다.

따라서 엄밀한 의미에서 경제헌법은 민주정부가 불필요하다. 민주주의의 존재의미는 정치에서도 마찬가지로 인간들은 도덕적으로나 지적으로 별로 큰 차이가 없다는 사실이다. 이런 인식이야말로 고전적 자유주의자들의 탁월한 지혜가 아닌가?

고전적 자유주의자들이 보는 것처럼 너 나 할 것 없이 우리 모두가 도덕적으로나 지적으로 한계가 있다고 본다면 그리고 이런 한계에서는 모두가 동등하다고 본다면 우리와 별로 차이가 없는 지배자에게 그토록 수많은 정부과제를 맡기는 것은 정말로 미친 짓이다. 더구나 우리를 두렵게 하는 것은 지적이지도 또는 도덕적

---

24) 이런 모순이 생겨나는 이유는 경제헌법이 정치적 담론을 마치 과학에서 진리를 찾는 것과 동일시하기 때문이다. 진리탐구에서는 진위를 분간할 수 있는 탁월한 인물이 있다. 그렇기 때문에 전문가라는 것이 존재한다. 이런 전문가에 맡기면 된다. 그러나 정치적 담론은 진리탐구가 아니다. 정치는 공익, 좋은 법과 좋은 정책은 어딘가에 존재하고 있다고 보고 이를 찾아내는 과정으로 이해해서는 안된다. 정치적 과정을 통해 비로소 형성할 대상이다. 비로소 이들을 정하는데 민주적 절차가 필요하다.

이지도 못하면서도 지적인 체 하고 도덕적인 체 하는 정치가나 지식인이다. 지적인 가면과 도덕적 가면을 쓰고 경제헌법이 정한 수많은 정책이나 입법을 강요하기 때문이다(Epstein, 1998, 149쪽 이하).

2. 공권력 교체 대신에 공권력 제한

피를 흘리지 않고 권력교체가 이루어지는 것, 이것은 극히 소망스러운 일이다. 유권자의 감시를 통해 정치가의 행동을 통제하고, 그들이 정치권력을 남용하거나 오용하는 것을 막는 장치로서 정권교체의 민주적 통제는 매우 중요하다. 그러나 이런 정권교체의 위협을 통한 통제메커니즘에는 한계가 있다.

    (1) 민주적 정권교체가 항상 좋은가? 피를 흘리지 않고 정권이 교체되기 때문에 지배자에게는 혁명보다는 좋을 것이다. 그러나 지배자의 교체를 통하여 피지배자들이 반드시 이익을 얻는다고 볼 수 없다. 더 나쁜 정치가가 생겨날 수 있기 때문이다. 우리나라에서 지배자를 바꾸어 평민들에게 보탬이 된 것이 무엇인가? 개인의 자유가 늘어났는가? 정부의 계획과 규제가 줄어들었는가? 지금의 대통령이 전직 대통령보다 도덕적으로나 지적으로 더 훌륭한가?

    평화적 정권교체 그 자체를 반대하는 것은 아니다. 이런 교체는 매우 중요하다. 그러나 이런 교체가 전부가 아니라는 것을 보여주고자 하는 것이다.

    (2) 권력을 잃을 위험성 때문에 정권교체 가능성은 정치가들을 더 도덕적이기보다 더 부도덕하게 만들고 있지 않은가? 장기적인 정책보다는 단기적이고 눈으로 볼 수 있는 정책을 선호한다. 뿐만이 아니다. 지극히 차별적인 정책을 선호한다. 집권하는데 필요한 유권자그룹에게는 집중적인 특혜를 부여한다. 조세보다는 지출정책을 선호하여 적자예산을 선호한다. 성장보다는 분배를 중시한다. 왜냐하면 성장의 결실은 불특정 다수에게 분산되기 때문에 정부의 성과가 가시적이지 못한 반면에 분배는 받는 사람에게는 매우 가시적이고 따라서

정치가가 생색내기에 좋다.

그리고 확실성이 없는 정책들을 공급한다. 왜냐하면 정책이 확실하면 확실할수록 이익을 보는 그룹과 그렇지 못한 그룹이 확연히 구분되기 때문에 득표전략으로서 적합하지 않기 때문이다. 민주주의가 이런 식으로 작동한다는 것은 이론적으로는 물론 경험적으로도 이미 확립된 것이다.(민경국, 1993, 140~176쪽), 김정호, 2004)[25]

(3) 유권자들이 정부의 계획과 규제담당자들을 완전히 미세하게 통제할 수도 없다. 이들에게는 유권자들로부터 통제를 받지 않는 독점적 행동반경을 가지고 있다. 이런 독점적 영역이 생겨나는 이유는 여러 가지이다. 제도적 요인과 그리고 정보의 요인이다.

— 중요한 제도적 요인은 다음과 같다(민경국, 1993, 119~139쪽). 자유경제에서는 소비자의 소비선택이 개개인들이 서로 다른 시점에서 시시각각으로 이루어진다. 선택의 시간의 분화가 대단히 크다. 민주적 선거(선택)는 4~5년의 간격을 두고 실시된다. 그러나 선거 직후부터 다음 선거 직전까지의 기간 중 상당기간은 유권자들의 통제로부터 벗어난다. 정치과정은 선택시간의 미분화를 특징으로 하기 때문에 유권자에 의한 정치가의 통제가 미약하다.

정치과정은 선택대안의 미분화를 특징으로 한다. 그렇기 때문에 대체 가능성이 제한되어 있다. 그리고 선거프로그램은 낱개로 공급하는 것이 아니라 다발로 공급한다. 그 다발 속에는 싫은 것 좋은 것 모두 포함되어 있다. 총합하여 다수의 지지를 구성하기에 적합한 서로 다른 내용으로 구성되어 있다. 유권자는 마음에 드는 정책프로그램만을 선택할 수가 없다. 이와 비교한다면 자유경제는 선택대안이 매우 분화되어 있다.

---

25) 포퓰리즘이란 바로 이런 것이다. 인기를 끌기 위한 책략이다. 경제 논리가 아니라 정치논리에 따라 경제정책이나 입법정책을 펼치는 것이 포퓰리즘이다. 남미의 사례(김우택, 2003) 유럽의 사례, 그리고 한국의 사례의 공통된 특징은 정책의 단기성, 차별성, 불확실성을 특징으로 한다는 점이다.

정치과정은 인적으로도 미분화되어 있다. 정치적 과정에서는 정치적으로 공급되는 재화의 질과 수량과 관련하여 개별 유권자들 개개인의 선호를 고려하지 않고 동일한 질과 규모가 공급된다. 이런 면에서도 자유경제는 인적으로 매우 분화되어 있다.

— 유권자들의 무지이다(민경국, 1993, 85쪽) 정치가나 관료에 대한 완전 통제를 불가능하게 만드는 것은 유권자들이 이들의 머릿속을 들여다 볼 수 없는 원천적인 불가능 때문이다. 이런 불가능을 도외시한다고 하더라도 완전한 정보의 습득을 방해하는 요인이 있다.

그 요인은 이렇다. 즉, 유권자들은 정치적 공급에 대하여 완전한 정보를 가지고 있다고 해서 항상 이익을 보는 것은 아니라는 것이다. 이런 지식을 얻기 위해서는 금전적 그리고 시간적 심리적 비용을 투입해야 하기 때문이다. 완전정보란 감당하기 어려운 비용을 요한다.

이런 이유로 정치적 공급에 대한 어느 정도의 무지는 감당해야 한다. "합리적 무지"란 이런 것이다(Downs, 1968). 유권자에 의한 완전한 정치적 통제의 불가능성은 유권자가 질적으로 무지몽매해서가 아니라 합리적 무지 때문이다.

완전한 지식습득을 방해하는 또 다른 요인은 선거의 공공재화의 성격이다. 선거결과로부터 생기는 이익은 사유가 될 수 없는 대신에 선거에 필요한 지식의 습득비용은 자신이 짊어진다. 지식습득의 인센티브가 없다. 잘못된 지식을 통한 선거의 결과에 대한 책임도 개별 책임이 아니라 공동의 책임이다. 공동의 책임은 책임이 없는 것과 마찬가지이다. 따라서 정치시스템에서 유권자들의 지식사용을 통제하는 메커니즘이 매우 원시적이다.

이런 요인에 의해 형성된 독점적 영역 내에서 계획과 규제 담당자들은 이런 자율적인 영역을 자신의 이익을 위해 이용한다. 부정부패도 이런 자율적 영역의 산물이다.

부정부패, 정책의 단기성·불확실성·비일관성·차별성, 이런 모든 현상을 정치가들이 무지하고 이성적이지 못하고 부도덕한 탓으로 돌린다. 역사인식이 부족하다고 비판한다. 개혁적이지 못하다고 욕하기도 한다. 선거가 잘못되었으니 선거법 등을 고쳐 도덕적이고 이성적인 인물이 뽑히도록 해야 한다고도 한다. 낙선운동, 당선운동도 벌인다. 그러나 욕을 한들 소용이 없다. 정치개혁이라는 이름으로 선거법이나 정부 조직, 의회 구성원, 의사결정방법을 고친들 소용이 없다. 이런 현상이 나타나는 고질적이고도 근본적 이유 때문이다. 이것이 무엇인가?

그 이유는 간단하다. 민주정부의 공권력을, 민주적 입법과 정책을 제한하는 효과적인 장치가 없기 때문이다. "헌법실패" 때문이다. 민주주의가 제한되어 있지 않기 때문이다[26]. 그런 불미스런 현상은 "무제한적 민주주의"에 고질적인 현상이다. 이런 민주주의에서는 다수의 지지를 받은 정책이나 법은 그 내용이 무엇이든 법으로 인정된다[27].

무제한적 민주주의의 핵심은 별다른 것이 아니다. 원칙(principle)에 의한 입법과 정책이 아니라 이해관계(interest)에 의한 입법과 정

---

26) 민주주의는 집권 또는 재집권을 위해 복수정당이 유권자들의 다수의 지지를 얻기 위해 자유로이 경쟁하는 민주주의다. 무제한적 민주주의는 순전히 '절차적 민주주의'라고 불러도 무방하다 공공선택론(신정치 경제학)의 중요한 인식은 (이기적인 정치가를 전제하여) 정당들이 자유로이 경쟁할 경우에 어떤 입법이나 정책이 형성되는가를 규명한다.

27) 법의 내용과 권력의 내용을 묻는 대신에 그 원천을 중시한다. 따라서 무제한적 민주주의의 간단한 표현이 주권재민사상이 그것이다[1]. 의사결정이 만장일치이든 다수결 원칙이든 다수의 지지를 얻은 권력이나 법률 또는 정책은 그 내용이 무엇이든 법으로 인정되거나 또는 정당한 권력, 정당한 정책으로 간주된다 (Hayek, 1979, 33쪽).

책을 허용하는 민주주의이다(Buchanan, 1998). 정책의 단기성, 차별성, 불확실성, 비일관성 등 이런 정책은 모두 원칙의 정책과 원칙의 입법이 아니라 이해관계의 정책과 입법이다. 집권 또는 재집권에 필요한 유권자 층을 만들기 위해 특정 이익단체나 지역 또는 인간그룹의 이익에 좌우되는 정책이다.

따라서 정치의 핵심 문제는 '훌륭하고 선량한 인물' 선정 또는 이런 인물로의 정권교체라는 문제 대신에 어떻게 민주정부의 권력을 제한할 수 있는가의 문제이다. 이것이 200년 이상 자유주의가 해결하고자 노력해온 정치의 핵심 문제이다.

3. 법의 지배를 통한 공권력 제한

정치의 핵심 문제가 누가 지배할 것인가의 문제가 아니라면 우리는 도덕적 우월성과 전지전능을 전제하는 정치와 입법을 극복해야 한다. 그 극복을 위해서 무엇보다도 정치의 핵심 문제는 정치권력을 어떻게 제한하는가의 문제이다. 이 문제에 대한 해결방법은 정부를 원칙에 묶어놓는 것이다.

이 원칙이 고전적 자유주의자들이 정치적 이상으로 여겼던 "법의 지배"(The Rule of Law)이다. 법이 법으로서의 지위를 얻을 수 있기 위해서 갖추어야 할 조건을 말한다. 이것이 자생적 질서의 법적 조건이다. 그리고 이런 조건을 갖춘 법을 집행하는 국가의 강제만이 정당하다. 그 조건은 다음과 같다(Hayek, 1961, 1975)[28].

---

28) 법의 지배에 관해서는 Daumann, (2001), 민경국(1996, 348~351쪽).

1) 차별적인 내용의 법이어서는 안되고 이런 법을 차별적으로 적용해서도 안된다. (일반성 원칙)

2) 특정의 행동을 당연 금지하는 성격의 법이어야 하고 달성하고자 하는 목표와 동기를 내포해서는 안된다. (추상성 원칙)

3) 법은 확실해야 한다. (확실성의 원칙)

타인들의 자유와 재산권을 침해하는 행동만을 예외없이 강제로 제한할 수 있다. 그러나 남의 자유와 재산을 침해하지 않는 행동은 국가의 공권력 행사 대상이 될 수가 없다(Gerken, 2000). 시장 결과를 수정하기 위한 정부의 모든 계획과 규제, 분배정의와 같은 우대정책은 법의 지배원칙에 위배된다.

법의 지배원칙은 자유로운 열린, 차별없는 거래를 보장하는 정책과 입법을 지원하기 위한 원칙이다. 조세정책이나 지출정책과 같은 경제정책도 이런 원칙(일반성 원칙과 그리고 확실성 원칙)을 철저히 지켜야 한다. 누진세 대신에 비례세, 차별적인 환경규제의 억제, 차별없는 공공재화의 산출 등이 모두 이런 원칙에 속한다(Buchanan, 1998, 147쪽).

법의 지배원칙을 헌법에 명문화 할 경우, 비로소 헌법은 "자유의 헌법"이 된다. 이런 헌법의 전통적인 두 가지 역할을 다한다. 정치권력의 억제와 법률생산과 정책의 지침.

이러한 원칙을 지켰던 서구 사회에서는 상업의 발전, 과학기술의 발전 그리고 산업혁명을 통해 생활수준의 비약적인 발전이 이루어졌고 오늘의 풍요도 그러한 헌법적 원칙의 힘이라고 볼 수 있다. 자유, 평화, 번영을 동시에 가능하게 했다.

그러나 그런 원칙에서 벗어날 때마다 동양사회와 똑같이 서구 사회도 갈등과 위기와 빈곤을 겪지 않으면 안되었던 것도 우리는

잘 알고 있다. 법의 지배를 헌법의 원칙으로 정할 경우 그 장점은
다음과 같다.

1) 법의 지배에 따른 입법이나 정책은 구조적인 지식의 문제를 극복할 수
있다. 입법이나 법 집행에서 비용–편익분석이나 또는 시장과정의 결과에 대한
구체적인 예측을 요구하지 않기 때문이다. "계획하는 이성"이나 또는 "사회기
술자", "사회공학자"는 이제 더 이상 필요가 없다.

2) 우대정책(affirmative policy)과 같은 차별적인 정책을 금하고 있기 때문
에 우대를 받기 위한 경제주체들의 금전적 심리적 노력을 절약할 수 있다. 법
의 지배 하에서는 이권추구 행동이 불필요하다. 법의 지배 하에서 정치가와 관
료들이 이기적인 욕구를 추구한다고 해도 "보이지 않는 손"이 효과적으로 작용
한다.

3) 법의 지배를 헌법에 명문화 할 경우, 이것은 의회의 입법에 중요한 지침
이 될 수 있을 뿐만 아니라 보통법 체계의 자생력(또는 스스로 조직하는 힘)에
도 도움이 된다29). 보통 법체계에서는 소송당사자들끼리 소송과 판결을 통하여
법이 분권적으로 형성된다. 이때 이미 잘 알려져 있듯이 선례가 중심 역할을
하는데, 법의 지배원칙이라는 가이드가 없으면 이런 선례들의 법적인 응집력
또는 일관성이 상실된다. 법의 지배를 지킬 경우 이런 일관성과 법의 응집력을
높여주기 때문에 분권적인 법 생산의 자기 조직력과 자생력을 높여준다
(Buchanan, 1998, 9쪽).

4) 무제한적 민주주의에서는 이익단체들의 특혜요구를 단호히 뿌리치는 '선
량한 정치인'이 되고 싶어도, 특혜부여를 통한 지지표 구매를 피하고 선량한 정
치인이 되고 싶어도 그는 어쩔 수 없이 '타락된 정치인'이 되고 만다. 차별없는
정책을 지지하는 정치가는 도태되기 마련이다. 그러나 법의 지배를 헌법에 명
문화할 경우 정치가는 특혜정책을 통하여 유권자를 유인할 인센티브가 없어진
다. 또한 유권자그룹이나 이익단체도 자신들에게 유리한 정책을 요구할 인센티
브가 없다(민경국, 2003, 262쪽).

---

29) Leoni, B. *Law and Freedom*, Chicago 1961/1992. 레오니에 대해서는 민경국(2003,
159쪽 이하)

5) 법의 지배원칙 아래에서는 법을 집행하고 관리하기가 매우 용이하다. 복잡한 세계에서는 될 수 있는 대로 '단순한 규칙'이 유용하다는 엪스타인 (Epstein, 1995)의 명제는 헌법에도 적용될 수 있다. 그 숱한 규제조항을 버리고 그 대신 단순한 규칙, 즉 법의 지배원칙 한 가지로 교체하는 것이 헌법 집행과 관리에도 매우 용이하다.

4. 경제헌법은 무제한적 민주주의의 산물

한국 경제헌법은 공권력을 제한하여 개인의 자유와 재산을 보호하는 장치가 있는가? 경제헌법은 무제한적 민주주의를 제한하기는 고사하고 무제한적 민주주의의 결과를 옹호하고 지지하는 헌법이 아닌가? 그 대답은 아주 간단하다. <그렇다>이다. 왜냐하면 경제헌법은 무제한적 민주주의의 산물이기 때문이다.

기존의 경제헌법이 없다고 하더라도, 현행 정치적 헌법이 인정하고 있듯이 정치적 경쟁과 다수결 원칙만 존재한다면(무제한적 민주주의) 기존의 경제헌법이 인정하는 것과 유사한 입법과 경제정책이 형성된다. 따라서 경제헌법은 무제한적 민주주의를 제한하는 것이 아니라 이를 옹호하고 있다고 볼 수 있다. 예를 들면,

1) 경제헌법에 따라 정부는 계획과 규제에 의해서 시장과정의 결과를 수정하거나 개선하는 책임을 지고 있다. 결과를 수정하고 변동하는 일은 매우 단기적인 작업이다. 왜냐하면 그 결과는 그때그때 수시로 변동하는 상황에 의해 결정되기 때문이다. 민주주의 정치과정에서 정부는 정치적 논리에 따라 단기적 성격의 정책을 선호한다. 단기정책은 결국 시장과정의 결과를 수정하는 일이다. 이런 선호는 경제헌법이 규정한 시장결과의 수정책임과 일치한다.

2) 분배정책도 헌법에 정해져 있지 않다고 하더라도 정치적 경쟁에서 승리하기 위한 유력한 수단이기 때문에 헌법에 규정이 없다고 하더라도 정치적 경쟁에서 생겨나는 정책이다. 재분배정책은 민주주의의 필연적인 산물이다. 재분

배정책이 선거시기를 중심으로 사이클을 그린다는 것도 확립된 이론이다(민경국, 1993, 142~158).

농업보호정책, 고용보호정책, 주택정책 등도 헌법에 정해져 있지 않다고 하더라도 정치적 경쟁의 중요한 수단으로서 활용된다. 의료, 고용보험, 그리고 연금보험과 같은 복지제도도 마찬가지이다. 민주주의가 성숙되면서 유럽사회가 복지국가로 접어든 것은 우연이 아니다.

3) 민주주의의 특징은 차별적인 입법정책 도는 차별적인 경제정책이다. 정치적 논리에 의한 차별적인 정책은 자동적으로 경제헌법에 규정된 차별적인 정책과 일치한다. 경제헌법은 차별적인 정책들을 허용하고 있다. 시장과정의 결과를 수정하기 위한 모든 정책은 차별적일 수밖에 없다. 모든 우대정책들이 이에 속한다.

4) 시장과정의 결과에 초점을 맞추는 정책은 수시로 바꾸어야 한다. 왜냐하면 결과는 수많은 단기적 요인, 즉 시시각각으로 변동하는 요인에 의해 결정되기 때문이다. 따라서 시장과정의 결과는 자주 변동한다. 이렇게 자주 변동하는 결과를 수정하고자 하는 정책은 자주 바꾸지 않으면 정책목표를 달성할 수가 없다. 따라서 시장결과를 바꾸기 위한 정책은 원칙을 작성할 수가 없다. 원칙에 따른 정책은 결과지향적 정책에는 적용할 수 없는 개념이다.

요컨대 한국경제헌법은 법의 원칙에 입각한 정책과 입법을 요구하는 것이 아니라 차별적이고 단기적인 성격의 입법과 정책을 헌법적으로 정당화하는 헌법이다. 원칙에 의한 정치를 요구하는 것이 아니라, 무제한적 민주주의의 핵심이 되고 있는 이해관계의 정치를 요구하고 있다. 차별적인 정책과 결과 평등주의 정책을 명시적으로 허용하고 있다. 보호될 계층이나 집단을 헌법에 명시적으로 규정하고 있다. (중소기업, 노인, 어민, 농민, 노동자, 여성근로자)

경제헌법은 명시적으로 다양한 국가목표(경제성정 목표, 노동력의 완전고용, 분배정의, 이익단체의 이익증진)를 명시적으로 정해놓고 이들을 증진할 것을 요구하고 있다. 이런 국가목적을 위해 법률은 각별히 디자인되어야 한다.

그러나 법의 지배원칙에 입각한 법 개념의 시각에서 볼 때 목적과 결부된 이런 법은 사실상 법이 아니다. 법의 지배원칙에서 법이란 국가목적을 달성할 것을 요구하는 것이 아니라 개인들이 각자 자신들의 목적을 추구하는 틀을 제공한다. 법은 해서는 안될 행동을, 허용 가능한 행동범위를 확립하고 이를 집행한다. 이런 법은 자유를 보장하는 법이다. 이로써 개인들이나 그룹들의 상호작용을 용이하게 해 준다.

V. 헌법개혁이냐 정치개혁이냐?

정치개혁의 이름으로 수많은 개혁안들이 등장했다. 예를 들면 선거구의 조정, 정당 내 민주주의 실현, 의회 의원 수의 조정, 대통령 중임제, 내각책임제, 비례대표자 수의 조정, 그리고 국회의원 후보자 선정방법 등이다. 설사 이들이 서로 다른 제도이지만 그러나 하나의 공통점이 있다. 이런 제도는 시민들의 이해관계(interest)를 보다 완전하게 대변할 수 있는 정치구조는 무엇인가의 문제에 초점을 맞추고 있는 제도이다.

이 문제도 플라톤-포퍼의 '누가 지배해야 하는가'의 문제와 전적으로 독립되어 있는 문제가 아니다. '가장 선량하고 현명한 인물', '제대로 된 도덕적인 인물'를 지배자로 뽑자는 것이다. 수많은 이해관계를 제대로 절충하고 타협할 수 있는 인물을 뽑자는 것이다. 낙선운동이나 당선운동도 동일한 맥락이다.

그러나 정치개혁의 이름으로 제안하고 있는 그런 절차와 그리고 통치 조직에 관한 제도 개혁은 "이해관계에 의한 정치"에서나 필요하다. 이런 정치에서는 어떤 제도 개혁도 불안정하고, 또 효과적이지도 못하다. 수많은 이해관계들이 끊임없이 등장하기 때문이다. 그렇기 때문에 원칙에 의한 정치가 중요하다. 원칙에 의한 정치와 입법은 이해관계와 독립적이고 사회적 목표와도 독립적이기 때문이다. 그리고 원칙에 의한 정치와 입법에서는 이런 제도 개혁은 부차적이고 극히 제한적인 문제이다.

우리가 이 글에서 대변하고 있는 법의 지배를 통해 정부의 활동을 엄격하게 제한하고 원~에 의한 정치를 펼친다면, 부정부패도, 선거비용 문제도 해결할 수 있다. 이해관계에 의한 정치가 지속된다면 어떤 정치개혁도 효과가 없다.

따라서 우리가 당장 해야 할 화급한 일은 정치개혁이 아니라 법의 지배원칙을 헌법에 명문화하여 사회부문은 물론 경제부문에도 확대 적용할 수 있어야 한다. 이런 의미의 헌법개혁이 화급한 일이다. 현재 우리사회에서 많은 정치적 경제적 문제들이 생겨나는 이유는 정부의 활동을 엄격하게 제한하여 경제활동의 자유를 비롯한 행동의 자유를 효과적으로 보호하는 장치가 없기 때문이다. 따라서 헌법개혁이 없는 어떤 방법으로도 우리가 당하고 있는 문제들을 해결할 수가 없다.

민주주의가 위기에 처한 것은 결코 참여가 부족해서 생겨난 것[30]이 아니라 민주주의 자체를 효과적으로 억제하는 헌법이 없기 때문이다. 참여민주주의는 현실을 제대로 파악하지 못하고 있다. 중요한 것은 민주주의에 참여하는 것이 아니라 민주주의를 제한하는 것이다. 참여해서 내가 네 것을 빼앗거나 네가 내 것을 빼앗는 그런 민주주의에 누가 참여하겠는가? 개인의 자유와 재산을

---

30) 기든스(Giddens)는 현대민주주의의 위기를 참여의 부족에서 찾고 있는 대표적인 인물이다.

보호하는 법의 지배원칙이 실현 후에 비로소 참여가 의미가 있다.

참여정부, 참여연대, 참여민주주의는 모두가 빼앗는데 목적을 둔, 좋게 말해서 분배정의 또는 사회권적 기본권을 위한 민주주의, 그래서 무제한적 민주주의일 뿐이다. 이런 민주주의는 빼앗고 빼앗기는 투쟁이 아닌가? 나는 빼앗을 권리를, 너는 나로부터 빼앗을 의무가 있는 괴상한 상황이 지금 우리사회에서 벌어지고 있다.

이런 빼앗기 게임은 시장경제에서는 결코 허용되지 않는다. 내가 가진 권리는 동시에 타인도 가지고 있고, 따라서 나의 권리는 타인의 권리를 존중할 의무(타인에 대한 불간섭 의무)를 내포하고 있다(Boaz, 1997, 59쪽 이하). 얼마나 시장이 도덕적인가?

이상적 담론상태(Habermas), 심의민주주의(Held)도 말만 바꾼 것일 뿐 동일한 취지의 민주주의이다. 모두가 정치가 시장보다 현명하고 또 도덕적이라는 취지의 이념이다. 그리고 정치를 인간 자신이 도덕적 존재라는 것을 스스로 발견하고 확인할 수 있는 개명된 과정이라는 것이다. 그러나 이것은 낭만적인 생각이 아닐 수가 없다. 위장된 이타심을 조장하기에 가장 적합한 이론이 아닐 수 없다. 개인의 자유와 재산을 보호하는 틀 내에서 사람들의 진지한 심의도 가능하다[31].

법의 지배원칙에 의해 국가활동이 억제된다면, 누가 지배해도 문제가 될 것이 없다. 그렇기 때문에 지혜로웠던 고전적 자유주의자들은 정치 조직이나 절차와 관련된 제도의 도입은 별로 중요하게 여기지 않았다. 그들에게 중요한 것은 정부가 넘어서서는 안될

---

31) 많은 한국 철학자들은 최근에는 유교적 국가관의 권위주의적 요소를 제거하고 민주주의 요소와 결합하려 하는 노력이 이루어지고 있을 뿐만 아니라, 유교 속에 잠복되어 있는 민주주의 요소를 강조하여 유교를 재해석하려는 노력이 이루어지고 있다. 그러나 이런 노력도 민주주의를 제한하는 헌법적 장치를 반영하지 않는다면 의미가 없다. 그것은 한국의 헌법이 규정하고 있는 민주정부와 경제헌법의 관계를 유교적으로 해석하는 결과만을 낳을 뿐이다.

경계선을 만들어 놓는 것이었다. 그들에게는 통치자를 어떻게 선출하든 그것은 관심 밖이었다. 정부를 엄격하게 제한하는 장치가 없으면 삼권분립마저도 의미가 없다.

하이에크가 그의 3부작 『법, 입법 그리고 자유(Law, Legislation and Liberty)』의 제1권 서문에서 현대사회의 삼권분립은 실패하고야 말았다(Hayek, 1973, 1쪽)고 선언하고 있다. 삼권분립은 개인의 자유를 보호할 목적으로 도입하기는 했지만 이를 효과적으로 보호하지 못했다는 것이다.

이런 선언은 법의 지배를 통해 민주주의를 제한하는 것이 얼마나 중요한가를 말해주고 있다. 뷰캐넌도 현대사회는 "헌법적 혼란(constitutional chaos)"(Buchanan, 1978)에 빠져 있다고 진단하면서 법의 지배원칙을 헌법에 명문화하는 방향으로 헌법을 개혁할 것을 강력히 주장하고 있다(Buchanan, 1998).

이 석학들이 우리에게 보여주는 교훈이 바로 민주정부를 효과적으로 제한할 수 있는 헌법의 중요성이다. 민중민주의, 포퓰리즘을 효과적으로 막을 수 있기 위해서는 헌법이 중요하다.

< 참 고 문 헌 >

김우택, 「라틴아메리카의 경제적 포퓰리즘」, 철학연구회, 2003년도 추계연구발표회 : 『디지털시대의 민주화와 포퓰리즘』, 2003.

김정호, 「헌법 경제조항과 사회적 기본권에 대한 법경제학적 분석」, 한국 헌법학회/한국경제연구원 제29회 학술대회 논문집 : 『헌법개정의 과제와 정책방향』 2003, 124쪽.

_____, 「경제헌법 개정의 필요성과 방향」, 제7회 자유주의 워크숍 : 『경제헌법 개정을!』, 자유기업원, 1998.

김철수, 『헌법학』, 지학사, 1970.

김현식, 「한국 헌법에서의 경제질서-헌법재판소의 결정을 중심으로-」, 한림대학교 대학원 법학과 법학석사학위 논문, 1998.

文鴻柱, 『한국 헌법』, 해암사, 1975.

민경국, 「제3공화국의 헌법과 경제질서」, 유광호 외 공저, 『한국 제3공화국의 경제정책』, 1999.

_____, 진화냐 창조냐 :『하이에크의 진화론적 자유주의 사회철학』, 자유기업원, 1996.

_____, 『신정치 경제학-정치 관료시스템의 기능 원리』, 석정 1993.

_____, 『자유주의와 시장경제』, 위즈비즈 2003.

朴一慶, 『신헌법』, 박영사 1964.

Boaz, D. *Libertarianism*, New York 1998.

Buchanan, J, M. *The Constitutional Contract*, Texas 1978.

_____, / R. D. Congleton: *Politics by Principle, not Interest*, Cambridge 1998.

_____, *Choice, Contract and Constitutions*, Indianapolis 2001.

Downs, A. *Oekonomische Theorie der Demokratie*, Tuebingen 1968.

Epstein, R.A.: *Simple Rule For A Complex World*, Cambridge 1995.

_____, *Principles for a Free Society*, Massachusetts 1998.

Evans-Pritchard, E.E. : *Social Anthropology*, London 1954.

Giddens, A. 『제3의 길』

Gerken, L. *Die Grenzen der Ordnungspolitik*, Ordo Bd. 49.

Hayek, F.A. The Theory of Complex Phenomena, in Hayek, F. A. Studies in Philosophy, *Politics and Economics*, Chicago 1967.

_____, *The Fatal Conceit*, Oxford 1988, 신중섭 역, 『치명적 자만』, 자유기업원 1996

_____, *Law, Legislation, and Liberty, Vol. 3 : The Political Order of a Free People*, London 1979 서병훈 역, 『법, 입법, 그리고 자유 III : 자유시민의 정치질서』, 자유기업원, 1998.

_____, *Constitution Of Liberty*, Chicago 1961, 김균 역, 『자유헌정론』, 자유기업원, 1998.

_____, *The Sensory Order : Theoretical Foundation of Psychology*, Oxford 1952, 민경국 역, 『감각적 질서』, 자유기업원, 1998.

Jantsch, E. *The Self-organization of Universum*, Muenchen 1979. 홍동선 역, 『스스로 조직되는 우주』, 과학사, 1990.

Kasper, W./ Streit, M. *Institutional Economics*, New York, 1998.

Leoni, B. *Law and Freedom*, Chicago, 1961/1992.

Mestmaecker, J._E. *Regelbildung und Rechtsschutz in der marktwirtschaftlichen Ordnug*, Tuebingen, 1985.

Myrdal, G. *Asian Drama*, New York, 1972.

Polany, M. *The Tacit Dimension,* New York, 1966.

Popper, K. R. *Die offene Gesellschaft und Ihre Feinde: Bd 1.* Muenchen 1958

Riedl, R. *Die Ordnung des Lebendigen: Systembedingunen der Evolution,* Hamburg, 1975.

_____, Leben als erkenntnisgewinnender Prozess bei Konrad Lorenz, in Riedl, R./ Bonet, E.M.(Hg) *Entwicklung der Evolutionaeren Erkenntnistheorie,* Wien, 1987.

Rousseau, J.-J. *The Social Contract,* New York, 1968.

Sowell, Th. *A Conflict of Visions New York,* 1987, 136.

Vorlaender, H. *Die Suprematie der Verfassung,* unbekannte Quelle, 2000.

개혁과 반(反)개혁

전용덕
(대구대 교수)

Ⅰ. 시작하는 말

아래의 글은 인터넷 신문과 같은 '온라인' 매체에 발표한 것을 정리한 것이다. 그러나 노무현 정부가 개혁이라는 이름으로 자행하는 반개혁을 지적하거나 비판하고 있을 뿐만 아니라 명실상부한 개혁 방향을 제시하고 있다는 점에서 공통점을 지니고 있다. 비록 일부 글은 주제를 일관되게 다루지 않았다는 단점이 있지만 개혁과 반개혁이라는 대주제에 일치한다고 생각되어 포함하였다.

이 글의 내용은 먼저 엄청난 논란과 파정을 불러왔던 수도 이전 문제를 다룬다. 다음으로 과거사 정리 문제와 관련하여 박정희를 평가하는 문제를 다룬다. 세 번째로는 개혁이라는 이름으로 언론을 통제하고 규제하고자 하는 현 정부의 언론정책을 비판한다. 네 번째로 교육정책의 규제적 측면을 부각한다. 마지막으로 사법부의 개혁이 과연 소기의 성과를 달성할 수 있을 것인가를 검토하고 개혁의 방향을 제시한다.

Ⅱ. 자유주의 관점에서 본 개혁의 쟁점

1. "수도 이전, 경제초토화 핵폭탄"[1]

행정수도 이전에 대한 논란이 점차 뜨거워지고 있다. 그러나 행정수도 이전의 원인에 대한 논의는 드물고 행정수도 이전의 절차(국민투표), 규모(천도 수준의 이전 여부), 비용, 통일수도와의 연관성 등만이 쟁점이 되고 있는 실정이다.

2002년 10월 8일 당시 민주당 대통령 후보였던 노무현 대통령은 경제정의실천시민연합이 대선후보정책검증의 일환으로 행정수도의 충청권 이전 대책을 묻는 질문에 다음과 같이 대답했다. "40조원이 든다는 분이 있는데 이는 잘 살펴보지 않은 것이다. 일산, 분당을 건설하는데 정부의 돈은 들지 않았다. 국회도 가고 청와대는 1번으로 가야 한다. 기업은 강제로 옮길 수 없다. 수도권 주민들이 반대한다는데 수도권집중의 고통은 수도권 시민들이 가장 많이 받고 행정수도 이전을 간절히 바랄 것이다."

노무현 대통령은 대통령 후보 시절에 행정수도 이전의 기본 동기가 수도권집중으로 인한 수도권 시민들의 비용감소와 고통의 해소에 있음을 분명히 했다. 이후에 이러한 소박한 생각에 지역 간 균형발전이라는 수도권집중 해소보다 좀더 그럴듯한 명분이 추가되었다. 그러므로 행정수도 이전 문제는 수도권집중과 지역 간 균형발전이라는 두 이슈를 포함하고 있지만 여기에서는 수도권집중 문제만을 다루고자 한다. 특히 수도권집중의 원인을 분석함으로써 행정수도 이전이 수도권집중 해소를 위한 적절한 대책

---

1) 이 글은 2004년 7월 8일자 인터넷 신문 『데일리안』에 발표한 것을 전재한 것이다.

인가를 조명하고자 한다.

1) 수도권집중의 원인들

수도권집중의 원인들을 정성적으로(qualitatively) 분석한다. 첫째, 서울을 중심으로 한 수도권은 강수량이 풍부하고, 인구가 많이 거주할 수 있도록 충분히 넓으며, 주위에 넓고 비옥한 평야지대를 끼고 있어서 거주와 공장의 입지로서 충분하다. 또 서울은 인천과 가까워서 대외무역에도 다른 내륙지역과 비교할 때 지리적 이점이 있다. 또 예전에는 마포까지 큰 배들의 왕래가 가능함으로써 서울은 국내 교환에도 지리적 입지가 좋았다. 서울을 중심으로 수도권이 집중되게 되는 지리적 원인이다.

둘째, 역사적 관점에서 보면, 조선왕조 초기에 수도를 서울로 정함으로써 수도권집중의 환경이 마련되었다. 거기에 조선왕조는 강력한 중앙집권 정치체제를 채택했기 때문에 서울이 모든 일에 중심이 되었다. 이러한 정치체제는 수도권집중을 초래했다. 수도권이 정치에서 중심인 점은 민주정부에 들어와서도 큰 변화가 없다.

셋째, 인구와 무역의 집중은 생산과 판매에 있어서 규모와 범위의 경제를 향유하게 만든다. 조선 왕조 초기에는 정치·지리적 이유로 서울로 인구가 집중되고 서울을 중심으로 교환이 늘어났다. 그런데 이러한 인구집중과 교환증가는 생산과 판매에 있어서 규모와 범위의 경제를 누릴 수 있게 한다. 이러한 이점은 다시 인구와 교환이 집중된 도시지역의 물가를 낮추거나 각종 재화를 제공함으로써 도시의 편리함을 증진시킨다. 물가 하락과 도시의 편리함은 인구의 집중을 촉진시킨다. 인구집중의 선순환이 시작되는 것이다. 이러한 경향은 모든 대도시가 가진 일반적인 특징이다.

수도권집중도 예외는 아니다. 다만 수도권은 한국의 다른 도시나 다른 나라의 수도권에 비하여 인구와 시설의 집중이 폭발적이라는 점이다.

넷째, 지식이나 문물의 수입경로와 수도권집중은 밀접한 관련이 있다. 우리나라의 지식이나 문물의 수입은 수도권과 항구를 통해 들어왔고 현재도 그러하다. 이러한 수입경로는 수도권과 항구지역 일대가 다른 지역보다 지식과 문물의 수입, 체화, 전파에 있어서 우위에 있게 된다. 물론 이러한 우위는 상업의 세계를 포함한 모든 방면에서 우위를 가질 수 있는 가능성을 크게 한다. 일반적으로 외국 문물은 북경이나 뉴욕과 같은 국제도시에서 서울로 그리고 지방도시로 이어서 농촌으로 퍼져나간다. 적어도 국내에서는 수도권이 외국의 문물을 수입하는 최전방이 된다. 그리하여 사람들은 외국의 문물을 수입하는 최전방으로 몰려든다. 왜냐하면 외국 문물의 수입을 통해 여러 가지 사업기회 등을 잡거나 변화의 추세를 읽을 수 있거나 세상 변화의 주도권을 쥘 수 있기 때문이다.

다섯째, 정부의 보조금도 수도권집중의 한 원인이다. 정부 특히, 중앙정부는 자신과 국민의 편리함을 위해서 뿐만 아니라 외국 문물의 수입을 촉진하기 위해서도 수도권에 전철, 도로, 공항, 항만시설 등을 완벽하게 구축해 왔다. 이러한 구축은 중앙정부가 다른 도시에 비하면 수도권에 엄청난 보조금을 지불하는 것이다. 다른 조건이 동일하다고 가정하더라도, 수도권은 적어도 각종 사회간접자본시설에 있어서 다른 도시나 지역보다 비교 우위에 있게 되고 그것은 생산과 판매비용을 다른 도시나 지역에 비해 더 적게 지불하게 한다. 중앙정부의 이러한 보조금은 수도권에 인구와 각종 기업을 집중하게 만든다. 그리고 근거리보다 원거리 교통요금을 저렴하게 규제함으로써 수도권의 광역화를 촉진한다.

여섯째, 중앙정부가 많은 인·허가 권한을 보유하고 있기 때문에 인·허가를 쉽게 획득하기 위해서도 수도권에 공장 등이 집중하게 된다. 또 인·허가가 자주 변하고 그렇게 변한 인·허가를 시민이나 기업은 새로 획득하거나 갱신해야 한다. 이 점은 초래된 수도권집중을 반영구화하게 만드는 요인이기도 하다.

일곱째, 큰 중앙정부와 왜소한 지방정부도 수도권집중을 촉진하는 요인이다. 중앙정부 자신이 많은 재화와 용역을 소비하기 때문에 그것 자체가 큰 이권을 형성한다. 그리고 중앙정부는 1960년대 이후로 현재까지 지속적으로 커져 왔다. 지방자치의 실시가 이러한 추세를 막지는 못하고 있다.

마지막으로, 국민들의 의식도 수도권집중을 초래한다. 과거부터 "사람은 나면 서울로 보내고 말은 나면 제주도로 보내라."라는 말이 구전으로 전해져 오고 있다. 이것은 정확히 설명할 수는 없지만 서울이나 수도권에서의 학업, 취업 등을 위한 거주가 여러 가지로 생산성을 증가시킨다는 의미이다. 그만큼 서울을 중심으로 한 수도권은 한국인의 삶에 있어서 무엇보다 중요하다. 이러한 의식은 앞에서 지적한 여러 요인들에 의해 긴 세월 동안 형성된 것처럼 보인다. 이제 다시 이러한 의식이 수도권집중을 촉진한다.

앞에서 열거한 수도권집중의 원인들은 어느 정도 상호 연결되어 있는 것이 사실이지만 크게 네 가지로 구분할 수 있다. 지리·역사적 원인, 경제적 원인, 정부적 원인, 의식적 원인 등으로 나눌 수 있다. 그것들 중에서 통제 가능한 것은 뒤의 세 가지다. 그 세 가지를 자발적인 것과 비자발적인 것으로 구분하면, 경제적 원인은 자발적인 것이고(정부에 의해 영향받는 부분이 있지만 그것을 정부적 원인으로 분류하면 경제적 원인은 순전히 자발적인 것이

다) 정부적 원인은 비자발적인 것이다. 정부가 보조금을 주는 등, 정부에 의한 수도권집중은 외형적으로는 자발적인 것으로 보이지만 실제적으로는 정부에 의해 명시적으로 혹은 묵시적으로 유도된 것으로 비자발적인 것이다. 의식적 원인은 자발적인 것과 비자발적인 것이 섞여 있다. 요약하면, 수도권집중은 순수하게 자발적으로 이루어진 것이 있고 비자발적으로 이루어진 부분이 있다는 것이다.

수도권집중 원인들을 이렇게 구분하면, 수도권집중 중에는 통제하고 제거해야 할 부분과 민간의 자발적인 선택의 결과로 그대로 두어야 할 부분으로 나누어야 함을 알 수 있다. 민간의 자발적인 선택의 결과는 규제하면 오히려 생산성을 낮추게 될 것이다. 비자발적인 것은 통제하고 제거해야 할 부분이다. 이제 수도권집중을 해소하기 위해서는 수도권집중의 원인들 중에서 통제 가능할 뿐만 아니라 비자발적인 것을 통제하거나 제거해야 한다는 결론에 이르게 된다. 즉, 뒤에서 자세히 보겠지만 수도권집중에서 정부가 원인이 된 것을 개혁해 한다는 것이다. 의식적 원인 중에서도 정부가 원인이 된 부분은 개혁해야 함은 당연하다. 행정수도 이전은 이러한 원인분석에 근거하지 않고 있다는 점에서 문제가 있다고 하겠다.

2) 수도권집중의 문제점은 무엇인가

수도권집중의 여러 가지 문제점이 지적되고 있다. 수도권집중의 문제점을 정확히 평가하기 위해서는 자발적인 수도권집중과 비자발적인 또는 인위적인 수도권집중을 구분하여 분석의 대상을 전자에만 국한하여야 한다. 앞에서 보았듯이 후자는 당초 개혁의 대상이기 때문이다. 첫째, 과밀혼잡과 사회비용이 증대한다는 것이다. 교통 혼잡, 지가 및 주택가격의 상승, 환경오염, 도시서비스 등 사회비용이 증가한다는 것이다. 수도권집중이 비용만 증가하는 것이 아니라는 점을 고려해야 한다. 경제주체는 수도권에 이주함으로써 발생하는 이득과 비용을 모두 고려하여 행동할 것이기 때문에 경제주체의 자발적인 행동에 정부가 간섭해야 할 이유가 없다.

둘째, 수도권집중이 지역불균형을 가져온다는 점이다. 집중에 따른 수도권 지역의 생산성의 증가는 지역불균형을 가져올 수도 있다. 그러나 그러한 불균형도 경제주체의 자발적인 선택의 결과로 존중되어야 한다. 또 지역균형이 반드시 옳다는 전제는 무리하다. 즉, 사전적으로 불균형이 나쁘다는 견해는 틀린 것이다. 행정수도 이전의 동기로 제시된 지역 간 균형발전은 수도권집중에 대한 비판에서 자연히 도출되지만 튼튼한 이론적 근거를 가지고 있지 않다는 것이다.

셋째, 수도권집중이 정치적·심리적 문제를 야기한다는 것이다. 지역 간 위화감 초래, 국가적 통합성 저해, 농촌지역의 개발 잠재력 약화 등이 발생한다고 한다. 위화감은 정치가나 다른 사람이 그렇게 생각하게 만들기 때문에 발생하는 것이지 수도권집중 자체가 위화감을 초래하는 것이 아니다. 국가적 통합성이 줄어든다는 주장도 터무니없는 것이다. 일정한 지역에 집중된 인구가 통합을 촉진하기도 하고 방해하기도 한다. 즉, 경우에 따라 다르기 때문에 집중이 통합성을 저해하는 쪽으로만 작용한다는 주장은 잘못된 것이다. 수도권집중으로 수도권 지역주민의 소득이 빨리 상승하면 자본의 증가로 오히려 농촌지역의 개발 잠재력을 증가시켜 전국적인 차원의 통합을 촉진할 수도 있다.

넷째, 남북한이 대치하는 상황에서 인구와 산업활동의 밀집은 방어 상의 취약성을 노정한다는 주장이 있다. 밀집이 방어상의 취약성뿐만 아니라 좋은 점도 가져온다. 예를 들어, 많은 인구와 자원을 빠른 시간에 대규모로 징발이 가능하다. 남북한 대치상황에서 수도권집중이 군사적으로 나쁜 점만 있는 것은 아니라는 것이다.

종합하면, 수도권집중이 경제주체의 자유로운 선택의 결과라면 앞에서 열거한 문제점은 그 자체로서 문제점이 아니거나 집중에 따른 이점도 동시에 고려되어야 한다. 그러나 인위적인 요인에 의해 수도권이 집중되게 되는 경우에는 앞에서 지적한 것들이 수도권집중의 진정한 문제점이라고 하겠다. 왜냐하면 인위적 요인은 집중으로 인한 이득과 비용을 왜곡시켜 경제주체의 선택을 부정확하게 만들기 때문이다. 결론적으로, 수도권집중이 각종 문제점을 초래한다는 주장은 인위적인 원인에 의한 수도권집중을 제외한다면 모두 근거 없는 것이기 때문에 자발적인 수도권집중은 집중 해소나 규제의 대상이 되어서는 안된다.

3) 행정수도 이전은 수도권집중 해소책이 아니다

앞에서 수도권집중의 원인들을 자발적인 것과 비자발적인 것 또는 인위적인 것으로 구분했다. 자발적인 것은 경제주체가 효율적이라고 판단하여 나온 결과로 문제가 없는 행위라고 하겠다. 인위적인 것이란 문자 그대로 수도권집중을 가져오게 하는 인위적인 원인으로 그것이 수도권집중으로 인한 여러 가지 문제를 초래한다. 간단히 말해, 정부의 각종 보조금, 중앙정부가 보유한 다양한 인·허가권, 큰 중앙정부, 앞의 요인들 때문에 형성된 의식 등이 인위적인 수도권집중을 초래하는 요인들이다.

인위적으로 초래된 수도권집중을 제거하기 위한 방안을 차례로 간략히 보기로 한다. 먼저 정부의 수도권 지역에 대한 보조금과

정부가 보유한 각종 인·허가권을 폐지해야 한다. 둘째, 중앙정부의 권한을 최대한 지방정부로 이양해야 한다. 그러나 단순한 이양은 지방에 또 다른 집중을 부를 것이기 때문에 중앙정부의 권한의 상당부분은 규제라는 관점에서 철폐해야 한다. 다시 말하면, 중앙정부의 권한의 상당부분을 폐지하고 남는 권한 중에서 정말로 지방에 필요한 것을 지방에 이양해야 한다는 것이다. 현재 추진되고 있는 지방분권은 중앙정부의 권한의 단순한 이양이라는 점에서 수도권집중을 전국적으로 분산시키는 것일 뿐이다. 앞의 두 종류의 제안은 '작은 정부'라는 자유시장경제를 위한 요구와도 잘 일치한다. 두 종류의 정책이 제대로 시행되면 정부의 인위적인 간섭에 의해 형성된 '수도권이 좋다는 의식'은 점차 사라질 것이다. 이러한 방법으로 인위적인 요인에 의한 수도권집중 효과를 제거하고 나면 효율적이고 민간에 의해 자발적으로 선택된 수도권집중 상태가 실현될 것이다. 그리고 그런 수도권집중 상태는 규제하거나 수도권 일부를 이전할 필요성이 없는 것은 말할 것도 없다.

마지막으로, 앞의 분석을 종합하여, 행정수도 이전이 수도권집중 해소를 위한 적절한 대책이 될 수 있는가를 간단히 언급하고자 한다. 수도권집중에는 자발적인 원인과 비자발적인 원인 또는 인위적인 원인이 있다. 자발적으로 형성된 수도권집중은 아무런 문제가 없다. 문제가 되는 것은 비자발적인 원인이다. 정부 특히 중앙정부 자신이 수도권집중의 인위적 또는 비자발적 원인이다. 중앙정부의 개혁, 구체적으로 중앙정부 권한의 철폐로 인한 중앙정부의 축소(즉, 작은 정부)만이 인위적인 수도권집중의 폐해를 막는 유일한 길이다.

단순한 행정수도 이전이나 기계적인 지방분권은 장기적으로 정부의 비대화를 초래하여 수도권을 포함한 전 국토의 집중화를 가

겨울 가능성이 크다. 이 과정에서 경제가 얼마나 부정적인 영향을 받을지는 다른 분석 주제이나 여기에서는 논의를 생략한다. 행정수도 이전은 수도권집중 해소를 위한 비장의 무기가 아니라 수도권지역의 전국화(수도권이 지금보다 더 광역화되는 것)와 경제를 초토화할 핵폭탄이 될 공산이 크다.

2. 박정희 평가의 어려움[2]

노무현 정부의 과거 청산작업 칼끝이 언젠가 유신독재를 향할 것이라는 예상은 빗나가지 않았다. 박근혜 대표가 지난 국회의원 선거에서 한나라당을 위기에서 구하고 연이은 전당대회에서 한나라당의 실질적인 대표로 선출되면서 박 대표에 대한 국민의 인기가 치솟자, 여당, 정부, 일부 시민단체 등은 박정희 전 대통령의 공적은 밀쳐두고 서둘러 박정희를 폄훼하는 일에 힘을 쏟고 있다. 이러한 폄훼의 밑바닥에는 현재의 사회민주정부(social-democratic government)(통상적으로 민주정부라는 표현을 사용하나 사회민주정부가 더 정확한 표현이다)가 독재정부 또는 전제정부보다 '언제나' 좋고 정당하다는 전제가 암묵적이지만 깔려 있다. 과연 그러한 전제가 맞는 것일까? 박정희시대, 특히 유신독재에 대한 평가는 그러한 암묵적 전제의 진위(眞僞) 여부, 즉 독재정부와 사회민주정부를 비교 평가하는 일로 귀결된다.

---

2) 이 글은 2004년 8월 20일자 자유기업원 NGO모니터에 발표한 것을 전재한 것이다.

1) 사회민주정부가 독재정부보다 언제나 좋은 것은 아니다

역사적으로 보면, 제1차 세계 대전은 정치제도가 '군주제 통치와 왕의 지배'로부터 '민주공화제 통치와 국민의 지배'로 넘어가는 데 결정적인 기여를 했다. 제1차 세계 대전 이전의 유럽국가들은 거의 대부분 세습군주제였으나 민주공화제 국가인 미국이 1917년 4월 공식적으로 세계 대전에 참전하게 되면서 전쟁은 구시대 특성을 지닌 지역적 분쟁에서 이데올로기적 양상을 띤 전면전으로 비화했다. 이 전쟁에서 미국이 승리함으로써 미국은 세계의 주도적 강국으로 등장했을 뿐만 아니라 미국 지배의 평화(Pax Americana)시대를 열었다. 미국의 주요 전쟁 상대국인 오스트리아는 국제권력의 정치지도에서 사라졌다. 무엇보다 미국의 승리는 세습군주제에 대한 민주공화제의 승리를 의미하는 것이었다. 제1차 세계 대전 당시 확대일로에 있던 민주공화주의 원리는 미국의 승리로 전 세계 모든 국가들의 정치 이데올로기로 빠르게 확산되었다. 그리고 현재 지구상에서 세습군주정은 일부 국가에서 명목적으로만 유지되고 있고 그런 나라들도 실질적으로는 민주공화정을 채택하고 있다. 세습군주정과 민주공화정 중에서 어느 쪽이 더 좋은가 하는 질문은 매우 의미가 있지만 이 글에서는 생략한다.

그러나 민주공화정이 실제적으로 구현되는 모습은 각국마다 매우 달랐고 현재도 그러함을 부인할 수 없다. 정부의 형태에 관한한, 민주공화정은 소비에트 공산주의, 파시즘, 나치즘, 사회민주주의(큰 정부를 지향하는 미국의 진보자유주의), 민주복지국가 등으로 매우 다르게 구현되었다. 특히 소련과 유럽에서 공산주의, 파시즘, 나치즘 등은 공동의 역사적 뿌리를 가졌을 뿐만 아니라 독재정부 또는 전제정부의 형태를 띤 민주공화정이었다. 해방 이후 현재까지 우리나라도 민주공화제 국가였지만 제1공화국에서 제5

공화국까지는 독재정부였고 김영삼 정부에서 노무현 정부까지는 사회민주정부 또는 민주복지정부를 지향하고 있다. 특히 제1공화국은 후반부를, 제3공화국은 1972년 10월 유신 이후를 독재정부로, 제1공화국과 제3공화국의 나머지 기간은 사회민주정부로 보는 것이 적절하다. 또, 제2공화국과 제4공화국은 과도기로, 제6공화국은 독재정부에서 사회민주정부의 과도기로 제외하는 것이 좋다. 한마디로, 해방 이후 우리나라의 정치제도는 민주공화정이지만 구체적인 정부의 운영방식은 독재정부와 사회민주정부가 혼재한다. 그러므로 제1공화국 이후의 우리나라는 민주공화정 내에서 정부의 구체적인 운영방식이 달라진 것이기 때문에 박정희시대 중에서도 유신독재시대를 평가하기 위해서는 정부의 운영방식에 대한 평가 문제에 봉착한다. 다시 말하면, 유신독재시대와 사회민주정부를 비교 평가하는 일은 민주공화정 내에서의 문제이지 두 개가 전혀 별개의 정치제도를 비교 평가하는 문제가 아니라는 것이다.

세습군주제와 민주공화제를 비교하기 위한 정치 경제적 이론과 정치철학적 이론은 존재한다. 그러나 민주공화정 내에서 구체적인 정부운영 방식인 독재정부와 사회민주정부는 세습군주제와 민주공화제의 양 극점의 중간에 위치한다. 구체적으로 독재정부는 세습군주제에, 정상적인 사회민주정부는 민주공화정에 더 가깝지만 그 점이 그 두 정부를 비교하는 일에 도움을 주지 않는다. 정치지도자의 리더십이나 정치 경제환경에 따라 독재정부와 사회민주정부의 성과는 모두 다르기 때문이다. 다시 말하면, 독재정부와 사회민주정부를 비교 평가하는 일은 이론의 문제가 아니라 실증적인 문제(empirical matter)이다. 결론적으로, 박정희 이후의 사회민주정부가 박정희의 유신독재정부보다 '언제나' 좋고 정당하다는 암묵적 전제는 틀렸다는 것이다.

2) 독재정부와 사회민주정부의 비교는 실증적인 문제

독재정부와 사회민주정부의 비교가 실증의 문제라는 사실은 독재정부 일반과 사회민주정부 일반의 비교가 아니라 특정 독재정부와 특정 사회민주정부를 비교하는 것을 의미한다. 예를 들어, 유신독재정부와 김영삼 정부, 김대중 정부, 노무현 정부 등과 각각 비교하는 것이다. 그러나 여기에서는 편의상 세 사회민주정부를 하나로 묶어 유신독재정부와 개략적으로 비교하고자 한다.

독재정부에 비해 사회민주정부에서 정치적 자유는 일반적으로 더 증가했다. 예를 들어, 집회와 결사의 자유는 독재정부 아래에서는 매우 억제되었지만 사회민주정부 하에서는 크게 신장되어 특별한 경우를 제외하고는 거의 무한정 허용되고 있다. 언론과 출판의 자유도 집회와 결사의 자유와 비슷한 변화를 겪어왔다. 일반적으로 사회민주정부 하에서 정치적 자유가 증가한 것이 사실이지만 그러나 구체적인 경우에는 경우마다 다르다. 수도 이전을 예로 들어보자. 국민 과반수가 반대하는 수도 이전을 현 정부가 강행하려는 것은 노무현 대통령이 박정희 전 대통령처럼 본질적인 점에서 독재적임을 보여준다. 적어도 수도 이전에 한해서는 그렇다는 것이다. 시민단체나 집권세력이 노무현 반대의 선봉에 서 있다고 여겨지는 조·중·동을 유·무형으로 억압한다는 점에서 언론의 자유는 여전히 제한되고 있다. 다만 일반적으로 언론과 출판의 자유가 향상되었지만 말이다.

그러나 전반적으로 경제적 자유, 특히 경제성과 면에서는 박정희시대가 더 좋은 것으로 여겨지나 부문별로는 조금씩 다르다. 조세부담률은 1960년 12.0%에서 1987년 16.9%, 2003년 22.8%로 꾸준히 증가해 왔다. 사회민주정부로 바뀐 뒤에도 조세부담률은 계속 증가해 왔다는 것이다. 조세부담률이 증가한다는 사실은 개인의 경제적 자유가 감소함을 의미한다. 조세부담률의 증가는 간접적으로 정치적 자유를 억제하거나 감소시킨다. 조세의 증가로 인하여 개인이 사용할 수 있는 자원이 감소하면 그 자원을 사용하여 할 수 있는 정치적 자유를 누릴 수 없기 때문이다. 사회민주정부하에서 1997년 외환위기를 맞았고 그런 위기를 해결하는 과정에서 정부는 공적자금 약 165조원을 투입했다. 165조원 중 약 65조원은 회수하였지만 나머지 100조원은 얼마나 회수할 수 있을지 현재로서는 알 수 없다. 공적자금은 그 크기만큼 민간의 부를 감소시킨다는 점에서 경제적 ㅅ, ㅕ, 그에 따른 정치적 자유를 제약한다. 정부의 규제는 민간의 경제적 자유를 억제한다. 외환위기가 정부의 규제로 인하여 발생했다는 주장이 있는 만큼 정부의 규제가 많은 것은 사실이나 그것이 언제 그리고 얼마나 증가한 것인지는 정확히 알 수 없다. 조세부담률에서 보듯이 정부가 지속적으로 커진 만큼 시간에 따라 규제가 늘어났음을 짐작할 수 있다. 규제라는 관점에서 사회민주정부가 박정희의 유신독재정부보다 유리하다고 할 수 없다. 범죄, 자살, 반목과 갈등, 부정부패 등은 독재정부보다 사회민주정부 아래에서 증가한 것으로 여겨진다. 두 정부 하에서 화폐를 얼마나 잘 관리했는가를 평가하는 일은 정밀한 분석이 필요하기 때문에 생략한다. 인구의 증가는 1987년 이후에 급격히 둔화하고 있다. 인구의 증가 유무가 사람들의 복지를 재는 가장 일반적인 잣대라는 관점에서 1987년 이후의 인구 증가율의 감소는 1987년 기준으로 사람들의 복지가 절대적으로는 향상되고 있지만 개선의 정도는 상대적으로 감소하고 있음을 시사한다. 연평균 경제성장률은 현재로 올수록 떨어져 왔고 그러한 사실은 시간이 흐를수록 경제적 자유가 감소해 왔을 뿐만 아니라 물질적 부의 증가도 느려져 왔음을 의미한다.

직관적으로 보았을 때, 독재정부에 비해 사회민주정부에서 정치적 자유는 신장되었지만 경제적 자유는 후퇴한 것처럼 보인다. 불행하게도, 정치적 자유의 신장과 경제적 자유의 후퇴를 종합적으로 판단할 수 있는 객관적 방법은 없다. 다만 많은 사람들이 박정희 전 대통령을 독재자였음에도 불구하고 역대 그 어떤 전직 대통령들보다 긍정적으로 기억하는 것은 유신독재 기간을 포함한 제3공화국시대에 정치적 자유의 후퇴보다 경제적 자유의 신장을 더 중요하게 여기는 것으로 볼 수 있다. 그러나 사람들의 이러한 평가가 일면의 진리를 내포하고 있지만 전적으로 옳다고 여길 수 없는 것은 과학적 방법에 의한 평가가 아니기 때문이다. 한 마디로, 이러한 경험적 자료가 시사하는 바는 독재정부에서 사회민주정부로의 이행이 사회에 좋은 것과 나쁜 것을 동시에 가져온다는 점이다. 그것은 경험적으로도 박정희시대가 다른 사회민주정부보다 더 나빴다고 볼 수 없음을 의미한다. 물론 현재로서는 어느 한쪽이 더 좋았다고 볼 수도 없다. 그러나 이러한 평가가 불완전한 것은 앞의 평가가 매우 단편적일 뿐만 아니라 정치와 경제 이외의 부문에 대한 평가도 포함해야 하기 때문이다.

3) 박정희 평가는 쉬운 일이 아니다

근대사에서 박정희시대는 매우 중요한 위치를 차지하기 때문에 객관적이고 엄정한 평가가 필요하다는 점은 의심의 여지가 없지만 그 일이 말처럼 쉬운 일이 아님도 분명하다. 문제를 더 어렵게 하는 것은 박정희시대를 살았던 사람들이 아직도 우리사회의 구성원의 중요한 일부라는 점이다. 특히 유신독재시대의 민주화 운동가들이 집권세력이 된 지금은 더욱 그렇다. 박정희에 대한 평가를 더더욱 어렵게 하는 것은 정치적 자유라는 계량화할 수 없는 가치와 계량화된 물질이나 부를 종합하는 일이 근본적으로 한계가 있을 뿐만 아니라 그런 종합에 다른 부문에 대한 평가도 포함해야 하기 때문이다. 그 점에서 유신독재를 포함한 박정희에 대한 평가는 후세 사가들의 몫으로 남겨놓는 것이 좋을 것이다. 물론 후세 사가들도 필자가 직면한 문제를 회피할 근본적 방법이 없다는 점에서 박정희 평가에 있어서 어려움을 겪기는 마찬가지 일 것으로 여겨진다.

그러나 필자는 독재정부 아래에서 부당하게 그리고 명백하게 피해를 입은 인사들에 대한 배상을 부정하는 것은 아니다. 사회민주정부라도 잘못을 저지를 수 있고 그 잘못에 대한 배상은 사회민주정부라도 예외일 수 없기 때문이다. 하물며 독재정부가 자행한 인권을 포함한 재산권에 대한 침해는 두 말할 것도 없다. 다만 누구나 동의할 수 있는 배상 원칙을 세워서 배상을 하는 것이 중요하다. 그러나 최근 의문사 진상규명과 민주화 관련자 배상에 있어서 잡음이 나오고 있는 것은 현실이 그렇지 못함을 보여주고 있는 것 같다.

독재정부와 사회민주정부의 비교 평가가 실증적인 문제라는 점이 경우에 따라서 독재정부를 지지할 수 있음을 의미해서는 안된다. 실증적 문제라는 점이 시사하는 바는 독재정부보다 사회민주정부가 오히려 못할 수도 있다는 점, 사회민주정부라도 잘 운영하기 위해서는 각고의 노력을 해야 한다는 점 등이다. 그 기준으로는 모든 국민이 전적으로 동의할 수 있는 목표를 선정하느냐, 의사결정에 있어서 얼마나 민주적 절차를 거치느냐, 국민 각자가 자유롭고 넉넉하며 편안하게 사느냐 등이다.

이 글에서는 민주공화정인 독재정부와 사회민주정부를 비교 평가하였다. 그러나 현실이 언제나 최선이 아니듯이 민주공화정도 최상의 정치제도가 아니다. '자연적 질서'(natural order)-유사한 제도이지만 다른 이름을 가진 것으로 질서 잡힌 무정부(ordered anarchy), 사유재산제 무정부주의(private property anarchism), 무정부적 자본주의(anarcho-capitalism), 자율정부(autogovernment), 사법사회(private law society), 순수자본주의(pure capitalism)-와 같은 정치제도는 군주정이나 민주공화정보다 더 이상적인 것이다. 박정희시대와 자연적 질서를 비교 평가하는 일은 흥미로울 뿐만 아니라 앞에서와 전적으로 다른 결론을 가져올 것이다.

3. 언론의 규제와 개혁

1) 언론개혁은 신문사 죽이기[3]

언론 특히, 말 안 듣는 신문사 죽이기를 조만간 시작할 것임을 열린우리당은 '언론개혁'이라는 이름으로 얼마 전 선포했다. 김대중 정권 시절에 신문사 죽이기에 앞장섰던 신기남 의원은 신문사 개혁의 과제를 세 가지로 압축해서 제시했다. 세 가지 과제란 소유권제한, 편집권제한, 공동배달제 등이다. 여기에서 민주노동당은 한 걸음 더 나아가 시장점유율을 아예 일정하게 제한하자고 제안했다. 세무조사와 같은 일시적인 방법으로는 신문사를 길들일 수 없다는 점을 알아차리고 이제 제도적 방법에 의한 통제를 밀어붙일 계획인 것처럼 보인다.

소유권제한을 포함한 세 가지 과제의 문제점을 검토하기 전에 언론이 지닌 근본적인 문제점을 논의하고자 한다. 민간 신문사(방

---

3) 이 글은 2004년 5월 3일자 인터넷 신문 『데일리안』에 발표한 것을 전재한 것이다.

송사)에 비판적인 사람은 신문사에 미치는 광고주의 부정적인 영향을 지적한다. 광고주가 자신에게 유리하도록 기사를 왜곡하거나 과장하여 작성하도록 압력을 가한다는 것이다. 그러나 광고주가 그렇게 할 가능성은 없지는 않지만 광고주의 현실적인 영향력은 그렇게 크지 않을 것이다. 왜냐하면 민간 신문사(방송사)는 광고시장 뿐만 아니라 정보서비스시장에서도 치열하게 경쟁해야 하기 때문이다. 다시 말하면, 왜곡과 과장이 심하다면 신문(방송)을 팔 수 없다는 것이다. 그리고 사후에 소비자가 해당 회사의 제품을 기피하는 방법으로 기업의 광고로 인한 폐해를 줄일 수 있다.

신문사와 달리 일부 방송사는 민간의 소유가 아니라 국유이다. 국유 방송사는 민간 신문사나 민간 방송사와 달리 광고주의 영향을 받지 않는다. 그러나 국유 방송사는 정부의 영향을 강하게 받을 수밖에 없는 구조이다. 즉 정부의 고위 관리나 정부 부처가 자신들을 위하여 기사를 왜곡하거나 과장할 수 있다는 것이다. 국유 방송사의 사장을 포함한 고위직은 임명직 공무원이므로 자신들을 위하여 그렇게 하지 않을 수 없기 때문이다. 그러나 국유 방송사는 수입을 세금과 시청료에만 의존하기 때문에 정보서비스시장에서 소비자가 국유 방송사의 왜곡이나 과장을 징계할 수 있는 방법은 거의 차단되어 있다. 이 점은 국유 방송사의 이번 탄핵 방송의 편파성에서 잘 드러났다. 그리고 정부정책은 일단 채택되면 이해관계자로 인하여 폐해는 누적되는 경향이 있다.

요약하면, 민간 신문사(방송사)보다 국유 방송사의 폐해가 더 크다는 것을 알 수 있다. 그러므로 개혁을 해야 한다면 국유 방송사를 민간 소유로 만드는 것이지 민간 신문사(방송사)를 국유 또는 공유로 만드는 것은 결코 아니다.

(1) 개혁 대상은 민간 신문사가 아니라 국유 방송사 : 이제 신문사 개혁과 관련한 세 가지 이슈를 차례로 보기로 한다. 첫째, 소유권을 제한한다는 것은 신문사 소유주의 영향력을 차단하거나 적당히 희석하고자 하는 것이 목적이다. 소유권이 분산되면 그 만큼 대주주가 중소 주주의 영향을 받을 것이기 때문이다. 그 결과, 신문사는 '공유의 비극' 즉, 자원의 공유로 발생하는 폐해에 직면하게 될 것이다. 주식회사는 대자본을 모으기 위하여 만들어진 제도이지만 산업이나 기업의 특성상 자본보다는 '완전한 통제'가 더 중요하다면 기업이 스스로 그렇게 하도록 내버려두는 것이 최선이다.

둘째, 편집권을 제한한다는 것은 신문사가 만드는 제품에 대한 결정권을 소유주가 아닌 다른 사람, 예를 들면 일부 기자가 가지는 것이다. 회사의 사장이 제품에 대한 결정권을 가지듯이 신문사의 소유주가 신문에 대한 결정권을 가지는 것은 당연하다. 언론계에서는 오래 전부터 편집권 독립을 주장하는 사람이 있다. 그러나 그런 주장은 마치 회사에 한 푼의 자본을 투자하지 않은 노동자가 제품을 결정할 권리를 소유하겠다는 주장과 다를 바가 없다. 편집권은 소유권과 분리할 수 있는 것이 아니라 소유권의 중요한 일부분이고 전적으로 소유주의 것이다.

셋째, 공동배달제 주장은 신문 운반비용을 절약할 수 있다는 관점에서 매우 그럴듯하게 들린다. 그러나 신문사가 경영난에 시달리면서도 공동배달제를 자발적으로 실시하지 않는 것을 보면 신문 배달과 관련하여 외부자가 모르는 다른 요인들이 있을 것임을 짐작할 수 있다. 즉 신문사 경영실정을 잘 모르는 제3자가 나설 일이 아니라는 것이다.

(2) 신문사 경영은 신문사 소유주에게 : 독재정권으로부터 혹독한

탄압을 받았던 언론의 운명이 문민정부 아래에서도 크게 나아진 것이 없다고 주장한다면 필자만의 편견일까? 김영삼 정부는 불면 날아가 버릴 것 같은 언론사의 실상을 알고 더 이상 언론사를 손대지 않았다고 한다. 김대중 정부 내내 대다수 신문사들은 엄청난 탄압에 시달렸다. 내부거래 조사에 의한 엄청난 액수의 과징금 부과, 경쟁 억제적인 신문고시, 갑작스런 세무조사 등으로 이어진 신문사 죽이기는 김대중 정권 내내 계속되었다. 그렇게 했음에도 불구하고 일부 신문사가 현 정부에 대한 비판을 누그러뜨리지 않자 이제 신문사를 일부 공중파 방송처럼 공공 또는 국가 소유로 만듦으로써 신문사에 재갈을 물리려 하고 있다.

미국을 포함한 외국의 유명 신문사나 방송사는 거의 대부분 일가족이 소유하고 있다. 일당 독재국가나 정치적으로 문제가 많은 나라일수록 언론사는 정부나 공공의 통제 아래 있다. 그런 나라들에서 경제성장이 지지부진한 것은 말할 것도 없고 인권을 포함한 인간의 주요 가치들이 무시되거나 짓밟히는 것은 우연이 아니다. 언론에 가해진 많은 규제를 철폐하는 것이야말로 진정한 개혁이다. 인위적인 소유권제한, 편집권제한, 공동배달제 등은 모두 자본주의에서 멀어지는 길로서 신문사의 성장과 발전을 가로막아 소비자의 정보이용을 제한하고 통제하고자 하는 음험한 의도가 숨어 있는 '사이비'개혁이다.

2) 언론개혁은 이익집단의 이익을 위한 규제일 뿐이다[4]

열린우리당은 총선이 끝나기가 무섭게 사법개혁과 언론개혁을 개혁과제 1순위에 올려놓고 국회 개원만을 기다리고 있는 눈치다. 필자와 같은 법률 비전문가가 보기에도 사법부에는 고시제도와

---

4) 이 글은 2004년 5월 24일자 자유기업원 *Executive Essay*에 발표한 것을 전재한 것이다.

법대 교육제도 등에서 상당부분 개혁해야 할 과제가 있다. 그러나 사법제도와 달리 언론, 특히 신문산업에는 개혁할 문제가 없는 것은 아니지만 언론개혁에 포함된 내용으로 해결할 수 있는 것은 아니다. 그렇다면 여당은 무엇을 노리고 있는 것일까.

지금까지 알려진 언론개혁 내용은 대주주 소유권제한, 주요 신문 시장점유율제한, 편집권 독립, 공동배달제 등이다. 이 네 가지는 형태는 제각각 다르지만 목적은 동일한 규제들일 뿐이다. 규제는 그 도입 목적을 공익설과 사익설로 나누어 볼 수 있다. 규제가 공공의 이익을 위한다는 목적으로 도입된다는 것이 공익설이고 사익 즉, 이익집단의 이익을 위해 도입된다는 것이 사익설이다.

언론개혁을 소리 높여 외치는 여당의 일부 인사들은 신문시장에 상기의 규제들을 도입할 것을 주장하고 있지만 정당한 이유 즉, 공익적 목적을 제시하지 못하고 있다. 기껏해야 여당이 국회에서 다수당을 차지했으니 개혁을 해야 한다고 주장한다. 다수가 그들의 정책을 지지하기 때문이라는 것이다. 그러나 야당을 지지한 국민도 그에 못지않게 다수라는 점은 여당의 언론개혁정책이 공익과 무관함을 보여준다.

신문시장에 도입 예정인 규제들은 이익집단의 이익을 위함은 명백한 것처럼 보인다. 첫째, 소유권은 사주가 신문사를 경영할 수 있는 핵심 장치다. 대주주의 소유권제한은 신문사에서 대주주의 영향력을 차단하거나 억제함으로써 소유권을 통한 대주주의 경영권을 훼손하고자 한다. 이러한 규제가 영향력을 미치는 경우는 대주주가 명백히 존재하는 메이저 신문사들이다. 소유권제한을 통해 대주주의 경영권행사를 방해하거나 왜곡함으로써 주요 신문사가 집권층에게 미치는 부정적 영향을 희석하거나 제거하고자 하는 것이다.

둘째, 메이저 신문사들의 시장점유율제한은 시장점유율이 낮은 그래서 경영이 영세한 중소 신문사들의 시장점유율을 올리기 위한 규제이다. 이러한 규제는 중소 규모의 신문사들의 경영을 돕고 그러한 과정을 통해 그들의 영향력이 집권세력에게 유리하게 발휘될 수 있도록 하기 위함이다. 친여(親與)이지만 상대적으로 규모가 작은 신문사들의 이익을 위해 시장점유율 규제가 만들어짐을 알 수 있다.

셋째, 편집권 독립은 신문 제작에 있어서 사주의 영향력을 배제한다는 차원에서 일부 평등지향적 기자들이 오래 전부터 주장해온 것이다. 소유권을 통해 사주가 신문의 제작에 강력히 영향을 미칠 수 있기 때문에 편집권 독립은 주요 신문사들에게는 영향력이 크다. 그러나 우리 사주나 주식이 전 국민에게 분산되어 있는 중소 신문사들은 편집권 독립이라는 규제가 아무런 영향을 미치지 않는다. 그러므로 편집권 독립은 신문의 편집에 있어서 사주의 영향력을 차단함과 함께 사주를 대신하여 기자의 영향력을 확대함으로써 주요 신문사들을 억제하고자 하는 규제이다.

넷째, 신문지국은 신문 유통의 마지막 단계로서 인체에서 실핏줄에 해당한다. 메이저 신문사들에 비해 중소 신문사들은 자원이 부족하여 충분한 신문지국을 확보하지 못하고 있는 실정이다. 공동배달제를 통해 문예진흥기금이나 언론창달기금 등을 신문배달 유통망 확보에 쓰도록 함으로써 중소 신문사들의 신문 유통을 돕는다. 한 마디로, 공동배달제도 중소 규모 신문사들의 이익을 위하여 만들어지는 규제이다.

언론개혁은 이름뿐이다. 실제로는 언론개혁이 메이저 신문사들을 희생하여 여당의 편이라 여겨지는 일부 신문사들과 기자의 이익을 돌보기 위한 것이다. 더 나쁜 것은 언론개혁에는 말 잘 안

듣는 신문사들을 통제하고 길들이고자 하는 음험한 의도가 숨겨져 있다. 현재 논의되고 있는 언론개혁은 '언론개악'으로서 이익집단의 이익을 위한 규제일 뿐이다.

4. 교육의 개혁과 반개혁

1) 고교등급제, 차이? 차별?5)

다른 것은 '차이'이고, 같은 것을 다르게 취급하는 것이 '차별'이다. 한 학부모단체가 이 간단한 차이조차 구별하지 못하고 있음은, 그리하여 그 학부모단체가 일부 사립대학이 특정지역 고교생을 '차별'했다며 국가인권위원회에 진상조사를 요구하는 진정서를 제출했다는 뉴스는 우리를 우울하게 만드는 것임에 틀림없다.

두 단어의 의미를 교육에 응용해 보면, 실력이 다른 학생이나 학교를 다르게 취급하는 것은 차이를 인정하는 것이다. 실력이 같은 학생이나 학교를 다르게 취급하는 것은 차별을 하는 것이다. 일부 사립대학이 입학생 선발에 있어서 고교등급제를 적용한 것은 실력(평균 수학능력을 말함)이 다른 학교를 다르게 취급하는 것으로 고교의 차이를 인정한 것이지 차별을 한 것은 아니다. 만약 실력이 같음에도 불구하고 다른 취급을 하였다면 그것이야말로 차별이다. 차이를 인정하는 것은 정당하나 차별을 하는 것은 부당함은 불문가지다.

(1) 고교 간 실력의 차이가 발생하는 원인 : 먼저 고교 간 실력의

---

5) 이 글은 2004년 9월 18일자 인터넷 신문 『데일리안』에 발표한 것을 전재한 것이다.

차이가 나게 되는 원인을 살펴본다. 필자가 거주하는 대구 수성구를 예로 들어 본다. 수성구의 주민은 소득과 교육열이 높아 이 지역 고교의 평균은 대구의 다른 지역 고교의 평균에 비해 상당히 높다. 수성구의 대부분 지역은 최근에 신도시 형태로 개발된 곳이고 도시를 개발하면서 다수 유명 고교가 새로운 시설을 지어 이 지역으로 이사 왔다. 일부 학부모는 좋은 시설과 경쟁력 있는 중고교를 선택하여 이 지역으로 이사하는 경우도 심심치 않게 목격되고 있다. 상당수 학부모는 학생이 초등학교 때부터 교육을 위하여 이사하거나 수성구 인접지역인 경산시에 거주하면서 주소만을 바꾸어 학생을 수성구 초등학교에 등교시킨다. 그런 학생을 정부가 매년 초에 단속하지만 거의 성공하지 못한다. 실제로 한 초등학교는 3학년부터 학생수가 늘어나 6학년 학생수는 1학년 학생수의 2-3배가 된다. 그리고 이 학생들은 중학교부터는 수성구 지역 학교를 배정받아 다니는데 아무런 문제가 없다. 이런 학생들로 인하여 필자의 아들은 집 바로 옆에 중학교를 두고 상당히 멀리 통학한다. 집 바로 옆의 학교는 경산시에 거주하지만 학교와 가장 가까운 거리에 주소가 있는 학생들로 대부분 충원되기 때문이다.

한국식 바우처제도(부모와 학생이 학교를 선택하여 옮기는 제도)가 실제로 학부모에 의해 시행되고 있는 것이다. 우리나라 학부모는 누가 가르쳐주지 않았는데도 바우처제도를 주어진 여건에서 최대한 활용하는 것을 보면 소비자와 시장은 역시 위대하다는 생각이 든다. 물론 이 과정에서 많은 희생과 자원의 낭비가 있는 것은 사실이지만 말이다.

이러한 사실은 일부 지역 고교생의 실력이 비슷하지만 다른 지역 고교생의 실력과는 차이가 날 수 밖에 없음을 의미한다. 물론 수성구 내에서도 고교 간에 실력의 차이가 있다. 수성구 내에서 고교마다 실력에 차이가 나는 것은 사립이냐 공립이냐 또는 교장이나 재단의 교육에 대한 열정이 다르기 때문이다. 그러나 수성구 내에서의 고교의 실력의 차이는 수성구와 다른 지역의 고교의 실력의 차이보다 작다. 예를 들어, 대구의 다른 지역에서 수성구 학교로 전학을 온 우수한 학생은 수성구내의 학교에서는 중간 정도밖에 가지 않는다는 사실은 이미 오래 전에 알려져 있다. 그 학생이 나중에 실력이 나아져서 학급에서의 석차가 향상되느냐 하는 것은 물론 자신의 노력 여하에 달려 있다.

이렇게 지역별로, 더 나아가 고교별로 평균성적에 차이가 나는 것은 학부모와 학생이 평준화의 부정적인 효과를 제거하기 위하여 더 나은 교육 서비스를 제공하는 지역으로 옮긴 결과일 뿐만 아니라 각고의 노력과 치열한 경쟁의 결과이다. 비록 그런 경쟁이 '제한된' 것이지만 말이다. 물론 학교 간 경쟁과 주변의 교육여건도 이러한 차이를 발생케 하는 데 한몫을 하고 있다. 그러므로 현행 교육평준화정책은 일정한 지역에서의 학생의 실력을 입학시점에서만 평준화하지만, 도시 내 일부 지역 간, 도시 간, 도농 간, 궁극적으로 고교 간 실력의 차이를 없애는 일은 불가능함을 알 수 있다. 이러한 차이는 교육부의 평준화정책에도 불구하고 시장에서 교육의 소비자인 학부모와 학생이 최선을 다한 결과라고 하겠다. 만약 평준화정책이 없다면 학교 간 실력의 차이가 예전보다 커질지는 알 수 없지만 경쟁의 결과로 교육의 절대수준이 크게 높아질 것은 확실하다

(2) 차이를 차이로 인정하는 일이야말로 공정하고 정당한 것이다 :

고교 간 이러한 차이를 일부 대학이 입학사정에 이제야 반영하는 것은 사실 너무 늦은 감이 있지만 현실을 정확히 인식한 것으로 매

우 옳다. 차이를 차이로 인정하는 일이야말로 공정하고 정당한 것이다. 실력의 차이를 인정하지 않았던 지금까지의 입학사정정책이야말로 오히려 실력이 우수한 학교와 학생을 '역차별'한 것이다. 한 학부모단체의 고교등급제가 차별이라는 주장은 차이와 차별을 혼동한 것처럼 보인다. 그리고 학부모단체가 고교등급제를 불공정하다고 주장하는 것은 전적으로 틀린 것이다. 이제 공은 국가인권위원회로 넘어갔다. 국가인권위원회의 현명한 판단을 기대해 본다.

2) 학생 선발권은 대학의 것이다[6]

서울대가 논란에 가세하면서 고교등급제 파문이 2라운드로 넘어갔다. 교육부, 일부 시민단체, 전교조 등은 고교등급제를 반대하는 반면, 대학은 고교등급제를 포함한 학생 선발에 있어서 대학이 자율권을 가져야 한다고 주장하고 있다. 고교등급제는 학생 선발에 대한 권리를 누가 가져야 하는가 하는 문제이므로 고교등급제 논란은 그 점에 초점이 맞추어져야 한다.

우리나라의 대학은 소유권자에 따라 국립(도립 또는 시립 포함)과 사립으로 나눌 수 있다. 사립대학의 경우에 정부의 지원을 일부 받거나 관선이사가 파견되는 등으로 인하여 소유권에 있어서 왜곡이 없는 것은 아니지만 대부분의 사립대학은 명실상부하게 사립대학이다. 고교등급제로 문제가 된 대학은 사립대학이기 때문에 사립대학의 학생 선발권 문제를 중점적으로 다루어 보고자 한다. 국립대학의 학생선발권 문제는 부수적으로 언급하고자 한다.

대학이 학생을 선발하여 교육을 시키는 과정이란 대학이 보유한 자원과 시설의 이용권을 일정한 대가를 받고 파는 것을 의미한다. 대가를 받고 판다는 점에서만 본다면, 대학이나 놀이시설이나

---

6) 이 글은 2004년 10월 14일자 인터넷 신문 『데일리안』에 발표한 것을 전재한 것이다.

별다른 차이가 없다.

그러나 두 경우의 차이점은 대학이 대학의 자원과 시설의 이용 권자가 누가 될 것인가를 규정한다면 놀이시설 소유자는 누가 이 용권자가 될 것인가를 규정하지 않는다는 것이다. 특별히 위험한 놀이시설의 경우에는 연령제한 등을 두는 예외적인 경우를 제외 한다면 말이다. 대학의 경우에는 그 대학에서 교육할 수 있는 적 절한 학생을 선발함으로써 가장 효과적인 교육을 하고자 함이고, 놀이시설의 경우에는 특별한 조건이 필요치 않을 뿐만 아니라 이 용자가 최대한 많은 것이 좋기 때문이다. 다른 차이점은 대학은 교육을 받았음을 증명하는 졸업증서 등을 주어 수료자가 활용할 수 있도록 하지만 놀이시설의 경우는 그런 것이 없다는 것이다.

재산의 소유자는 재산의 획득, 이용, 처분에 있어서 완전한 권 리를 가진다. 만약 그 권리를 정부가 약간이라도 통제하면 그 순 간부터 그 만큼 '순수한' 자본주의에서 벗어나 사회주의 또는 공산 주의가 된다. 재산에 대한 이러한 일반적 원리를 대학의 학생 선 발권에 응용하면 정부가 학생 선발에 대한 작은 규제나 통제를 가 하는 순간부터 학생교육에 있어서 대학은 그 만큼 자본주의에서 벗어나는 것이다. 그러므로 교육부는 학생의 선발에 있어서 대학 의 권리를 완전히 보장하여야 한다.

대학이 전적으로 학생 선발권을 가진다 하더라도 실력 없는 학 생이 우수한 대학에 가거나 실력 있는 학생이 상대적으로 덜 우수 한 대학에 갈 가능성은 거의 없다. 각 대학은 최선을 다하여 실력 이 좋은 학생을 뽑고자 경쟁하기 때문에 그러한 일이 일어날 가능 성이 전혀 없는 것은 아니지만 거의 없다.

만약 대학이 학생 선발권을 가짐으로써 앞에서 제기한 문제점 이 발생하는 경우에도 그 책임은 순전히 대학의 몫이다. 학생은 그러한 대학을 회피할 수 있는 방책을 찾는 것이 최선이다. 그리고 고교등급제를 인정하지 않음으로써 그러한 문제점이 일어날 가능성이 크다. 실제로 그러할 것으로 여겨진다.

국립대학의 경우는 교육부가 재산의 실질적인 소유자라는 점에서 자신의 방침을 대학에 강요할 수도 있다. 그러나 교육부는 대학보다 학생 선발에 있어서 불충분한 지식을 가지고 있을 뿐만 아니라 바로 앞에서 제기했던 문제를 일으키지 않는다는 측면에서도 대학에 학생 선발권을 주는 것이 바람직하다.

그러면 왜 고교 간 실력 격차가 생겨났는가 하는 질문이 금방 떠오른다. 필자는 본지 9월 18일자 "고교등급제 : 차이? 차별?"이라는 칼럼에서 고교 간 평균성적의 차이는 교육부의 고교평준화정책에도 불구하고 학생과 학부모가 좋은 대학에 진학하기 위한 눈물겨운 노력의 결과임을 밝힌 바 있다. 그리고 대학은 그러한 학교 간 차이를 입학전형에 반영하는 것은 차별이 아니라 차이를 인정하는 것으로 당연함을 지적했다. 그런 지적에 추가할 것은 고교등급제를 인정하지 않을 때 더 많은 부작용과 그에 따른 학생과 학부모의 비용부담이 우려된다는 점이다.

교육부는 고교평준화정책을 시행하더라도 민간의 노력에 의해 학교와 학생 간의 실력의 차이가 발생한다는 사실을 알고 있었다. 그러한 차이는 차별이 아님에도 불구하고 정치적인 이유로 또는 다른 이유로 교육부는 대학의 고교등급제화를 금지해 왔다. 교육부의 고교등급제 규제는 교육부가 사실상 고교평준화정책만 시행한 것이 아니라 '학생 간 실력의 평준화정책'을 시행해 왔음을 의미한다. 끔찍한 일이다. 교육부의 각종 강력한 규제는 규제가 누적되는 성향이 있음을 단적으로 보여주는 예이다.

교육부 만세, 시민단체 만세, 전교조 만세?!

5. 사법부의 개혁과 반개혁

1) 로스쿨, '고시낭인' 양산할 것[7]

작년 10월 대법원 산하 사법개혁위원회(사개위)는 2008년부터 법학전문대학원(로스쿨)을 설립토록 하고 현행 사법시험은 2013년에 폐지한다는 방안을 확정했다. 사개위는 로스쿨 설치 대학 수 등은 합의없이 기준만 제시했으나 총 입학정원은 1200명 정도이고 전국 6-10개 대학에서 로스쿨이 설치될 것으로 전망했다. 그리고 로스쿨의 설치는 교육부가 최종 결정하도록 제안했다.

로스쿨 설치에는 법조인의 선발과 양성이라는 두 가지 문제가 동시에 연관되어 있다. 현재는 법조인의 선발을 사법시험이, 법조인의 양성은 사법연수원이 분리 담당하고 있다. 로스쿨의 역할과 기능에 대해서는 아직 분명히 정해지지 않았기 때문에 여기에서는 로스쿨의 법조인 선발 기능과 로스쿨과 변호사 자격제도의 관계에 국한해서만 논의해 보기로 한다.

(1) 고시낭인은 사법시험의 독점성 때문에 발생하고 있다 : 사법시험을 폐지하고 로스쿨을 설치하는 것은 법조인의 전문성 함양과 함께 무엇보다도 소위 '고시낭인'을 막는 데 있다. 고시낭인이란 사법시험 합격만을 목적으로 긴 기간 동안 사법시험 출제 과목만을 반복적으로 공부하는 사람을 지칭한다. 고시낭인은 시험만을 대비하기 때문에 긴 기간의 시험준비에도 불구하고 법조 전문지식을 거의 함양하지 못한다. 오히려 엉터리 지식을 기계처럼 외워 있는 경우도 허다하다. 그럼에도 불구하고 매년 많은 인재들이 고시낭인

---

7) 이 글은 2005년 1월 3일자 인터넷 신문 『데일리안』에 발표한 것을 전재한 것이다.

생활을 한다. 그러므로 고시낭인을 양산하는 사법시험제도를 폐지해야 한다는 결론에 이르게 되고 적어도 사법시험 폐지만을 놓고 볼 때 사개위는 매우 옳고 적절하다. 그러나 사개위가 제안한 로스쿨이 과연 고시낭인을 근절할 수 있을까. 이러한 의문을 풀기 위해서는 고시낭인이 발생하는 근본적인 원인을 검토해야 한다.

사법시험에 합격하여 판·검사나 변호사가 되는 것이 오랫동안 신분상승의 한 방법으로 여겨져 왔다. 판·검사와 변호사의 수가 극적으로 증가한 작금에도 그 점은 크게 변한 것이 없다. 경제적인 용어로 표현하면, 법조부문이 다른 직업보다 평균수익률(이하에서는 편의상 평균이라는 말을 생략한다)이 높다는 것이다. 그러므로 법조부문으로 들어가는 유일한 관문인 사법시험에 인생과 청춘을 걸고 도전하는 사람이 많을 수밖에 없다.

다른 직업에 비해 법조부문의 수익률이 상대적으로 높은 것은 법조인의 수요에 비해 공급이 상대적으로 적기 때문이다. 최근에는 사법시험 합격자 수의 증가가 법조인의 공급을 크게 늘리고 있는 것이 현실이다. 그러나 법조문의 증가, 경제행위의 증대, 사건과 사고의 증가 등으로 법조인의 수요도 동시에 증가해왔다. 법조인의 수요와 공급이 동시에 증가해 왔기 때문에 법조부문의 수익률이 시간에 따라 어떻게 변해 왔는가 하는 것은 실증적인 질문이다. 시간에 따라 수익률이 어느 정도 변해 왔지만 중요한 사실은 법조부문의 수익률이 다른 직업의 수익률에 비해 상대적으로 높다는 점이다. 고시낭인이 없어지지 않는 현실이 이 점을 잘 보여주고 있다.

정부의 간섭이 없는 자유시장에서는 어떤 재화나 서비스의 가격이 오르면 공급이 증가하여 다음 시간에는 가격이 하락하게 된다. 자원의 자유로운 이동은 전 산업이나 직업의 수익률을 장기적으로 동일하게 만드는 경향이 있다. 그러나 어떤 직업에 진입장벽이 있거나 재화를 생산하기 위하여 정부의 허가를 받아야 한다면 그런 장벽이나 허가로 인하여 수익률의 동일화가 쉽게 이루어지지 않는다. 여기에서 진입장벽이나 허가를 일반적인 경제용어로 표현하면 '독점'이다. 그러므로 긴 기간 동안에 어떤 부문이나 산업의 수익률이 다른 부문이나 산업의 수익률보다 높다면 그것은 자원의 자유로운 이동을 막는 독점 때문이다.

사법 서비스의 경우에 사법시험 그 자체가 독점이고 그 독점 때문에 법조부문의 수익률이 다른 부문 또는 직업의 수익률보다 높다. 물론 사법부는 수요의 증가에 따라 법조인의 공급을 증가시켜 왔다. 그러나 자유시장에서 가격에 따라 공급이 원활하게 증가하는 경우와 달리, 사법부는 긴 시차를 두고 공급을 조금씩 증가시켜 왔을 뿐만 아니라 법조부문의 수익률을 높게 유지하기 위하여 수요에 비하여 공급을 항상 적게 증가시켜 왔다. 요약하면, 고시낭인은 높은 수익률 때문에 발생하고 이제 그런 높은 수익률은 사법시험이 독점이기 때문이다.

(2) 사개위가 제안한 로스쿨은 고시낭인을 없앨 수 없다 : 이제 앞에서 제기한 질문으로 돌아가자. 로스쿨의 정원은 현행 연간 사법시험 합격자 수를 기준으로 정한 것이고 로스쿨의 설립은 6-10개 대학에 국한할 것이라고 한다. 이러한 사실은 법조인의 공급을 사법부가 사법시험이라는 제도를 통하여 통제해 오던 것을 교육부가 로스쿨 설립과 정원을 통하여 제한하는 것으로 대체한 것일 뿐이라는 점을 의미한다. 로스쿨의 설립과 정원은 교육부의 허가를 받아야 하고 그렇기 때문에 그것은 독점이다. 독점 때문에 법조부문의 수익률은 다른 직업과 동일하게 되지 않을 것이 당연하다. 이제

사람들은 사법시험 대신에 로스쿨의 입학준비에 인생과 청춘을 허비하게 될 것이다. 그 점을 염려하여 사개위는 로스쿨 응시 횟수를 제한할 것을 제안하고 있다. 그렇게 되면 사람들은 훨씬 일찍부터 로스쿨에 합격하기 위하여 많은 시간과 노력을 들이게 될 것이다. 왜냐하면 로스쿨 응시 횟수의 제한은 로스쿨의 독점성을 높일 것이기 때문이다. 이러한 현상은 마치 시중 대학보다 수익률이 높은 명문대학 또는 고등학교보다 수익률이 높은 시중 대학에 들어가기 위하여 초등학교 시절부터 과외를 받는 것과 유사하다.

정부가 로스쿨을 통제하는 한에 있어서는 그것으로 고시낭인을 없앨 수 없을 것이다. 다만 로스쿨은 지금과 조금 다른 형태의 고시낭인을 양산할 것이다. 왜냐하면 로스쿨의 설립제한과 정원제한은 직업 간 수익률의 동일화를 막는다는 점에서 현행 사법시험과 크게 다를 바가 없기 때문이다. 달라질 것이 있다면 설립제한과 정원제한의 주체가 사법부에서 교육부로 바뀌는 것이다.

고시낭인의 발생을 막으면서 전문성을 지닌 법조인을 양성할 수 있는 유일한 방법은 로스쿨에 관한 한 그 설립과 정원을 대학 자율에 맡기는 것이다. 대학은 법조 인력의 수요에 따라 로스쿨의 정원을 조절할 수 있어야 한다. 로스쿨의 설립제한과 정원제한을 없앤다면 로스쿨의 독점으로서의 기능은 제거될 것이다. 로스쿨의 자율화는 적어도 이 단계에서의 고시낭인은 없애줄 것이다.

그러나 변호사 자격제도를 공인중개사 자격시험처럼 까다롭게 하여 정원을 경직적으로 제한한다면 로스쿨의 설립과 정원을 대학 자율에 맡기는 방안도 무의미하게 될 것이다. 변호사 자격제도가 지금의 사법시험과 같은 역할을 할 것이기 때문이다. 비록 로스쿨의 설립과 정원을 대학의 자율에 맡기더라도 자율화가 고시낭인을 없앨 수 있을 것인가 하는 점은 이제 변호사 자격제도를 어떻게 만드는가에 달려 있음을 알 수 있다. 그리고 변호사 자격 제도의 모습은 로스쿨 교육내용과 충실도를 결정하게 될 것이다. 이 점은 그 중요성으로 미루어 다른 곳에서 따로 다루고자 한다.

정부가 로스쿨의 설립과 정원을 통제하는 한에 있어서는 고시 낭인을 막을 수는 없다. 로스쿨의 설립과 정원을 대학의 자율에 맡기더라도 변호사 자격제도를 독점으로 만든다면 고시낭인은 없 어지지 않을 것이고 로스쿨의 교육내용과 충실도는 그에 따라 결 정될 것이다. 다시 말하면, 변호사 자격제도는 로스쿨의 상위 구 조물로서 고시낭인을 포함한 로스쿨의 모든 것을 결정하게 될 것 이라는 점이다.

로스쿨제도는 지난 100년간 유지되어 온 현행 사법제도의 근간 의 일부를 바꾸는 중대 사안 중의 하나임이 분명하다. 로스쿨이 고시낭인을 없애고 법조인의 전문성을 함양할 수 있도록 하기 위 해서는 로스쿨의 자율화뿐만 아니라 변호사 자격제도를 어떻게 만드느냐에 달려 있다. 고시낭인 제거와 법조인의 전문성 함양이 로스쿨의 자율화만으로 해결될 문제가 아니라는 것이다. 다른 나 라의 제도를 모방할 때는 그 제도의 작동원리를 깊이 검토해야 한 다.

2) 변호 서비스 시장을 경쟁적으로 만들려면8)

필자는 본지 1월 3일자 "로스쿨, '고시낭인' 양산할 것"이라는 제목의 칼럼에서 사법개혁위원회가 제안한 로스쿨이 고시낭인을 없애는 대신에 '로스쿨낭인'을 양산할 것임을 지적하고 로스쿨낭 인을 없애기 위해서는 로스쿨의 정원과 교육내용을 대학의 자율 에 맡길 것을 제안했다.

---

8) 이 글은 2005년 1월 10일자 인터넷 신문 『데일리안』에 발표한 것을 전재한 것 이다.

또, 변호사 자격제도는 필연적으로 로스쿨낭인 양산 유무와 로스쿨의 교육내용과 충실도를 결정할 것이기 때문에 로스쿨의 자율화와 함께 변호사 자격제도에 대한 검토가 동시에 이루어져야 한다고 주장했다. 왜냐하면 변호사 자격제도가 로스쿨의 상위 구조물이기 때문이다. 이 글에서는 자율화된 로스쿨에 가장 잘 맞는 변호사 자격제도를 검토하고자 한다.

(1) 변호사 신고제는 로스쿨의 자율화와 잘 맞는다 : 먼저 변호사 자격을 엄격히 제한하는 경우를 생각해 본다. 현행 변호사법이 그렇다. 모두 주지하듯이, 변호사가 되기 위한 관문인 사법시험의 내용과 합격자 수 등을 국가가 엄격히 통제하고 있음은 두 말할 필요도 없다. 다만 현재의 제도 하에서는 사법시험을 합격하고 사법연수원을 거치면 특별한 결격사유가 없는 한 변호사로서 활동할 수 있다. 그러므로 현행 사법시험제도를 분석하면 변호사 자격제도를 엄격히 제한했을 때 나타날 결과를 대략 예상할 수 있다.

현행 사법시험은 고시낭인을 양산해 왔을 뿐만 아니라 법학교육의 파행으로 법조인의 전문성 향상에 기여하지 못하고 있다. 불행히도 이 점은 어제와 오늘의 일이 아니다. 그러므로 변호사 자격을 사법시험처럼 엄격히 제한하는 방법은 '변호사 낭인' 양산과 로스쿨 교육을 파행으로 이르게 할 것이다. 변호사 자격을 취득하기 위한 시험과목과 절차 등을 무엇으로 하느냐에 따라 로스쿨의 파행을 막을 여지는 어느 정도 있지만 말이다. 또, 현행 자격제도는 전관예우와 같은 법조계의 치부의 근본적 원인이다.

다른 방법은 로스쿨을 졸업한 사람이면 누구나 변호사 자격증을 주는 것이다. 사법시험에 의한 변호사 자격 부여가 변호사 허가제라면 이 방법은 '변호사 신고제'라고 하겠다. 변호사 신고제는 로스쿨의 정원과 교육내용을 대학이 자율적으로 결정하게 하는 제도와 아주 잘 맞는다.

변호사 신고제는 변호사의 수를 시장의 수요에 따라 변동하게 한다. 사법부문에서 수익률이 높아지면 변호사의 수가 늘어날 것이고 수익률이 낮아지면 변호사의 수는 줄어들 것이다. 로스쿨을 졸업하여 변호사가 될 수 있는 경우에도 수익률이 낮아지면 변호사 개업을 하지 않을 것이기 때문에 자연히 그런 시장의 상태가 로스쿨의 정원을 변동케 할 것이다.

변호사 신고제는 로스쿨의 교육내용을 다양하게 하고 충실하게 하는 데 기여할 것이다. 왜냐하면 변호사가 되고자 하는 사람은 사법시험처럼 학교교육과 다른 내용을 따로 공부할 필요가 없기 때문이다. 또, 각 로스쿨은 사회가 요구하는 변호사를 양성하기 위하여 경쟁하기 때문이다. 로스쿨 교육내용의 다양화는 사법체계에 다양한 가치를 반영할 수 있다는 점에서도 매우 좋다.

그러나 변호사 신고제가 변호사의 질적 저하를 초래할 것이라는 비판이 있을 수 있다. 변호사의 수가 증가한다면 경쟁이 치열해져서 변호사의 질은 향상되면 되었지 후퇴하지는 않을 것이다. 다만 정상적인 상태를 찾아가는 동안에는 일시적으로 약간의 혼란이 있을 수 있다. 그러나 그런 혼란의 정도는 작고 혼란기간은 짧을 것이다.

(2) 학력 차별이 없는 변호사 신고제란 : 로스쿨을 졸업한 사람에게만 변호사 자격을 부여하는 변호사 신고제는 한 가지 점만을 제외하면 아무런 문제가 없다. 한 가지 점이란 다름 아닌 학력으로 사람을 차별하는 것이다. 학력으로 차별하는 변호사 신고제는 학벌 위주의 병폐가 작지 않은 우리사회에서는 결코 좋은 제도라고 할

수 없다.

차별이 없으면서 변호사 시장을 경쟁적으로 만드는 방법은 신고만 하면 모든 사람에게 변호사 자격을 주는 것이다. 변호사 신고제의 범위를 로스쿨 졸업자에게만 국한하지 않고 모든 국민으로 넓히는 것이다.

이 방법은 변호사 시장에 존재하는 모든 차별을 없애고 모든 국민을 변호사 잠재 경쟁자로 만들 것이기 때문에 변호 서비스 시장을 다른 어떤 시장보다 경쟁적이게 되게 할 것이다. 그 결과 변호 서비스 시장은 차별이 없고 독점의 폐해가 사라지며 효율적이 될 것이다.

물론 법 이론이나 경제원리를 거의 모르는 변호사가 적절한 변론을 하기 어려울 것이기 때문에 그런 변호사는 시장에서 자동적으로 도태될 것이다. 가정형편 등으로 로스쿨을 졸업할 수는 없었지만 자신의 힘으로 법 이론이나 경제원리를 독학한 사람은 변호 서비스 시장에서 생존할 수 있을 것이다. 그러나 그 수가 현실적으로 많지는 않을 것임을 예상할 수 있다. 왜냐하면 로스쿨을 졸업하고 변호사가 된 사람들의 경쟁 압력으로 그런 사람이 변호 서비스 시장에서 생존하기가 쉽지 않을 것이기 때문이다. 본업이 있으면서 부업으로 변호 서비스를 제공하고자 하는 사람도 독학한 사람과 비슷할 것이다.

현행 사법시험과 변호사 자격제도의 모든 폐해는 궁극적으로 국가가 국민의 직업 선택의 자유를 제한하기 때문에 발생하고 있다. 직업 선택의 자유는 인간의 물적 욕구를 충족시키는데 있어서 가장 기본적인 것이다. 직업 선택의 자유가 없다면 인간의 모든 자유가 실질적으로 상당히 무의미해진다. 직업 선택의 자유를 제한하는 현행 사법시험과 변호사 자격제도는 헌법에 위배된다. 국민 누구나 변호사 개업을 할 수 있도록 하는 것은 인간의 자유를 실질적으로 보장하고 사법체계 내에서 위헌적 요소를 제거하는 길이다.

Ⅲ. 끝맺는 말

제목이나 이름을 개혁이라고 한다고 모두 개혁이 될 수는 없다. 또, 그렇게 되어서도 안된다. 경제제도 관점에서는 어떤 변화가 자유시장경제를 지향할 때만이 진정한 의미에서 개혁이고 그것만이 개혁이다. 자유시장경제를 부인하거나 자유시장경제로부터 멀어지는 변화나 정책은 개혁의 이름으로 하는 반개혁이다. 현실에서는 개혁이라는 이름으로 반개혁이 자행되고 있다.

찾아보기

<한국 하이에크 소사이어티>

편집위원장 ‖ 민경국(강원대)

편집위원 ‖ 김이석(국회예산정책처), 권혁철(자유기업원), 안재욱(경희대),
         정기화(전남대), 조동근(명지대), 황인학(한국경제연구원) (가나다 순)

자유주의 시리즈 4

자유주의와 공공정책

초판 1쇄 발행일/ 2005년 2월 25일
지은이/ 한국 하이에크 소사이어티 엮음
펴낸이/ 이정옥
펴낸곳/ 평민사

주소/ 서울시 서대문구 남가좌 2동 370-40
전화/ 02)375-8571(영업) · 02)375-8572(편집)
fax) 02)375-8573
e-mail/ pms1976@korea.com
home-page/ www.pyungminsa.co.kr
등록번호/ 제10-328호

값/ 13,000원

ISBN 89-7115-445-4 03320

* 잘못 만들어진 책은 바꾸어 드립니다.

돈으로 살 수 있는 최고의 민주주의

그레그 팔라스트 지음/이지선 옮김

목차 일부

돈으로 민주주의를 살 수 있다면 어떤 민주주의를 살 수 있을까?
보도되지 않은 플로리다 선거부정사건/부시가와 그들을 사랑한 억만장
자들/우리의 대통령이 빈 라덴 수사를 방해하였나?/누가 테러와의 전쟁
에서 패배했는가?/조지가 복권에 당첨된다/새로운 세계 비즈니스 질서
/텍사스는 오염되다/세계화와 그 반대자들/닥터 뱅켄슈타인의 괴물들/
세계은행, IMF 그리고 에콰도르를 먹어치운 외계인들/경제적 지옥으로
향하는 IMF의 4가지 단계/누가 아르헨티나를 죽였나?/새로운 세계화
질서에 대해 반기를 든 베네수엘라를 볼모로 잡다/두 명의 프리드먼,
한 명의 피노체트 그리고 칠레의 기적이라는 동화-/토니 블레어와 영
국의 매각/내 어머니는 맥도널드 최면치료사였다

선생님이 가르쳐 준 거짓말 (Lies My Teacher Told Me)

제임스 로웬 지음 / 이현주 옮김

'콜롬버스 이전 재단과 미국 책', '미국 사회학 협회 올리버 콕스의 반인종차
별주의 상' 수상. 미국 역사의 신화와 잘못된 정보에 관한 놀랄 만한 진실!

"미국인들은 역사와 더 이상 관계를 갖지 않는다." 로웬 교수는
이 책에서 그 이유를 제시한다. 그는 12권의 미국 주요 역사 교과
서를 개편하면서, 어떤 한 권도 역사를 흥미 있거나 기억할 만한
것으로 서술하지 않았다고 결론짓는다. 맹목적인 애국주의, 생각
없는 낙관주의, 편협하게 잘못된 정보, 명백한 거짓말들이 합쳐
져서 이 교과서들은 모든 모호함, 열정, 갈등, 드라마와 같은 극적
요소를 생략했다.

〈2001년 한국간행물윤리위원회 추천도서 선정, 웹진 부꾸(Bookoo)
2001년도 역사부분 1위 선정〉

세계 역사를 바꾼 짐머만의 전보 (1차대전의 외교전과 첩보전)

바바라 터크먼 지음/김인성 옮김

이 책은 우리들의 상식적인 역사를 넘어서는 깊이를 가지고 있다. 멕시
코와 미국의 운명적인 적대감, 멕시코의 불안한 역사, 일본의 빠른 진
출, 유럽 국가들의 서로 다른 군주제, 독일의 군국주의가 생생한 사람의
모습으로 나타난다. 터크먼은 전쟁 당사국 중 어느 쪽에도 편견을 가지
지 않는 역사학자의 꼼꼼한 공평성을 잃지 않으면서도, 저널리스트 출
신답게 섬세한 관찰과 능란한 장면 묘사, 설득력있는 인물 분석을 동원
해서, '사람 사는 이야기'를 만들어낸다. 책을 읽고 나면 1차 대전을 살
았던 사람들의 드라마를 보고 난 느낌이 드는 것도 이 때문이다. 역사상
의 인물들이 막 우리들 앞에 나타나서 플롯에 따라 맡은 바 역할을 연기
하듯, 역사를 만드는 인물들과 사건들은 서로 견직물처럼 촘촘히 짜여
있다.

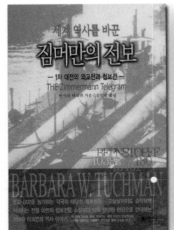

평민신서

중국의 어제와 오늘

왕순홍 지음/정차근 옮김

중국은 오랜 문화적 유산, 방대한 영
토, 세계 인구의 1/4이 중국인이라
는 사실만으로도 전세계의 관심의
대상이 되고 있다. 그러나 중국인의
시각에서 본 중국의 총체적 모습을
다룬 것은 그리 흔치 않다.
이 책에는 중국의 국토·역사·인
구·민족·정치제도·경제·과학
기술·교육·전통사상·문학·예
술·풍속·관광·국제교류 등 전반
적인 부분에 걸쳐 중국의 어제와 오
늘을 한눈에 볼 수 있도록 중국에 관
한 것이면 무엇이든 담겨 있다.

중국의 권력투쟁사
1949~1978 김정계 지음

1949년 중화인민공화국 수립 이후
모택동이 사망하고 그 권력이 등소
평의 손으로 넘어가기까지의 정치권
력을 둘러싼 중국적인 권모술수와
책략들을 실증적인 자료에 근거하여
알기 쉽게 풀어 설명하고 있다. 중국
의 지도부가 정치권력을 놓고 일진
일퇴하는 과정을 노선과 정책 및 엘
리트의 성분을 통해 구체적으로 분
석했으므로 중국권력투쟁의 발자취
를 뒤돌아보고 이해하는 데 큰 보탬
이 될 것이다.

모택동자전

에드가 스노우 지음/신복룡 옮김

『毛澤東自傳』은 이데올로기 서적은
아니다. 모택동의 삶을 얘기하면서
사회주의나 또는 공산주의에 대한 미
화를 보이지 않았으며 한 인생의 젊
은 반생(半生)을 담담하게 얘기하고
있을 뿐이다. 이 개정판은 아주 새로
운 면모를 가지고 출판되었는데, 첫째
로 모택동 자신이 구술한 것은 아니지
만 원본의 장정(長征) 편을 첨가하여
주제의 시폭을 늘렸다는 점이다. 장정
은 모택동을 이해하는 데 중요한 주제
가 되기 때문에 새로 첨가된 부분은
매우 의의가 깊다. 둘째로 80쪽에 이
르는 사진을 수록함으로써 화보의 성
격을 갖추었다. 대부분의 사진은 한국
에서 처음으로 공개되는 것이어서 독
자들에게 훌륭한 자료가 될 것이다.

외교론 (Diplomacy)

해롤드 니콜슨 지음/신복룡 옮김

원시사회로부터 오늘에 이르기까지
외교의 문제가 어떻게 생성, 변모했
는가를 다루어 주면서 외교의 실무적
인 변화, 외교용어 등을 수록하고 있
다.

현대정치사상 (Political Ideologies)

L. P. 바라다트 지음/신복룡 외 옮김
이데올로기와 민족주의, 민주주의
이론의 발전, 민주주의적 진보주의
와 그 이론, 사회주의, 마르크스주의
등 총 8장으로 되어 있으며 대학에서
현대정치사상을 강의하기에 더할 바
없이 좋은 책이다.

현대외교론 송영우 지음

외교의 본질, 외교의 행위, 외교의 수
행자, 외교역량, 행정적 외교, 정치적
외교 등 현실적인 외교에 대해 이해
하기 쉽도록 구체적으로 설명하고 있
다.

외교정책의 이해

(Explaining Foreign Policy)
로이드 젠센 지음/김기정 옮김

국가의 외교정책은 어떠한 요인들에
의해 결정되는가? 국가의 외교행위는
어떠한 시각에서 파악되고 설명할 수
있는가? 국제정치의 제현상 및 국가의
외교행위를 보다 체계적으로 이해하
기 위하여 많은 이론들과 연구업적들
을 비교적 관점에서 정리하고 있다.

미국패권의 이해 정항석 지음

세계질서의 흐름 속에서 미국패권의 역사와 의의를 고찰한 책. 이 책은 '미국이 과연 패권을 지속시킬 수 있는가' 그리고 '다른 국가들이 미국을 얼마나 인정할 것인가' 하는 질문에 대한 충실한 길잡이가 되어준다. 2002년 문화관광부 〈우수학술도서〉에 선정

왜 21세기 화두는 미국과 테러인가 정항석 지음

이 책은 9·11테러와 아프가니스탄 보복공격을 화두로 하여, 21세기 우리가 찾아야 할 교훈은 무엇이며 또한 이를 바탕으로 전인류가 올곧게 설정해야 할 공존 공영의 방향각이 무엇인지 제시하고 있다.

기업과 정부

한국하이에크소사이어티 지음

한 사회의 위기는 다름 아닌 지식의 위기에서 연유한다. 따라서 개인은 물론 사회 전체의 번영을 위해서는 올바른 지식체계를 세우고 널리 전파하는 일이 매우 중요하다. 한국 하

이에크 소사이어티는 한국 사회의 현안에 대해 자유주의와 시장 경제적 시각에서 진단하고 토론함으로써 자유주의적 정책 대안을 모색하는 학회이다. 2003년 '제3회 자유주의 정책 심포지엄' 에서는 가장 뜨거운 현안으로 떠올랐던 SK문제와 노사문제를 주요 의제로 삼았다. 이 책은 그 심포지엄에서 각 의제별로 발표된 6편의 논문과 이에 대한 토론 내용을 수정, 보완한 것들과 자유 논문을 모아 발간한 것이다.

외교, 외교관 · 외교의 실제

최병구 지음

외교는 무엇인가? 세계는 이제 하나가 되어 움직이고 있지만, 국가간의 이해가 그로 인해 복잡하고 예민하게 얽혀, 분쟁이 곳곳에서 끊임없이 발생하고 있다. 이런 상황에서 외교는 그 무엇보다도 중요한 국가 간의 관계를 관리하는 방법이다.
이 책은 외교 현장에서의 경험과 외교에 관한 내용을 정리한 책으로 외교에 관한 이론보다는 외교의 실제를 다루어 주고 있다.

군축과 비확산의 세계

류광철 외 지음

현직 외교 현장에서 군축 안보를 담당하고 있는 저자들(류광철;주유엔 대표부참사관, 이상화;주콜롬비아 대사관 참사관, 임갑수;주오스트리

아 및 비인주재 국제기구 대표부 2등서기관)이 시시각각 변화하는 세계안보·군축에 관한 설명을 전문적으로 때로는 알기 쉽게 풀어놓았다.

이 책 한 권에는 군축의 개념, 핵감축에서부터 미사일 문제 등에 이르기까지 군축과 비확산에 관한 국제적 쟁점과 논의 현황이 자세히 정리, 설명되어 있어 군축 분야에 종사하는 연구자, 학생, 그리고 실무자에게 꼭 필요한 종합 교과서로 활용되기에 손색이 없다.